VENCENDO O TDAH ADULTO

B254v Barkley, Russell A.
　　　　Vencendo o TDAH adulto : transtorno de déficit de atenção/hiperatividade / Russell A. Barkley, Christine M. Benton ; tradução: Sandra Maria Mallmann da Rosa ; revisão técnica: Felipe Almeida Picon. – 2. ed. – Porto Alegre : Artmed, 2023.
　　　　xiv, 286 p. ; 25 cm.

　　　　ISBN 978-65-5882-099-4

　　　　1. Distúrbio do déficit de atenção com hiperatividade. 2. Psicologia. I. Benton, Christine M. II. Título.

CDU 159.952-053.8

Catalogação na publicação: Karin Lorien Menoncin – CRB 10/2147

Russell A. Barkley
Christine M. Benton

VENCENDO O TDAH ADULTO

TRANSTORNO DE DÉFICIT DE ATENÇÃO/HIPERATIVIDADE

2ª edição

Tradução:
SANDRA MARIA MALLMANN DA ROSA

Revisão técnica:
FELIPE ALMEIDA PICON
*Mestre e Doutor em Ciências Médicas: Psiquiatria pela
Universidade Federal do Rio Grande do Sul (UFRGS).
Psiquiatra da infância e da adolescência,
Hospital de Clínicas de Porto Alegre (HCPA), UFRGS.
Pesquisador do Programa de Transtornos de Déficit de
Atenção/Hiperatividade em Adultos (ProDAH-A) do HCPA-UFRGS.*

artmed

Porto Alegre
2023

Obra originalmente publicada sob o título *Taking charge of adult ADHD: proven strategies to succeed at work, at home, and in relationships*, 2nd Edition
ISBN 9781462546855

Copyright © 2022 The Guilford Press, A Division of Guilford Publications, Inc.

Gerente editorial
Letícia Bispo de Lima

Colaboraram nesta edição:

Coordenadora editorial
Cláudia Bittencourt

Capa
Paola Manica | Brand&Book

Preparação de original
Giovana Silva da Roza

Leitura final
Marcela Bezerra Meirelles

Editoração e projeto gráfico
TIPOS – design editorial e fotografia

Reservados todos os direitos de publicação, em língua portuguesa, ao
GRUPO A EDUCAÇÃO S.A.
(Artmed é um selo editorial do GRUPO A EDUCAÇÃO S.A.)
Rua Ernesto Alves, 150 – Bairro Floresta
90220-190 – Porto Alegre – RS
Fone: (51) 3027-7000

SAC 0800 703 3444 – www.grupoa.com.br

É proibida a duplicação ou reprodução deste volume, no todo ou em parte, sob quaisquer formas ou por quaisquer meios (eletrônico, mecânico, gravação, fotocópia, distribuição na Web e outros), sem permissão expressa da Editora.

IMPRESSO NO BRASIL
PRINTED IN BRAZIL

AUTORES

Russell A. Barkley

Ph.D., ABPP, ABCN, é conhecido internacionalmente por sua pesquisa sobre o TDAH ao longo de toda a sua carreira e por seus esforços para informar os profissionais e o público. É professor clínico de Psiquiatria da Faculdade de Medicina da Virginia Commonwealth University, tendo recebido prêmios da American Academy of Pediatrics e da American Psychological Association, entre outras honrarias. O Dr. Barkley tem publicado e palestrado sobre o TDAH e transtornos relacionados. Seu website é www.russellbarkley.org.

Christine M. Benton

É escritora e editora sediada em Chicago.

AGRADECIMENTOS

Várias pessoas que me auxiliaram nas pesquisas que produziram a maior parte dos achados contidos neste livro merecem minha gratidão. Em primeiro lugar, quero agradecer a Mariellen Fischer, Ph.D., e Kevin Murphy, Ph.D., por sua colaboração como parceiros em muitos estudos, incluindo aqueles possibilitados por três subvenções federais do National Institute of Mental Health e do National Institute of Child Health and Human Development, enquanto eu estava na Faculdade de Medicina da University of Massachusetts. Também gostaria de agradecer a Tracie Bush, Laura Montville, Lorri Bauer, Keith Douville, Cherie Horan, Hope Schrader, Kent Shiffert e Peter Leo por seu auxílio na realização dessas enormes pesquisas. Além disso, também sou muito grato às centenas de adultos com TDAH que participaram desses estudos e àqueles que participaram de nossos grupos de controle por sua disposição de abrir suas vidas para nós, para que pudéssemos aprender mais sobre a natureza, o curso de vida, as dificuldades e o manejo do TDAH em adultos. Mais uma vez, quero estender meus sinceros agradecimentos a Kitty Moore e Seymour Weingarten, da Guilford Press, pelo incentivo e pela ajuda com este livro, e a Christine Benton por seu *feedback* perspicaz e construtivo na sensível edição deste livro e por uma relação de apoio editorial de mais de 40 anos.

NOTA DO AUTOR

Neste livro, alterno entre os gêneros masculino e feminino quando me refiro a um indivíduo. Fiz essa escolha para promover a facilidade da leitura, pois nossa língua continua evoluindo, e não por desrespeito aos leitores que se identificam com outros pronomes. Espero sinceramente que todos se sintam incluídos.

Todos os exemplos são combinações de indivíduos reais ou têm suas informações alteradas para proteger a privacidade das pessoas envolvidas.

PREFÁCIO

Este livro é indicado para você se:

- foi diagnosticado com transtorno de déficit de atenção/hiperatividade (TDAH) quando adulto; ou
- foi diagnosticado quando criança e ainda apresenta sintomas; ou
- acha que pode ter o transtorno porque tem dificuldade para:
  - concentrar-se;
  - prestar atenção;
  - organizar-se;
  - planejar;
  - resolver problemas;
  - controlar suas emoções.

Este livro pode ajudá-lo se você quiser:

- conhecer os fatos científicos sobre o que está errado;
- encontrar o melhor tratamento;
- aprender estratégias e habilidades para superar seus sintomas;
- saber como melhorar seus pontos fortes.

O TDAH é real. E não é uma condição que afeta apenas crianças. Passei mais de 40 anos tratando, pesquisando e ensinando outras pessoas sobre o TDAH. Durante a maior parte desses anos, poucas pessoas acreditavam que os adultos pudessem ter TDAH. Agora sabemos, a partir de estudos mais aprofundados, que até dois terços das crianças que têm TDAH ainda o terão quando crescerem. Isso significa que 4 a 5% de todos os adultos têm TDAH. **São mais de 13 milhões de adultos somente nos Estados Unidos (em 2020)**.

Se está entre eles – ou acha que pode estar –, este livro é indicado para você. Eu o escrevi porque acredito que você deva colher os benefícios de tudo o que aprendemos em décadas de pesquisa. O TDAH na infância está provavelmente entre os mais extensivamente estudados de todos os transtornos mentais ou emocionais. Na verdade, as informações e os conselhos contidos aqui baseiam-se em mais de 400 mil artigos de pesquisa e livros sobre esse transtorno publicados no último século, mais de 200 mil dos quais foram publicados desde a última edição deste livro.

Chegamos a uma compreensão considerável sobre o que é o TDAH. Sabemos bastante sobre o modo como ele afeta o cérebro e temos uma visão mais clara do que nunca a respeito de como e por que os sintomas fazem sua vida diária parecer uma longa e árdua escalada.

O melhor de tudo é que temos tratamentos tão eficazes que muitos adultos acabam se sentindo em pé de igualdade com os demais. Você aprenderá sobre eles nas páginas a seguir. Além disso, com base em uma teoria que desenvolvi sobre a natureza do TDAH, este livro oferece uma série de estratégias que podem mudar sua vida no trabalho, em casa, nos estudos e com sua família e amigos. Essas estratégias se baseiam em um entendimento científico do que está por trás de seus sintomas e podem ajudá-lo a ter sucesso em tudo o que for importante para você. É apenas o que você merece.

SUMÁRIO

PRIMEIRO PASSO
Para começar, seja avaliado

1. É POSSÍVEL QUE VOCÊ TENHA TDAH? — 3
2. VOCÊ CONSEGUE LIDAR SOZINHO COM O SEU PROBLEMA? — 11
3. ONDE VOCÊ PODE CONSEGUIR AJUDA? — 15
4. O QUE VOCÊ PRECISA PARA A AVALIAÇÃO? — 18
5. O QUE A AVALIAÇÃO LHE DIRÁ? — 22

SEGUNDO PASSO
Mude o seu pensamento: conheça e assuma o seu TDAH

6. CONHEÇA O SEU TDAH — 39
7. RESISTINDO AOS IMPULSOS: O PRIMEIRO PASSO NO AUTOCONTROLE — 50
8. AUTOCONTROLE: COMO CONSEGUIR O QUE VOCÊ QUER — 56
9. FUNÇÕES EXECUTIVAS: AS SETE HABILIDADES QUE COMPÕEM O AUTOCONTROLE... E MAIS — 61
10. A NATUREZA DO TDAH E COMO VOCÊ PODE CONTROLÁ-LO — 88
11. ASSUMA O SEU TDAH — 93

TERCEIRO PASSO
Mude o seu cérebro: medicamentos para controlar o TDAH

12	POR QUE FAZ SENTIDO TENTAR O MEDICAMENTO?	107
13	ESTIMULANTES	115
14	NÃO ESTIMULANTES	130
15	O QUE ESPERAR DO TRATAMENTO	137

QUARTO PASSO
Mude a sua vida: regras cotidianas para o sucesso

16	REGRA 1: PARE A AÇÃO!	151
17	REGRA 2: OLHE PARA O PASSADO... E DEPOIS PARA O FUTURO	155
18	REGRA 3: EXPRESSE O PASSADO... E DEPOIS O FUTURO	158
19	REGRA 4: EXTERIORIZE AS INFORMAÇÕES FUNDAMENTAIS	162
20	REGRA 5: CONTEMPLE O FUTURO	168
21	REGRA 6: FRACIONE O FUTURO... E FAÇA VALER A PENA	173
22	REGRA 7: TORNE OS PROBLEMAS EXTERNOS, FÍSICOS E MANUAIS	179
23	REGRA 8: TENHA SENSO DE HUMOR!	184

QUINTO PASSO
Mude a sua situação: controlando o TDAH em áreas específicas da sua vida

24	EDUCAÇÃO	189
25	TRABALHO	199
26	DINHEIRO	213
27	RELACIONAMENTOS	221
28	RISCOS NA CONDUÇÃO DE VEÍCULOS, PARA A SAÚDE E O ESTILO DE VIDA	230
29	OUTROS PROBLEMAS MENTAIS E EMOCIONAIS	242
30	DROGAS E CRIME	249

APÊNDICE	257
RECURSOS	267
ÍNDICE	275

PRIMEIRO PASSO

Para começar, seja avaliado

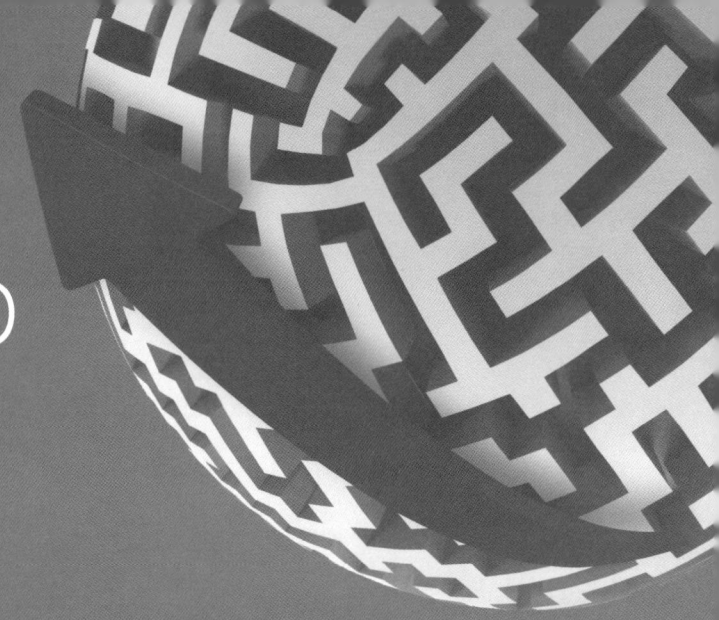

"O tempo me escapa, e eu não consigo lidar com ele de forma eficaz como os outros adultos."

"Minha mente e minha vida são uma bagunça. Muitas vezes, não consigo organizar meu trabalho ou outras atividades tão bem quanto os outros adultos que conheço."

"Sei que passo de uma coisa para outra e de um projeto para outro, e isso faz com que as pessoas com quem tenho de trabalhar fiquem loucas. Mas tenho de fazer as coisas assim que penso nelas, porque, se não o fizer, vou esquecê-las e, então, elas nunca serão feitas."

"Quando criança, sempre fui aquela que tinha dificuldade de permanecer sentada, tinha toda essa energia e nenhuma ideia do que fazer com ela. Sempre me senti deslocada e odiava isso. Lembro-me de ter de ir à enfermaria todos os dias para tomar meus medicamentos – era uma sensação horrível! Ninguém queria ser meu amigo porque eu não me encaixava no grupo. Eu nunca serei a garota quieta, calma e reservada na multidão. Sou extrovertida, às vezes, escandalosa (OK, mais frequentemente do que eu gostaria de admitir), intensa, um pouco estranha, sarcástica e engraçada que de repente todos gostam de ter por perto."

"Eis o que aconteceu no último fim de semana e que deixou minha esposa tão furiosa. No sábado pela manhã, peguei o cortador de grama para aparar o gramado, mas o reservatório de gasolina estava vazio. Então, coloquei-o em minha caminhonete, fui até o posto mais próximo para enchê-lo, e, enquanto abastecia o reservatório, um amigo meu chegou para abastecer seu carro. Ele é tão viciado quanto eu em pesca de trutas, disse que tinha uma vara e botas extras no carro e me convidou para ir com ele até o rio. Eu concordei, entrei no carro dele e deixei o meu no posto de gasolina. Pescamos durante mais ou menos uma hora; então, ficamos com sede, fomos até aquele barzinho que os rapazes adoram ir para passar o tempo e tomamos uma cerveja. Já eram 15 horas quando finalmente voltei ao posto de gasolina para pegar meu carro, e a polícia já estava lá. Minha esposa a chamou quando viu que eu não voltei para casa após várias horas, tendo saído apenas para abastecer o reservatório do cortador de grama, achando que havia acontecido algo ruim comigo. Ela ficou tão furiosa quando descobriu o que eu havia feito que passou dias sem falar comigo! Mas eu sou assim – simplesmente sigo o fluxo do que está acontecendo à minha volta e não consigo me lembrar do que eu precisava fazer antes, ou simplesmente me desligo daquilo como menos interessante do que o que eu poderia ter a chance de fazer."

CAPÍTULO 1

É POSSÍVEL QUE VOCÊ TENHA TDAH?

As experiências que você acabou de ler lhe parecem familiares? Estas são as vozes de adultos com transtorno de déficit de atenção/hiperatividade (TDAH). O primeiro comentário atinge o cerne do que é o TDAH. É uma descrição sucinta dos sérios problemas de manejo do tempo que esse transtorno cria para os adultos em suas vidas cotidianas. É por isso que os adultos com TDAH parecem cegos para o tempo, ou míopes em relação ao futuro. Eles vivem no "aqui" e têm dificuldade de lidar com todos esses "a seguir" na vida.

Você sente como se frequentemente estivesse fora de sincronia com o relógio, os horários e as agendas? Sempre atrasado, disperso ou inseguro sobre o que fazer com as horas limitadas em seu dia? Se sim, você sabe que esta não é uma sensação agradável, sentir que está constantemente decepcionando a si mesmo e aos outros, perdendo prazos e parecendo se colocar acima das pessoas ao perder encontros e compromissos. Você sabe que é difícil manter um senso de responsabilidade e competência de adulto quando aqueles que o cercam acham que não podem contar com você para que as coisas sejam feitas ou mesmo para se fazer presente. Talvez tenha chegado o momento de mudar tudo isso.

COMO VOCÊ DESCREVERIA SEUS PROBLEMAS?

É claro que os problemas de gerenciamento do tempo não são causados apenas pelo TDAH. Mas, se você compartilha alguns dos outros problemas descritos, o TDAH pode ser o culpado. Caso seja, há muitas coisas que você pode fazer para mudar sua vida para melhor.

Percorra rapidamente a lista a seguir e assinale cada pergunta que responder com um "sim".

- ☐ Você tem dificuldade para se concentrar?
- ☐ Você se distrai com facilidade?
- ☐ Você se considera extremamente impulsivo?
- ☐ Tem dificuldade para ser ou permanecer organizado?
- ☐ Você se sente incapaz de pensar com clareza?
- ☐ Você sente que precisa estar sempre ocupado fazendo muitas coisas, mas acaba não terminando a maioria delas?
- ☐ As pessoas dizem que você fala demais?
- ☐ É difícil para você ouvir atentamente os outros?
- ☐ Você intervém e interrompe os outros quando eles estão falando ou fazendo algo, e depois gostaria de ter pensado antes de falar?
- ☐ Sua voz parece se sobrepor às vozes de todos os demais?
- ☐ Você luta para chegar ao ponto do que está tentando dizer?
- ☐ Você costuma se sentir inquieto?
- ☐ Você se percebe esquecendo coisas que precisam ser feitas, mas que não são urgentes?
- ☐ Você acha que suas emoções são facilmente provocadas e expressas, sobretudo se sentindo impaciente, facilmente frustrado, chateado ou com raiva?

> Você vai encontrar no Apêndice deste livro uma lista de 91 sintomas adicionais associados ao TDAH, reunidos a partir de um estudo que realizamos durante sete anos.

Somente uma avaliação profissional pode dizer com certeza se você tem TDAH. Mas quanto mais perguntas tiver respondido com um "sim", maior a probabilidade de você ter esse transtorno. O que posso dizer agora é que uma enorme quantidade de dados científicos mostra uma associação entre queixas como essas – e centenas de outras similares – e TDAH em adultos.

Os dados também nos dizem como as sequelas podem ser graves. O TDAH pode fazer as pessoas gastarem todo o seu salário de imediato em algo divertido – e nunca economizarem dinheiro suficiente para o pagamento de suas contas mensais ou anuais, ou para aquelas férias, o automóvel ou a casa que vão querer ainda mais amanhã do que a compra que hoje parecia irresistível. Pode fazê-las apostar tudo em um investimento que um pouco de paciência e pesquisa teria revelado ser um alto risco. Pode fazer você dizer e fazer todo tipo de coisas das quais mais tarde se arrependeria. E pode levá-lo a fazer muitas escolhas não saudáveis a cada dia da sua vida, envolvendo alimentação impulsiva ou má nutrição, uso de álcool e tabaco, maus hábitos de sono, sexo não seguro, má condução de veículo e exercícios inadequados. Isso soa familiar?

Mas você pode estar pensando: "É pouco provável que eu tenha TDAH. Não sou hiperativo! Meu irmão (ou irmã, sobrinho, amigo de infância, colega de classe) tinha TDAH quando éramos crianças, e ele estava constantemente nervoso, inquieto e 'hiper', sempre agindo de forma constrangedora. Eu não sou assim".

> O adulto não tem de ser hiperativo para ter TDAH.

Uma das coisas que estamos começando a entender bem sobre o TDAH em adultos é que a hiperatividade é vista mais em crianças com o transtorno – mas geralmente diminui de modo substancial na adolescência e na idade adulta. Muitas vezes, a única coisa que resta da hiperatividade nos adultos com TDAH é aquela sensação de inquietação e a necessidade de ser mantido ocupado que você pode conhecer bem.

Se você acha que pode ter TDAH, há boas razões para buscar uma avaliação.

- *Estamos encontrando muitas respostas que podem ajudá-lo.* O TDAH em adultos está se tornando bem compreendido pela ciência, embora o transtorno nessa população não seja reconhecido há tanto tempo.
- *Esse transtorno pode prejudicá-lo mais do que muitos outros problemas psicológicos – e isso pode acontecer todos os dias, aonde quer que você vá.* O TDAH é mais limitador para pacientes em áreas da vida adulta do que a maioria dos outros transtornos observados em clínicas ambulatoriais de saúde mental. Se não for tratado, também pode levar a maior risco de mortalidade na meia-idade e a uma expectativa de vida reduzida.
- *Há muito mais ajuda para o TDAH, na forma de opções de tratamento e estratégias de enfrentamento efetivas, do que para muitos outros transtornos que afetam os adultos.* O TDAH é um dos transtornos psicológicos mais tratáveis.

> **O que sabemos sobre os adultos com TDAH provém diretamente de fatos científicos**
>
> Dados coletados desde 1991 na Faculdade de Medicina da Universidade de Massachusetts, onde foi estabelecida uma das primeiras clínicas nos Estados Unidos para adultos com TDAH, em 1990.
>
> Evidências de um estudo realizado com 158 crianças com TDAH (e 81 sem esse transtorno) acompanhadas até a idade adulta – um dos mais abrangentes estudos desse tipo jamais realizados antes de 2010.
>
> Ainda mais dados de estudos realizados no Hospital Geral de Massachusetts, onde outra clínica para TDAH em adultos foi criada aproximadamente na mesma época que a minha clínica, em 1990.
>
> Evidências de mais de 100 mil artigos científicos e livros sobre TDAH em adultos desde a última edição deste livro (2010).

HÁ QUANTO TEMPO VOCÊ TEM ESSES PROBLEMAS?

Se você pensar sobre há quanto tempo vem lutando para administrar seu tempo, para se concentrar e para controlar seus impulsos, diria que faz apenas semanas ou meses, ou seriam anos? Lembre-se de quando era criança: naquela época, você já enfrentava alguns desses mesmos problemas? Você se lembra de também ter problemas para permanecer sentado enquanto estava na escola? Para fazer seu dever de casa? Para terminar a atividade de um *hobby*? Para seguir as regras em um jogo? Para fazer e manter amizades na sua vizinhança? Para controlar suas emoções quando estava frustrado ou furioso?

Os adultos com TDAH que estudei, diagnostiquei e tratei têm lembranças variáveis dos tipos de problemas que você assinalou anteriormente. Muitos não foram diagnosticados quando crianças. Antes da década de 1980, o transtorno não era am-

> **Apresentar sintomas repentinos, de curto prazo, geralmente descarta o TDAH.**

plamente reconhecido pelos médicos. Às vezes, seu pediatra não acreditava que o TDAH fosse real, ou seus pais não achavam que "ser hiperativo ou não conseguir se concentrar fosse uma razão para levar uma criança ao médico", como relatou um homem diagnosticado com mais de 20 anos. Essas pessoas (e seus pais!) podem ter acreditado no mito de que não havia nada de errado com elas que a simples força de vontade não pudesse curar. Às vezes, as pessoas acabam não diagnosticadas porque caem em um limbo entre os sintomas do TDAH e do não TDAH, ou porque tiveram outros problemas que obscureceram o quadro.

Não ter sido diagnosticado quando criança não significa que você não tenha TDAH.

Ter menos problemas para administrar o tempo, se concentrar e controlar os impulsos do que tinha quando criança não significa que você não tenha TDAH.

Ser hiperativo quando criança, mas não quando adulto, não significa que você não tenha TDAH.

Mas não ter *nenhum* sintoma de TDAH quando criança ou adolescente provavelmente significa que você não tenha TDAH. Sintomas como os do TDAH que só surgem na idade adulta ou que não estiveram presentes durante

> De todos os casos de TDAH que diagnosticamos em nossas várias clínicas e em estudos, 98% tiveram início antes dos 16 anos.

muito tempo provavelmente estão sendo causados por outra coisa – uma lesão cerebral ou outra doença física, por exemplo.

Se você não se lembra claramente de ter tido os mesmos problemas que observou quando era criança, há alguém que o conhecia bem na época a quem você possa perguntar? O pai ou a mãe? Irmão ou irmã? Ironicamente, os mesmos problemas que dificultam às pessoas com TDAH realizar as coisas a tempo, fazer escolhas criteriosas e até mesmo ter um bom relacionamento com os outros podem fazer com que seja difícil relembrar com precisão sua própria história – pelo menos até terem atingido, aproximadamente, os 20 e poucos anos. Vou explicar o porquê no Segundo Passo.

> **?** Eu não tinha nenhum problema quando criança, e não tive nenhuma lesão cerebral. É possível que o TDAH não tenha me causado nenhum problema até agora em razão da minha inteligência? Tive uma pontuação alta nos testes de QI no ensino fundamental.

Exceto na escola e, possivelmente, no trabalho, é improvável que a inteligência o proteja de experimentar algumas das dificuldades tipicamente associadas ao TDAH, embora ela possa ter permitido que você fosse mais longe na escola sem que o TDAH fosse notado do que é comum em adultos típicos que tiveram esse transtorno durante o crescimento. A inteligência não é o único fator envolvido em domínios como o funcionamento familiar e social, a condução de um automóvel, a criminalidade e o uso de drogas, relacionamentos amorosos e relacionamentos conjugais e, na verdade, muitos outros. Um alto grau de inteligência não necessariamente o protegeu nessas áreas se você tinha sintomas de TDAH. É muito provável que o surgimento repentino de problemas na vida adulta seja causado por algum outro fator que não o TDAH.

> As crianças e os adolescentes com TDAH que acompanhei até a idade adulta muitas vezes não sabem a extensão de seus próprios sintomas ou o quanto estes estão interferindo em sua vida. Só aos 27-32 anos de idade os adultos com TDAH tornam-se mais consistentes no que dizem sobre si mesmos em relação ao que os outros dizem sobre eles.

> Acho que posso ter TDAH agora, mesmo que não tenha tido nenhum problema de concentração ou outro tipo de problema quando era mais jovem. É possível que eu tivesse simplesmente compensando meu TDAH de outras maneiras?

Os sintomas devem ter durado pelo menos seis meses para serem considerados no diagnóstico de TDAH.

Em nossa pesquisa, o número médio das principais atividades da vida em que os adultos com TDAH disseram estar frequentemente prejudicados era 6 ou 7 entre 10. O TDAH causa sérios danos em todos os domínios da vida adulta, desde a educação até o trabalho e a família. Seria quase impossível passar pela infância, a adolescência e até mesmo o início da idade adulta "compensando" o transtorno de algum modo. A maioria dos profissionais teria muita dificuldade em aceitar a ideia de que o TDAH não interferiu no funcionamento de uma pessoa até a idade adulta sem forte evidência de que os pais e as escolas tivessem feito esforços extraordinários para ajudá-la. O TDAH é definido por ausência de compensação durante os anos da infância, não por uma compensação bem-sucedida durante esses anos!

QUAIS *SÃO* OS SEUS SINTOMAS?

Somente um profissional qualificado pode ajudá-lo a responder integralmente a essa pergunta. Responder a qualquer das perguntas a seguir com um "sim" irá ajudá-lo a descobrir se deve buscar uma avaliação diagnóstica. Em nossa pesquisa, destinada especificamente a entender o TDAH em adultos, descobrimos os nove critérios mais acurados para identificar o transtorno, descritos a seguir.

Você frequentemente

- [ ] é facilmente distraído por estímulos externos ou pensamentos irrelevantes?
- [ ] toma decisões impulsivamente?
- [ ] tem dificuldade de parar atividades ou um comportamento quando deveria fazê-lo?
- [ ] inicia um projeto ou tarefa sem ler ou ouvir atentamente as instruções?
- [ ] falha no cumprimento de promessas ou compromissos que firmou com outras pessoas?
- [ ] tem problemas para fazer as coisas em sua ordem ou sequência apropriada?
- [ ] dirige seu carro muito mais depressa do que os outros – ou, se não dirige, tem dificuldade em se envolver em atividades de lazer ou fazer coisas divertidas calmamente?
- [ ] tem dificuldade de manter a atenção em tarefas ou atividades recreativas?
- [ ] tem dificuldade de organizar tarefas e atividades?

> Informações sobre como encontrar um profissional para avaliá-lo podem ser encontradas no Capítulo 3.

Você assinalou quatro dos sete primeiros sintomas desta lista, ou seis de todos os nove sintomas? Se sim, é altamente provável que você tenha TDAH. Nesse caso, se ainda não o fez, deve buscar a avaliação de um profissional de saúde mental experiente.

COMO ESSES SINTOMAS AFETAM SUA VIDA?

O TDAH não é uma categoria na qual você se enquadra ou não. Não é como gravidez, é mais como altura ou inteligência humana. Pense nele como uma dimensão, com diferentes pessoas caindo em diferentes pontos ao longo dela. Onde nessa dimensão

---

A quinta edição do *Manual diagnóstico e estatístico de transtornos mentais* (DSM-5), publicado pela Associação Americana de Psiquiatria em 2013, emprega 18 sintomas para diagnosticar o TDAH – nove com foco na desatenção, e nove na hiperatividade-impulsividade. Mas essa lista (veja o Apêndice) foi inicialmente desenvolvida para ser aplicada apenas a crianças. E, embora essa edição mais recente do Manual forneça, entre parênteses, esclarecimentos de alguns sintomas para utilização em adultos, esses esclarecimentos só foram testados recentemente, quando Laura Knouse e eu avaliamos quão bem eles identificam adultos com TDAH e estão relacionados aos sintomas que buscam esclarecer. Identificamos que eles estavam apenas moderadamente ou pouco relacionados com os sintomas originais e provavelmente deveriam ser ignorados até que mais pesquisas fossem realizadas sobre eles. Eu e meus colegas também constatamos que a lista de nove sintomas é mais útil com adultos do que a lista de sintomas no DSM-5. Um colega de pesquisa, Stephen Faraone, Ph.D., realizou um estudo independente com seus próprios grupos de adultos, mostrando que esses sintomas foram muito satisfatórios na identificação daqueles portadores de TDAH.

está a divisão entre "transtorno" e "não transtorno"? Está onde ocorre um prejuízo que compromete uma atividade importante da vida. *Sintomas* são as maneiras como um transtorno se expressa em pensamentos e ações. *Prejuízos* são as consequências adversas que resultam da demonstração desses sintomas. O quadro a seguir lista prejuízos típicos causados pelo TDAH na infância e além dela.

> O Quinto Passo apresenta estratégias específicas para a prevenção dos sintomas de TDAH que causam os prejuízos listados no quadro.

PREJUÍZOS TÍPICOS DA INFÂNCIA	PREZUÍZOS TÍPICOS DO ADOLESCENTE E DO ADULTO
✓ Estresse e conflito familiares. ✓ Relacionamentos ruins com os pares. ✓ Poucos amigos ou nenhum amigo próximo. ✓ Comportamento disruptivo em lojas, igrejas e em outros ambientes comunitários, a ponto de você ser convidado a sair ou não retornar. ✓ Pouca importância à segurança pessoal/alta incidência de ferimentos acidentais. ✓ Desenvolvimento lento do autocuidado. ✓ Desenvolvimento lento da responsabilidade pessoal. ✓ Desempenho escolar significativamente inferior à média. ✓ Anos de escolaridade significativamente inferiores.	✓ Mau desempenho no trabalho. ✓ Mudanças de emprego frequentes. ✓ Comportamento sexual de risco/aumento do risco de gravidez na adolescência e de infecções sexualmente transmissíveis (ISTs). ✓ Dificuldades no controle da raiva e da frustração em relacionamentos íntimos. ✓ Direção perigosa (dirigir em alta velocidade, acidentes frequentes, inúmeras infrações por estacionamento em local proibido, possível suspensão da licença para dirigir). ✓ Dificuldades na gestão das finanças (gastos impulsivos, uso excessivo de cartões de crédito, pagamento insatisfatório das dívidas, pouca ou nenhuma reserva financeira, etc.). ✓ Problemas nos relacionamentos amorosos ou conjugais (parece não ouvir ou valorizar as necessidades do parceiro, fala excessivamente e interrompe, não cumpre as promessas e combinações). ✓ Propenso ao uso excessivo de substâncias como tabaco, álcool ou maconha. ✓ Dificuldade para dormir em um horário razoável (insônia), despertar frequente e inquietação noturna, sono insuficiente, gerando cansaço durante o dia. Menos comuns, mas notáveis ✓ Atividades antissociais (mentir, roubar, brigar) que conduzem a contato frequente com a polícia, detenções e até algum tempo na cadeia; muitas vezes, são associadas a maior risco de uso e abuso de substâncias ilícitas. ✓ Estilo de vida menos saudável, no geral (menos exercícios; entretenimentos solitários mais sedentários, como *videogames*, TV, navegar na internet; obesidade; maior uso das mídias sociais; compulsão alimentar ou bulimia; nutrição deficiente; maior uso de nicotina e álcool), e, consequentemente, risco aumentado de doença cardíaca coronariana.

O QUE VEM AGORA?

Nesse momento, você deve ter uma boa ideia se pode ter TDAH e se deve considerar uma avaliação profissional.

- ☐ Você apresenta pelo menos quatro a seis dos nove sintomas, atualmente?
- ☐ Eles ocorrem com frequência em sua vida atual?
- ☐ Você tem apresentado esses problemas há pelo menos seis meses?
- ☐ Eles se desenvolveram na infância ou na adolescência (antes dos 16 anos)?
- ☐ Seus sintomas atuais resultaram em consequências adversas (prejuízos) em um ou mais domínios importantes (educação, trabalho, relacionamentos sociais, namoros ou relacionamentos conjugais, gerenciamento de seu dinheiro, maneira de dirigir, etc.)?
- ☐ Você experimentou consequências adversas desses sintomas na infância?

Se você responder "sim" a todas essas perguntas, há uma alta probabilidade de que tenha TDAH. Continue lendo para descobrir o que você pode fazer a respeito.

CAPÍTULO 2

VOCÊ CONSEGUE LIDAR SOZINHO COM O SEU PROBLEMA?

Acreditar que pode ter TDAH pode parecer um grande alívio: pelo menos você tem alguma ideia de por que sua vida tem sido tão difícil. Problema resolvido, certo? Tudo o que você precisa fazer agora é ler alguns livros como este para saber como lidar com os déficits que o TDAH impõe.

Não é tão simples assim. Há algumas razões muito poderosas para procurar ajuda profissional, tanto para o diagnóstico quanto para o tratamento. Este capítulo vai explicar com mais detalhes o que um homem na faixa dos 30 anos apresentou de forma clara:

> "Nas últimas décadas, tentei com muito esforço lidar sozinho com meu TDAH e sinto que fiquei na média. Mas agora acho que preciso de ajuda. Estou cansado de ficar 'pulando de galho em galho' em relação à minha carreira e realmente gostaria de me estabelecer e me destacar como eu SEI que posso."

Em resumo, estas são as razões para procurar ajuda profissional:

- Para se certificar de que seus sintomas não estão sendo causados por outra condição, que não o TDAH, que requeira atenção.
- Para descobrir se seus problemas estão sendo causados por uma combinação do TDAH e de outra condição médica.
- Para obter a prescrição do medicamento que comprovadamente proporciona um grande impulso aos esforços de enfrentamento, se você receber um diagnóstico de TDAH.
- Para ter acesso às mais recentes terapias psicológicas que possam abordar seus vários problemas de autocontrole.
- Para descobrir onde estão seus pontos fortes e fracos para que você possa direcionar seus esforços de enfrentamento exatamente para onde eles são necessários.

- Para ter uma avaliação que possa servir como base para obter acomodações adequadas na universidade, em outros ambientes institucionais ou no ambiente de trabalho, respaldado pela lei Americans with Disabilities ACT*.
- Para ter acesso a outros recursos que possam ajudá-lo a mudar um estilo de vida não saudável e práticas deficientes de manutenção da saúde, como assistência para perda de peso, parar de fumar, reduzir o uso de álcool ou maconha, ou melhoria do sono.

Todas essas são ótimas razões para estabelecer uma relação com um médico que possa prescrever o tratamento certo para você e facilitar seu acesso a diversos serviços, proteções e direitos.

Está convencido? Se estiver, sinta-se à vontade para ir diretamente ao Capítulo 3. Mas se você precisa saber mais sobre a razão pela qual não deve tentar lidar sozinho com esse problema, leia o restante deste capítulo.

SEUS SINTOMAS ESTÃO SENDO CAUSADOS POR OUTRA COISA, COMO UM PROBLEMA MÉDICO?

Vamos voltar à ideia de que saber que você pode ter TDAH pode ser um alívio. Descobrimos que encontrar um nome e uma razão neurobiológica para muitas de suas lutas é, em si, terapêutico. Quando você sabe o que está errado, pode parar de se culpar por não conseguir simplesmente se livrar de seus problemas. Mas você não conseguirá realmente *saber* se tem TDAH sem essa avaliação. Somente um profissional de saúde mental qualificado tem o treinamento e o julgamento para aplicar os critérios diagnósticos sobre os quais você aprendeu no Capítulo 1. Sem esse tipo de formação profissional, você não será capaz de considerar as nuances que definem a linha entre os sinais do TDAH e os sintomas que podem ser encontrados em graus menores na população geral dos adultos. Além disso, você também não estará familiarizado com outros transtornos psicológicos e psiquiátricos que causam problemas de atenção, concentração e memória operacional para poder distinguir entre eles e o TDAH.

> Não seria um alívio ainda maior *saber*, em vez de apenas *supor*, que você tem TDAH?

Também é muito importante que um profissional qualificado possa encaminhá-lo para alguns exames ou procedimentos médicos a que você precisará se submeter para garantir que seus sintomas não sejam resultado de doença física ou lesão cerebral, conforme observado no Capítulo 1.

O TDAH EXPLICA TUDO O QUE VOCÊ ESTÁ PASSANDO?

Mesmo que o Capítulo 1 tenha lhe dado uma forte sensação de que você tem TDAH, será necessária uma avaliação profissional para garantir que esse transtorno é responsável por toda a história. Seria terrivelmente desmoralizante tratar o TDAH e

---

* N. de R.T. No Brasil, consultar a Lei nº 14.254, de 30 de novembro de 2021. http://www.planalto.gov.br/ccivil_03/_ato2019-2022/2021/Lei/L14254.htm

Outros transtornos que comumente ocorrem em conjunto com o TDAH

- Transtornos de ansiedade
- Transtorno de oposição desafiante (TOD)
- Transtorno da conduta (TC), agressão, delinquência, "matar aulas", etc.)
- Transtornos da aprendizagem (atrasos em áreas como leitura, ortografia, matemática, escrita, etc.)
- Desmoralização, distimia ou até mesmo transtorno depressivo maior (TDM)
- Transtorno bipolar (TB) com início na infância ou na adolescência
- Transtorno da personalidade antissocial (TPAS) na vida adulta
- Transtorno por uso de álcool e outros transtornos por uso de substâncias (TUS)
- Transtorno de tique ou síndrome de Tourette, que é mais grave (múltiplos tiques motores e vocais)
- Transtorno do espectro autista (TEA)

> A maioria dos adultos com TDAH atendidos em clínicas tem pelo menos dois transtornos: 80 a 85% têm TDAH e outro transtorno; e mais da metade pode ter três transtornos psicológicos.

ainda assim continuar lutando porque algum outro problema passou despercebido e não foi tratado. Se uma avaliação revela transtornos coexistentes (as chamadas *comorbidades*), você receberá não apenas um diagnóstico e algumas informações sobre seu(s) transtorno(s) mas também uma lista de recomendações de tratamento – o primeiro passo no caminho para deixar para trás sua vida de "pular de galho em galho".

O TRATAMENTO MAIS EFICAZ – MEDICAMENTO – REQUER UMA PRESCRIÇÃO DO MÉDICO

Você pode ler tudo sobre os medicamentos usados para tratar o TDAH no Terceiro Passo. O importante a saber neste momento é que, quando se trata de sintomas do TDAH, *o medicamento funciona*, melhorando os sintomas, em geral, substancialmente. É eficaz na maioria dos adultos – menos de 10% *não* terão uma reação positiva a quaisquer das substâncias aprovadas para uso no TDAH. O medicamento parece até mesmo corrigir temporaria-

> O índice de sucesso dos medicamentos para TDAH é provavelmente incomparável a qualquer outro tratamento medicamentoso para qualquer outro transtorno na psiquiatria.

> Os estudos mostram que os medicamentos para TDAH podem:
>
> - *normalizar* o comportamento de 50 a 65% das pessoas que têm TDAH;
> - melhorar *substancialmente* o comportamento de outros 20 a 30% das pessoas com esse transtorno.

mente ou compensar os problemas neurológicos subjacentes que podem estar, no início, contribuindo para o TDAH.

Muitos outros tratamentos e métodos de enfrentamento têm pouco efeito, *a menos que* a pessoa com TDAH esteja também fazendo uso de medicamento. Em minha experiência, os adultos com TDAH que optam por não usar medicamento, após seu diagnóstico, retornam tipicamente após 3 a 6 meses pedindo para usá-lo, uma vez que percebem que nenhuma das outras opções está tratando muito bem o seu problema.

QUAIS SÃO EXATAMENTE SEUS PONTOS FORTES E FRACOS?

Uma avaliação profissional envolve várias etapas, as quais são projetadas para analisar suas dificuldades de ângulos diferentes para garantir que fatos importantes não sejam negligenciados ou sinais mal-interpretados. Mas, se o processo parecer repetitivo ou prolongado, lembre-se de que a avaliação está tentando descartar coisas que *não* estão causando seus problemas, assim como identificar o que *está* causando problemas. Há outra razão, ainda, para você ser paciente com esse processo: ao diferenciar todas as possíveis causas de seus sintomas, o profissional também estará extraindo informações valiosas sobre seus pontos fortes pessoais. Saber onde você se destaca nas habilidades da vida e nos talentos naturais vai auxiliar você e seu terapeuta na escolha das estratégias de enfrentamento mais indicadas para ajudá-lo. Por exemplo, talentos artísticos e personalidades envolventes não vêm do fato de ter TDAH, mas você pode aprender a usar esses dons para compensar os sintomas desse transtorno, ou pode identificar um caminho profissional com base nesses pontos fortes.

Conheci muitos representantes de companhias farmacêuticas, por exemplo, que têm TDAH, mas são excelentes em seu trabalho. Sua função lhes permite viajar bastante e encontrar centenas de médicos diferentes e suas equipes, mantendo-os engajados e ocupados. Um emprego de escritório das 9 às 18 horas pode se mostrar tão entediante que eles seriam duramente pressionados a se concentrar e a se manter motivados para serem bem-sucedidos, apesar de seu talento natural para as vendas e o relacionamento com os clientes. Mas a constante mudança de cenário energiza e concentra esses representantes. Muitos também trabalham em equipes com outros representantes para cobrir uma região, o que proporciona a seu trabalho uma estrutura que não estaria disponível em uma posição de vendas solo.

É disso que se trata o processo de avaliação: descobrir exatamente o que está errado e o que você tem feito por si mesmo para que um plano de tratamento possa ser designado para colocá-lo o mais rápido possível no rumo da saúde e do sucesso.

CAPÍTULO 3

ONDE VOCÊ PODE CONSEGUIR AJUDA?

Se você ainda não realizou uma avaliação diagnóstica, pode procurar um profissional qualificado de saúde mental por conta própria. No entanto, se você tiver uma boa relação com seu médico de atenção primária, um telefonema para ele pode ser um primeiro passo. Um médico que o conheça bem poderá usar questionários de triagem para determinar se você está certo em achar que pode ter TDAH. Se o médico puder descartar causas físicas para seus sintomas, você se poupa do exame médico adicional que um avaliador de saúde mental recomendaria. E um médico que o conheça bem pode encaminhá-lo a um especialista de TDAH adequado a você. Em minha experiência, quando você gosta de seu médico e confia nele, tem grande chance de se sentir da mesma forma em relação a alguém recomendado por ele.

COMO ENCONTRAR UM PROFISSIONAL EXPERIENTE EM TDAH?

Quaisquer das seguintes sugestões podem ser boa fonte de encaminhamentos. Se alguma delas não funcionar para você, tente uma das outras.

- Como mencionado anteriormente, você pode começar telefonando para seu médico de atenção primária (internista, médico de família ou clínico geral) para pedir o nome de um especialista em sua área que esteja trabalhando com TDAH em adultos.
- Ligue para a associação de psiquiatria ou de psicologia da sua localidade. Geralmente, as associações es-

> Dirija-se ao *website* da Associação Brasileira de Déficit de Atenção – ABDA (https://tdah.org.br/) para encontrar atendimento próximo a você.

taduais mantêm listas de seus profissionais, organizadas por especialidade.
- Verifique se elas têm alguns profissionais que estejam listados como especialistas em TDAH em adultos.
- Acesse o *website* de uma de uma das principais organizações sem fins lucrativos dedicadas ao TDAH: CHADD (Attention-Deficit/Hyperactivity Disorder: Children and Adults with Attention-Deficit/Hyperactivity Disorder), nos Estados Unidos, e ao TDAH (ADHD), nos Estados Unidos e em outros países de língua inglesa.* Se um deles tiver um grupo de apoio ou divisão em sua área, ligue e pergunte se pode indicar alguns especialistas clínicos em TDAH em adultos.
- Ligue para o departamento de psiquiatria da faculdade de medicina de uma universidade local. Mesmo que ela não fique próxima de você, geralmente essas instituições podem encaminhá-lo para os profissionais que conhecem sua área e realizam avaliações de TDAH em adultos. Você também pode verificar no *website* se o TDAH está listado como um dos transtornos em que eles se especializam.
- Ligue para o departamento de psiquiatria do hospital local para obter as mesmas informações, ou, mais uma vez, acesse seu *website* para verificar se o TDAH está listado como um dos transtornos em que eles são especializados.
- Ligue para a clínica de psicologia da universidade local para obter as mesmas informações, ou acesse seu *website* para verificar se o TDAH está listado como um dos transtornos em que eles são especializados.
- Ligue para o centro de saúde mental de seu município, ou acesse seu *website* para verificar se o TDAH está listado como um dos transtornos em que eles são especializados.
- Procure por psiquiatras e psicólogos especializados em TDAH em adultos. Ou, melhor ainda, pesquise na internet profissionais especializados em TDAH em sua cidade ou seu estado. Médicos e psiquiatras também podem fazer uma busca específica desses profissionais na sua região.
- Você tem um amigo ou parente de confiança que esteja sendo tratado para TDAH em adultos? Se tem, peça encaminhamento para o profissional que está atendendo essa pessoa. Ou, se conhece alguém cujo filho esteja sendo tratado para TDAH, você pode perguntar o nome do médico da criança e entrar em contato com esse profissional para saber se ele trata adultos ou se conhece alguém que o faça.

> *Website* para Crianças e Adultos com TDAH (CHADD): www.chadd.org. Website Associação TDAH (ADDA): www.add.org. Você pode encontrar uma lista das instituições norte-americanas que têm clínicas dedicadas ao TDAH em adultos na seção Recursos, no final deste livro.**

---

* N. de R.T.: No Brasil, ABDA (Associação Brasileira de Déficit de Atenção): www.tdah.org.br.
** N. de R.T.: No Brasil, o *website* da Associação Brasileira do Déficit de Atenção possui uma seção com uma lista de locais públicos para tratamento em cinco capitais: www.tdah.org.br.

PERGUNTAS A SEREM FEITAS ANTES DE MARCAR UMA CONSULTA

Se você tiver a sorte de ter vários especialistas para escolher em sua área, pode formular as seguintes perguntas ao ligar para se informar sobre uma avaliação. Na verdade, talvez você queira fazer essas perguntas mesmo que tenha encontrado apenas um profissional próximo.

- Que percentagem da clientela do médico é composta de pessoas com TDAH (em comparação com outros transtornos)?
- Se o profissional atende tanto adultos quanto crianças, qual é a percentagem de adultos?
- Há quanto tempo o médico vem tratando adultos com TDAH?
- Qual é a área de especialização do profissional em medicina ou psicologia? Campos que cobrem o TDAH e transtornos psiquiátricos relacionados incluem psiquiatria, psicologia clínica, neuropsicologia e neurologia (sobretudo no ramo comportamental).
- Quanto tempo demora para se conseguir uma consulta? (Isso pode ser importante para você, caso tenha alguns profissionais a escolher e queira ser avaliado o quanto antes.)
- O médico trata as pessoas após diagnosticá-las? Se não, para onde os pacientes são encaminhados para tratamento?
- Há outros recursos potenciais disponíveis nas proximidades? A maioria dos profissionais de saúde mental não terá aconselhamento (*coaching*), treinamento de habilidades, grupos de apoio e coisas semelhantes no local, mas os psicólogos que atendem na prática privada muitas vezes alugam espaço em centros empresariais onde trabalham profissionais relacionados, e todos eles encaminham pacientes um para o outro.
- Como o médico cobra e quais planos de saúde ele aceita?

CAPÍTULO 4

O QUE VOCÊ PRECISA PARA A AVALIAÇÃO?

Quando você sabe o que esperar, o processo de avaliação pode ocorrer de maneira mais rápida e tranquila.

PREPARE-SE SABENDO O QUE ESPERAR E O QUE LEVAR

Veja a seguir os elementos típicos em uma avaliação diagnóstica.

- Uma série de escalas de avaliação e informações de encaminhamento antes ou durante a avaliação.
- Uma entrevista com você.
- Uma revisão dos registros anteriores que podem documentar seus prejuízos.
- Testes psicológicos para descartar atraso cognitivo geral ou transtorno da aprendizagem.
- Entrevistas com outros que o conhecem bem para corroborar seus relatos.
- Um exame médico geral, quando parte de seu tratamento consistir em medicamento ou as condições médicas coexistentes precisarem ser avaliadas (caso seu médico ainda não o tiver feito).

O que você pode levar para facilitar essas etapas:

- Quaisquer registros que tiver ou puder reunir antecipadamente de escolas que frequentou e de médicos e profissionais de saúde mental que consultou, quaisquer registros relacionados à condução de veículos e registros criminais, e qualquer outra documentação de problemas que possam estar relacionados ao TDAH ou a outro transtorno.

- Nomes de algumas pessoas que o conhecem bem, e em que você confie para falar de maneira honesta e objetiva com os avaliadores.
- Resultados de um exame médico, no caso de já ter realizado um com seu médico.
- Lista de membros de sua família com transtornos mentais que sejam de seu conhecimento.
- Descrição de prejuízos ocorridos durante sua infância e sua adolescência, bem como de prejuízos mais recentes.

VÁ COM A MENTE ABERTA

Você marcou essa consulta porque quer respostas: por que não consegue fazer o que os adultos precisam fazer? Por que continua lutando, apesar dos enormes esforços para trabalhar com determinação e ser bem-sucedido? O que será necessário para você conseguir atingir importantes objetivos pessoais e profissionais? Para oferecer essas respostas, o médico ou o psicólogo com o qual você marcou uma consulta precisa reunir muitas informações de diferentes fontes. Você pode questionar a necessidade de tudo isso. Pode sentir-se inquieto no meio da avaliação, ansioso para acabar com aquilo. Tente permanecer focado no objetivo – respostas e soluções – e lembre-se de que a coisa mais importante a levar para sua consulta de avaliação é uma mente aberta.

Esteja preparado para a consulta inicial da avaliação demorar várias horas.

Leve requisições escolares e outros registros, ainda que seu histórico acadêmico possa ser a última coisa que você deseje relembrar. Responda às perguntas sobre o que lhe prejudica da maneira mais honesta que puder. Esteja aberto para permitir que o avaliador entreviste alguém que o conheça bem para obter uma perspectiva útil vinda de fora. Todos os testes, questionários e entrevistas incluídos na avaliação têm base científica e são realizados para fornecer as respostas mais confiáveis que o campo da psicologia pode proporcionar.

> Com todos esses testes, escalas de avaliação, questionários, registros passados e entrevistas, o avaliador tem tudo o que precisa saber a meu respeito? Por que ele precisa conversar também com um dos meus familiares?

A resposta curta é que os números têm força. Quanto mais fontes diferentes o avaliador puder usar para confirmar seus sintomas e prejuízos que você vem sofrendo, mais certeiras serão as conclusões que ele poderá extrair. Por isso, o avaliador não fala apenas com você; ele também usa escalas de avaliação cientificamente elaboradas e outras ferramentas para obter as informações a partir do maior número de ângulos possível.

Mas, mesmo com todas essas ferramentas, o avaliador recebe todos os dados a partir de você. O fato é que os adultos (e as crianças) com TDAH muitas vezes relatam ter melhor desempenho em algumas tarefas do que a observação de fora e as avaliações objetivas revelam. A maneira de dirigir é um exemplo particularmente comum. Você pode muito bem se achar tão bom motorista quanto qualquer outra pessoa (ou até melhor do que a média). Pode achar que aquelas multas por excesso de velocidade que vem acumulando foram injustas, registradas por um policial que estava predisposto contra você ou apenas tentando preencher sua cota mensal de multas. Pequenos acidentes de trânsito em que esteve envolvido podem parecer ter sido causados pelo outro motorista, que não estava prestando atenção suficiente ou que tenha sido muito hesitante e, por isso, fez com que você interpretasse mal os sinais. E você recebeu todas aquelas multas de estacionamento porque simplesmente não teve tempo para encontrar uma vaga em local permitido – bem, todo mundo recebe essas multas, não é? Alguém que você conhece bem – isso é essencial – e que está do seu lado e deseja ajudá-lo, não apenas criticá-lo, pode ser capaz de dizer que, na verdade, você dirige muito mais depressa do que a maioria das pessoas, que é sua atenção que, às vezes, se desvia da estrada, que tenta fazer outras coisas ou mandar mensagens de texto enquanto está dirigindo, e que facilmente perde a paciência quando o trânsito para. Aparentemente, isso pode parecer uma intrusão, mas tente acreditar que é de seu interesse permitir que o profissional fale sobre suas preocupações e sua história com alguém que o conheça bem, como o pai ou a mãe, um irmão, uma irmã, o(a) cônjuge, a pessoa que more com você ou um amigo íntimo, caso seus familiares não estejam disponíveis. Sem essa perspectiva, pode parecer que você não tem TDAH quando de fato realmente o tem, dadas as informações que os outros podem fornecer sobre você. Tenha em mente que você está aqui para obter respostas – e respostas precisas.

> Por que, afinal, teria alguma importância saber que tia Ellen passou a maior parte de sua vida deprimida? O que isso tem a ver comigo?

A hereditariedade (genes) contribui em graus variados para a maioria dos transtornos mentais. Isso significa que alguns transtornos têm maior probabilidade de serem desenvolvidos nos parentes de pessoas que têm um transtorno mental. Os tipos de transtornos observados em seus parentes podem servir como guia para os tipos de transtornos que você pode estar experimentando. O TDAH é um transtorno altamente genético, e, por isso, a menos que você o tenha adquirido por meio de uma lesão cerebral óbvia em seu passado, é provável que seja mais comum entre seus familiares. Mas, como os adultos com TDAH frequentemente também têm outro transtorno (veja o Capítulo 2), pode ser útil para o avaliador ser informado sobre todos os transtornos mentais que aparecem em sua árvore genealógica e para os quais você possa ter uma vulnerabilidade genética. Se você não tem conhecimento de nenhum, pode ser porque, no passado, as pessoas tendiam a encarar essas informações como privadas, até mesmo vergonhosas. Por essa razão, antes de comparecer à consulta, vale a pena se dar ao trabalho de perguntar a seus pais ou a outros parentes de uma geração anterior à sua a respeito da história de transtornos mentais em sua família.

MANTENHA O FOCO EM OBTER RESPOSTAS

Submeter-se a testes pode não despertar boas lembranças em você, mas tente se lembrar, durante a série de testes psicológicos que geralmente são aplicados, que você e o avaliador compartilham o mesmo objetivo: obter respostas. Você não gostaria que essas respostas fossem baseadas apenas em opiniões, portanto realize os testes de forma aberta e honesta. Em contrapartida, não permita que ninguém lhe diga que os resultados de qualquer teste são uma indicação infalível de que você tem TDAH ou não. Não existe um teste diagnóstico para TDAH que seja suficientemente preciso para ser usado na prática clínica. O diagnóstico é tanto uma arte quanto uma ciência. O diagnóstico preciso depende da análise competente de um profissional experiente para ponderar os resultados obtidos de diferentes fontes e partes da avaliação. Essa é a melhor maneira de obter um quadro preciso de seu problema.

Testes psicológicos tipicamente aplicados durante uma avaliação

- Breve teste de sua inteligência ou capacidade cognitiva geral: às vezes, as pessoas enfrentam dificuldades na escola ou no trabalho devido a limitações em sua capacidade intelectual ou de aprendizagem. O profissional precisa descartar esses tipos de limitações como causa ou contribuinte para seus sintomas semelhantes aos do TDAH ou impacto em suas dificuldades educacionais e de trabalho.
- Testes envolvendo leitura, matemática e ortografia: estes são especialmente prováveis de serem aplicados se você estiver em um ambiente educacional, como faculdade, treinamento técnico ou curso relacionado ao trabalho. As pessoas com TDAH são muito mais propensas do que as outras de apresentar atrasos específicos em habilidades acadêmicas como essas, muitas vezes, chamadas de *transtornos da aprendizagem específicos*, e é importante saber se você os apresenta.
- Testes de atenção, inibição e memória: nem todos os psicólogos aplicam esses testes. Não recomendo seu uso para diagnosticar TDAH, pois eles não são suficientemente precisos. A importância dos resultados pode ser exagerada se for presumido que eles determinam direta e objetivamente os sintomas de TDAH e, portanto, são mais confiáveis do que seus próprios relatos orais de sintomas e os dados que provêm de outras partes da avaliação. Pontuações anormais podem indicar TDAH ou outros transtornos, mas isso não significa que apenas as pontuações normais descartem o TDAH.

> Cerca de 35 a 85% das pessoas com TDAH podem ser aprovadas em testes de atenção, inibição e memória operacional e, ainda assim, terem o transtorno. Pesquisadores descobriram que, se as pessoas apresentam mau desempenho nesses tipos de testes, elas provavelmente têm um transtorno. Entretanto, isso não significa que se trate do TDAH, porque outros transtornos normalmente podem interferir no desempenho desses testes. Em contrapartida, obter pontuações normais nesses testes não significa que o profissional possa descartar o TDAH.

CAPÍTULO 5

O QUE A AVALIAÇÃO LHE DIRÁ?

Na maioria dos casos, você obterá as respostas que busca em uma consulta que concluirá a avaliação. Em alguns casos, se os resultados de qualquer teste realizado não estiverem disponíveis imediatamente, esse parecer poderá ser adiado. Durante o encontro, o profissional irá:

- discutir as descobertas de toda a coleta de informações;
- dar uma opinião se você tem TDAH ou outros transtornos;
- fornecer-lhe um conjunto de recomendações sobre o que fazer a respeito de seu TDAH e de quaisquer outros transtornos revelados.

Para apresentar o diagnóstico de TDAH de um adulto, a partir dos achados da avaliação, o profissional deve acreditar que:

- você tem altos níveis de desatenção e/ou comportamento hiperativo e impulsivo;
- você apresenta esses sintomas com muito mais frequência do que outros adultos da sua idade;
- você vem apresentando esses sintomas, na sua forma atual, há pelo menos seis meses;
- seus sintomas se desenvolveram antes dos 12-16 anos;
- seus sintomas ocasionaram consequências adversas em muitos domínios diferentes, tanto na infância quanto na vida adulta.

> É possível ter TDAH sem apresentar problemas de impulsividade ou hiperatividade. Há uma "apresentação" de TDAH caracterizada principalmente por problemas de desatenção. (Você pode encontrar mais informações sobre esta apresentação adiante neste capítulo.)

> Como escreveu meu colega Kevin Murphy, Ph.D., sua avaliação para TDAH deve ser elaborada para responder a quatro perguntas fundamentais.
>
> 1. Há evidência clara de que você experimentou sintomas similares aos do TDAH na primeira infância, os quais, pelo menos nos anos do ensino médio, levaram a prejuízos substanciais e crônicos em vários âmbitos?
> 2. Há evidência clara de que sintomas similares aos do TDAH atualmente causam prejuízo substancial e consistente em vários âmbitos?
> 3. Há outras explicações além do TDAH que melhor respondam à sua série de preocupações atuais?
> 4. Se você preenche os critérios para TDAH, há evidências de que também tenha outros transtornos?

SEUS SINTOMAS ATENDEM AOS CRITÉRIOS PARA TDAH?

Antes de qualquer coisa, o avaliador vai comparar o que ele descobriu sobre seus sintomas com os critérios para o diagnóstico do TDAH listados na quinta edição do *Manual diagnóstico e estatístico de transtornos mentais* (DSM-5), da Associação Americana de Psiquiatria. De acordo com o DSM-5, para ser diagnosticado com TDAH, supõe-se que você tenha pelo menos cinco dos sintomas incluídos em uma das duas listas de nove itens – uma delas centrada na desatenção, e a outra, na hiperatividade-impulsividade – mencionados no Capítulo 1 e mostrados no Apêndice. Há dois problemas com essa diretriz.

> Todos os critérios do DSM-5 para o diagnóstico do TDAH estão no Apêndice.

1. Várias pesquisas têm mostrado que muitas pessoas apresentam todos os sinais de TDAH *sem* apresentar todos os cinco sintomas de cada lista. Diversos estudos, incluindo o meu, têm provado que você só precisa apresentar quatro dos sintomas de cada lista para ter esses problemas em grau inapropriado para um adulto.
2. Esses critérios foram originalmente elaborados para diagnosticar crianças (dos quais estou bem ciente, uma vez que sou membro do comitê que os estabeleceu), e não adultos.

> Se o avaliador disser que você não tem TDAH porque apresenta menos de cinco dos critérios do DSM-5, aponte que minha pesquisa e a de outros pesquisadores mostraram que apenas quatro sintomas são suficientes para ser considerado clinicamente significativo. Ou peça para ser avaliado novamente usando nossa lista de nove itens (ver Capítulo 1).

É por isso que meus colegas e eu nos baseamos na lista dos nove critérios que você já leu no Capítulo 1, tanto quanto ou mais do que nos sintomas do DSM-5. Ela é baseada em tudo o que a pesquisa tem revelado sobre *adultos* com TDAH e já se mostrou eficaz em diagnosticar com precisão centenas de adultos nos 12 anos desde que identificamos esse conjunto de itens como útil.

Essencialmente, a avaliação traduzirá suas experiências pessoais em critérios projetados para separar aqueles com TDAH daqueles sem TDAH, para que você possa receber qualquer ajuda que precisar – e evitar que seja tratado de um transtorno que *não* tenha.

> Empregamos diversos métodos estatísticos para identificar os sintomas mais essenciais ao distinguir os adultos com TDAH. Assim, comparamos estes não apenas com os demais adultos (sem o transtorno), mas com um segundo grupo-controle de adultos atendidos na mesma clínica de saúde mental que tinham outros transtornos psicológicos, mas não TDAH. Também acrescentamos em nossas análises os 18 itens do DSM para comprovar sua precisão na identificação do TDAH em adultos. Surpreendentemente, descobrimos que apenas nove dos 109 sintomas que identificamos (veja o Apêndice) são necessários para identificar adultos com TDAH – os nove que você já viu no Capítulo 1.

O diagnóstico se parece com você?

Vamos analisar de perto esses sintomas que parecem abstratos. O TDAH consiste, basicamente, em problemas em três áreas diferentes, que você pode experienciar das seguintes maneiras.

✓ **Pouco tempo de atenção ou falta de persistência nas tarefas**: você pode observar esse grupo de sintomas principalmente quando se espera que faça algo tedioso, enfadonho ou interminável.

- Você fica entediado rapidamente durante tarefas repetitivas?
- Você muda de uma atividade inacabada para outra (p. ex., quando se trata da limpeza da casa, deixa a cama semiarrumada, depois, lava a metade da louça e então tira o pó de apenas um cômodo)?
- Você perde a concentração durante uma tarefa longa, achando quase impossível escrever um relato detalhado ou preencher uma declaração de imposto de renda com seus muitos itens e formulários?
- Você tem dificuldade para apresentar dentro do prazo seus relatórios de vendas ou outro tipo de relatório sem ser "incomodado" pelo seu chefe?

Muitas pessoas com TDAH descrevem uma dupla deficiência nessa área: elas não parecem conseguir se concentrar tempo suficiente para terminar as tarefas rotineiras, bem como são distraídas virtualmente por qualquer coisa que entre em seu campo de consciência. Alguém entra em sua visão periférica, seus olhos o seguem e suas mentes se dispersam, nunca retornando desse desvio. Ou pensamentos irrelevantes intrusos e importunos de repente surgem em suas cabeças, e elas saem por uma tangente que as leva tão longe de onde devem estar que acabam perdendo um tempo enorme.

✓ **Capacidade prejudicada para controlar os impulsos e adiar a gratificação**:

- As pessoas o criticam por não pensar antes de agir?
- "Em que você estava *pensando*?" é uma pergunta que você ouve pelo menos duas vezes por semana devido a algo que você disse ou fez sem dar muita importância às consequências?
- Você já ficou constrangido por interromper outras pessoas, deixando escapar comentários que gostaria de ter contido, ou por dominar a conversa até deixar todos os demais indignados?
- Você adia tarefas necessárias quando há uma fila no banco, nos correios ou no caixa do supermercado, por exemplo?
- Você sempre come um segundo pedaço de bolo ou outro alimento que engorda, mesmo que queira realmente perder cinco quilos?
- Você gasta seu salário todo fim de semana, em vez de economizar para comprar o equipamento esportivo ou outro item maior que deseja ou precisa?

Muitos adolescentes e adultos com TDAH tendem a conduzir veículos de forma acelerada, perder a paciência com os outros motoristas e dirigir de forma agressiva, acumulando multas de estacionamento, porque simplesmente não conseguem se dar ao trabalho de despender um pouco de tempo para encontrar um local permitido para estacionar, e, em geral, têm baixa tolerância à frustração. Você é um deles?

✓ **Atividade excessiva ou desproporcional, ou atividade que seja irrelevante para a tarefa imediata**: a maioria dos adultos – mas não todos – com TDAH era agitada, inquieta e "hiperativa" quando criança.

- Você se lembra de se movimentar de forma desnecessária para concluir a tarefa que lhe era designada, como balançar seus pés e suas e pernas, contorcer-se na cadeira, tamborilar com os pés ou as mãos, tocar constantemente nas coisas, balançar para frente e para trás, ou mudar seguidamente de posição ao realizar tarefas relativamente tediosas?

Se isso fez parte de sua experiência de infância, você pode estar ciente de que mudou quando amadureceu: talvez, agora você se descreva como inquieto, impaciente, que precisa estar sempre ocupado.

COMO ESSES SINTOMAS REALMENTE ESTÃO AFETANDO SUA VIDA?

Apenas os sintomas não são o bastante para produzir um diagnóstico de TDAH. Você precisa ser *prejudicado* por esses sintomas.

Anteriormente, chamei de prejuízos as *consequências adversas* que podem resultar de seu comportamento ou de seus sintomas. Eles envolvem um revide do ambien-

> **Prejuízos** = consequências sociais e outras consequências adversas, ou outros custos que resultam da manifestação dos sintomas do TDAH. Mas há outro elemento relacionado ao termo que é tão importante quanto essa definição: o prejuízo é definido em relação à pessoa média na população, conhecida como a *norma* – em que a maioria das pessoas "normais", ou típicas, encontram-se executando qualquer domínio da sua vida. Ele não pretende identificar como você está funcionando em comparação com pessoas incrivelmente brilhantes ou com alto nível de instrução, mesmo que você seja uma delas. Para apresentar um prejuízo, você deve estar funcionando significativamente abaixo da norma ou da pessoa média (típica). Por quê? Porque o termo *transtorno* significa exatamente isso – que você não está funcionando normalmente.

te, por assim dizer, como resultado da exibição de tal comportamento. Estes podem envolver praticamente qualquer coisa que possa ser afetada negativamente em sua vida. Se você observar os 91 sintomas listados no Apêndice, vai poder ter uma ideia a respeito das muitas maneiras diferentes pelas quais o TDAH pode estar se expressando em sua vida. Desconfio de que você já saiba quais são as consequências adversas desses sintomas.

> **Os sintomas do TDAH podem causar prejuízos em todos os domínios da sua vida:**
>
> Casa   Trabalho   Vida social   Comunidade   Educação
> Relações amorosas/casamento   Gerenciamento do dinheiro
> Condução de veículos   Atividades de lazer   Sexualidade
> Criação dos filhos   Responsabilidades diárias

Ter dificuldade para resistir a impulsos pode conduzir a casos extraconjugais e, consequentemente, ao divórcio. Pode fazer você comprar coisas pelas quais não pode pagar, achando que não consegue viver sem elas no momento. Pode levá-lo a abandonar obrigações simples, como o cuidado dos filhos ou a higiene pessoal. A dificuldade para aceitar críticas construtivas e fazer mudanças tendo por base comentários de figuras de autoridade pode fazer com que você fique estagnado em sua carreira (ou levá-lo a ser demitido) e conseguir menos oportunidades educacionais do que poderia. Ter um fraco domínio do tempo pode fazê-lo perder compromissos e celebrações importantes, comprometendo seus relacionamentos pessoais e profissionais. Problemas com memória, compreensão da leitura e aritmética mental podem tornar até mesmo as tarefas diárias mais básicas um desafio frustrante. Reações emocionais exageradas podem causar problemas em todas as áreas de sua vida, reduzindo as chances de contribuir para sua comunidade por meio de trabalho cívico ou voluntário, tornando-o suscetível à violência no trânsito e, potencialmente, pondo em risco seus empregos, suas amizades e seus relacionamentos mais íntimos. Esses são apenas alguns exemplos dos danos que podem ser causados pelos sintomas do TDAH.

VOCÊ CONSEGUE ACEITAR AS CONCLUSÕES DO PROFISSIONAL?

Somos todos humanos, e parte de ser humano é entrar em algumas situações com nossa mente já decidida – ou pelo menos com uma dose saudável de ceticismo. Se você encarou a avaliação com uma opinião firme sobre ter TDAH ou não, esse julgamento pode muito bem influenciar sua reação ao *feedback* do profissional. A seguir, apresentamos alguns pontos a serem pensados antes de você rejeitar a opinião dos profissionais que está consultando.

O mito de que "todo mundo tem sintomas de TDAH"

O fato de o TDAH ser um transtorno legítimo e real tem sido questionado repetidamente ao longo dos anos. Aqueles que se opõem a esse fato argumentam que indivíduos típicos na população em geral têm os mesmos tipos de sintomas e prejuízos que supostamente existem apenas naqueles diagnosticados com o transtorno. É verdade que pessoas consideradas dentro da norma podem exibir *de vez em quando* parte das características comportamentais do TDAH. Todos têm dias em que estão particularmente distraídos ou com dificuldade para se concentrar nas outras pessoas. O que distingue os adultos com TDAH das outras pessoas é a frequência consideravelmente maior com que apresentam essas características. Distração, incapacidade de se concentrar e outros problemas atingem um ponto de ser inapropriados (raros) para o seu grupo etário.

Meus colegas e eu publicamos um livro em 2008 contendo um estudo em que pedimos a 146 adultos diagnosticados com TDAH e a 109 adultos de uma amostra comunitária geral para nos dizerem se experienciaram *com frequência* os 18 sintomas do DSM-5. As respostas são apresentadas na tabela a seguir.

Ficou evidente que a grande maioria dos adultos típicos não relatou ter esses problemas com frequência. Há uma diferença quantificável, estatisticamente significativa e perceptível entre as experiências daqueles diagnosticados com TDAH e as outras pessoas. No mesmo estudo, perguntamos aos adultos com TDAH e àqueles da população da comunidade em que domínios da vida eles eram frequentemente *prejudicados* pelos sintomas do TDAH. Os resultados que obtivemos estão na tabela a seguir.

Para cada uma dessas importantes atividades da vida, um número maior de adultos com TDAH relatou apresentar prejuízos

---

Adultos com TDAH *versus* adultos típicos

- Menos de 10% dos adultos típicos responderam "sim" a todas as questões, exceto a duas delas.
- Menos de 12% responderam "sim" às outras duas perguntas.
- Em média, os adultos do grupo-controle da população em geral relataram menos de um sintoma de todos os 18, enquanto os adultos com TDAH relataram mais de 12 (sete da lista dos sintomas de desatenção e cinco da lista dos sintomas de hiperatividade-impulsividade).

Sintomas	Adultos com TDAH (%)	Adultos na comunidade (%)
Sintomas de desatenção		
Não consegue prestar atenção aos detalhes	74	3
Dificuldade para manter a atenção	97	3
Falha para ouvir quando lhe falam diretamente	73	2
Não consegue seguir instruções	75	1
Tem dificuldade para organizar tarefas	81	5
Evita tarefas que requerem esforço mental sustentado	81	2
Perde coisas importantes	75	11
É facilmente distraído por estímulos externos	97	2
É esquecido nas atividades diárias	78	4
Sintomas hiperativos-impulsivos		
Tamborila com as mãos ou os pés, ou se contorce na cadeira	79	4
Deixa a cadeira quando é necessário que permaneça sentado	30	2
Sente-se inquieto	77	3
Tem dificuldade para realizar com tranquilidade as atividades de lazer	38	3
Precisa estar sempre "em movimento"	62	12
Fala excessivamente	44	4
Precipita as respostas	57	7
Tem dificuldade para esperar sua vez	67	3
Interrompe ou invade a fala dos outros	57	3

Domínios da vida	Adultos com TDAH (%)	Adultos na comunidade (%)
Vida doméstica	69	2
Trabalho ou ocupação	75	2
Interações sociais	56	1
Atividades comunitárias	44	1
Atividades educacionais	89	1
Relacionamentos amorosos ou atividades conjugais	73	1
Gerenciamento do dinheiro	73	1
Condução de veículos	38	2
Atividades de lazer	46	1
Responsabilidades diárias	86	2

do que aqueles da população geral. Na maioria das áreas, um número majoritário de adultos relatou que era "frequentemente" prejudicado.

As mesmas pessoas que declaram que os chamados sintomas de TDAH são problemas que todos os adultos têm com frequência afirmam que esses sintomas (e prejuízos) são ainda mais pronunciados e prevalentes nas crianças "normais" do que nos adultos "normais". Elas dizem que o TDAH não é um transtorno, mas apenas um conjunto de problemas amplamente vivenciados pela população em geral, sobretudo na infância. Nosso estudo mostrou que isso não é verdade.

> Você pode encontrar os resultados de nossos estudos comparando os sintomas e os domínios nos quais os prejuízos ocorreram em *crianças* com e sem TDAH no livro que escrevi com Kevin Murphy e Mariellen Fischer, *ADHD in Adults: What the Science Says* (Guilford Press, 2008). A tabela de 91 sintomas apresentada no Apêndice também mostra uma enorme disparidade entre adultos com e sem TDAH.

Quando você não se ajusta completamente ao quadro do TDAH

O profissional que o avalia pode lhe dizer que você parece ter uma "apresentação" particular de TDAH, mas não tem certeza disso. Atualmente, o DSM-5 divide o TDAH em três subtipos:

1. predominantemente hiperativo;
2. predominantemente desatento;
3. combinado.

O problema é que essa subdivisão, às vezes, confunde o diagnóstico porque os grupos se sobrepõem e podem representar amplitude de gravidade, em vez de três tipos distintos, e as pessoas podem circular entre essas apresentações, apenas como uma função do tempo. Portanto, não veja essas apresentações como formas do transtorno qualitativamente pouco diferentes que são estáveis ao longo do tempo – elas não são.

Para confundir ainda mais a questão, 30 a 50% daqueles que parecem ter o tipo predominantemente desatento do TDAH podem não ter realmente TDAH, mas algo que alguns pesquisadores, inclusive eu, chamam agora de "tempo cognitivo lento" (TCL), ou um transtorno isolado de um tipo diferente de atenção.

Você acha que pode ter as seguintes tendências, algumas das quais parecem ser o *oposto* do TDAH?

☐ Sonhar acordado.
☐ Ser "aéreo".
☐ Olhar fixo frequentemente.
☐ Mover-se lentamente, ser hipoativo, letárgico e moroso.
☐ Ficar facilmente confuso ou mentalmente "embotado".
☐ Ser lento no processamento das informações e propenso a cometer erros ao fazê-lo.
☐ Ter foco de atenção fraco ou ser incapaz de distinguir o que é importante do que não é em informações que precisam ser processadas rapidamente.

Os três subtipos de TDAH em 2013:

✓ O *tipo combinado* é o mais comum (aproximadamente 65% ou mais dos casos clínicos) e o mais grave, e envolve 10 ou mais de todas as características observadas nos 18 critérios do DSM-5. É também o mais estudado dos "tipos" de TDAH, com milhares de estudos científicos sobre esse grupo publicados nos últimos cem anos.

✓ O *tipo predominantemente hiperativo* foi reconhecido em 1994. As pessoas com esse tipo de TDAH não têm problemas suficientes com a desatenção para serem diagnosticadas com o tipo combinado. Ele manifesta-se principalmente como dificuldades com os comportamentos impulsivo e hiperativo, e é mais frequentemente visto em crianças em idade pré-escolar, mesmo antes de sua desatenção se tornar óbvia. Atualmente, acredita-se que, na maioria dos casos, ele representa simplesmente um estágio de desenvolvimento inicial do tipo combinado. Até 90% dessas pessoas vão desenvolver problemas suficientes com a atenção e a distratibilidade para serem diagnosticadas com o tipo combinado dentro de 3 a 5 anos. Os casos restantes parecem representar, sobretudo, uma variante mais leve do tipo combinado.

✓ Os indivíduos que exibem principalmente problemas de atenção, mas não níveis de atividade excessivos ou controle deficiente dos impulsos são identificados por apresentarem *tipo predominantemente desatento* do TDAH. Reconhecido em torno de 1980, esse subtipo compõe cerca de 30% ou mais dos casos clinicamente encaminhados. Muitos desses casos são apenas formas mais leves do tipo combinado.

- ☐ Ter mais problemas para se lembrar com consistência de informações que foram aprendidas anteriormente.
- ☐ Ser mais socialmente reticente, tímido ou retraído do que as outras pessoas.
- ☐ Ser mais passivo ou até mesmo hesitante, em vez de ser impulsivo (como o tipo combinado mais típico do TDAH).
- ☐ Ter um padrão diferente de outros transtornos que difere daquele comumente visto no TDAH, como:
    - ☐ Raramente exibir agressão social, conhecido como transtorno de oposição desafiante (TOD).
    - ☐ Ter menor probabilidade de ser antissocial ou apresentar transtorno da conduta (mentir, furtar, brigar, etc., com frequência).
    - ☐ Ter maior probabilidade de ficar deprimido e possivelmente ansioso.
    - ☐ Ter transtornos da aprendizagem ou as tarefas escolares prejudicadas, mais devido aos erros cometidos do que à produtividade reduzida ou comportamento da classe disruptiva.

Se esse padrão parece se adequar a você, consulte o profissional que o avaliou. Essa síndrome é tão pouco conhecida cientificamente que não será discutida com profundidade neste livro.

E SE VOCÊ CONTINUA DISCORDANDO DAS CONCLUSÕES DO PROFISSIONAL?

Você já leu tudo sobre o TDAH e como ele é diagnosticado. Talvez você mesmo tenha recebido um diagnóstico. Está pronto para assumir esse transtorno? Esta é a única maneira de buscar o tratamento adequado e dar seguimento ao tipo de vida que você deseja e merece.

Quando uma segunda opinião é justificada?

Se você acha que discorda dos resultados de sua primeira avaliação, pergunte-se honestamente se discorda porque o profissional realizou um trabalho ruim ou superficial ao avaliá-lo, ou porque ele teve conclusões sobre seu comportamento que, a seu ver, simplesmente não são verdadeiras. Se for assim, então você deve buscar uma segunda opinião.

No entanto, mesmo que a avaliação tenha sido bem realizada e de maneira responsável, e as informações que recebeu pareçam descrevê-lo, você pode discordar do resultado. O problema pode consistir em suas noções preconcebidas sobre suas próprias tentativas de se autodiagnosticar. Às vezes, as pessoas buscam avaliações profissionais acreditando ter determinado transtorno, como o bipolar, e o profissional assegura que o que elas realmente têm é TDAH. Quando o diagnóstico do profissional entra em conflito com o que elas acreditavam no início, pode ser difícil de aceitá-lo. Em um caso como esse, certamente você pode buscar uma segunda opinião. Mas saiba que, provavelmente, também não vai ficar satisfeito com essa, porque ela discordará de seu autodiagnóstico. É razoável buscar segundas opiniões quando você tem bases sólidas e racionais sobre as quais questionar a avaliação inicial e discordar de suas conclusões.

Se está tentado a buscar uma segunda opinião porque acha que *realmente* tem TDAH, mas o profissional diz que você não tem, veja o quadro a seguir.

Verificação final da realidade

Se você recebeu um diagnóstico de TDAH, mas não está totalmente pronto para assumir o transtorno, dê uma olhada nesses fatos rápidos. Você não está sozinho.

- O TDAH ocorre em cerca de 5 a 8% da população infantil, e 4 a 5% dos adultos, ou cerca de 13,6 milhões de pessoas em 2020.
- Na infância, é três vezes mais comum nos meninos do que nas meninas, mas, na idade adulta, a proporção de homens em relação às mulheres é de aproximadamente 1,6 para 1, ou menos.
- O transtorno é encontrado em todos os países e grupos étnicos estudados até esta data.
- O TDAH é um pouco mais comum nas regiões urbanas e com alta densidade populacional do que nos ambientes suburbanos ou rurais, e é encontrado em todas as classes sociais.
- O TDAH é mais comum entre pessoas em determinadas profissões, como forças armadas, comércio, artes cênicas e vendas, e entre atletas profissionais, professores de educação física e empresários do que aqueles em outras áreas.

Estar entre esse grupo não é necessariamente uma notícia devastadora. Há muita ajuda disponível. Mas essa ajuda exige que você reconheça, aceite e, de algum modo, tenha o diagnóstico de TDAH como parte de quem você é. Caso contrário, você estará muito menos comprometido em buscar tratamento apropriado ou em seguir os conselhos que obtiver dos profissionais.

Está pronto para começar a receber essa ajuda?

E se o profissional diz que você não tem TDAH, mas você acha que tem?

Há uma coisa curiosa em relação ao TDAH: talvez porque seu impacto no sucesso seja bastante conhecido, muitas pessoas culpam o transtorno quando não satisfazem seus próprios padrões de sucesso. Algumas das pessoas dos relatos a seguir se parecem com você?

Joe decidiu tornar-se médico quando estava no ensino médio. Então, escolheu uma faculdade com ótimo departamento de biologia e alto índice de admissão para as faculdades de medicina. Entrou naquela universidade apenas na lista de espera, mas, pelo menos, entrou. Uma vez lá, no entanto, todo o curso de ciência foi um enorme esforço para ele. No primeiro ano, sua média de notas pairava abaixo de 3,0, e ele já havia cursado química orgânica três vezes sem conseguir ser aprovado. Joe começou a ponderar o que havia de errado com ele: esforçava-se tanto, queria tanto seguir essa carreira, e era tão inteligente quanto seu colega do lado, não era? Quando Joe concluiu o curso básico e fez o teste de admissão para a faculdade de medicina com resultados desapontadores, ficou convencido de que realmente havia algo de errado com ele. Uma grande quantidade de colegas parecia ter trilhado com tranquilidade o mesmo caminho que Joe havia escolhido para si, enquanto ele estava estagnado. Parecia que jamais conseguiria entrar na faculdade de medicina. Então, decidiu passar por uma avaliação para o TDAH. Quanto mais ele lia a respeito, mais achava que isso explicava todo o seu problema. O avaliador discordou. O mesmo aconteceu com outro profissional que Joe procurou, em busca de uma segunda opinião. E também o terceiro.

Carrie caiu em uma armadilha similar. Identificada como "bem dotada" quando menina, ela foi levada a acreditar que deveria ser bem-sucedida ao fazer qualquer coisa na vida. Quando começou a pular de um emprego para outro após o colégio, Carrie e sua família decidiram que ela poderia ter TDAH, o que era a única explicação que podiam encontrar para os seus contínuos fracassos em empregos que, de acordo com seu QI, deveriam ser de fácil êxito. Como se veio a descobrir, o problema não era TDAH, mas ansiedade. Carrie não gostava de admitir que ficava quase paralisada pelo medo quando iniciava um novo emprego e que isso realmente causava dificuldade para se concentrar em seu trabalho. Felizmente, o avaliador que ela procurou para um diagnóstico de TDAH descobriu qual era o problema real e a encaminhou a um terapeuta especializado em transtornos de ansiedade. Esse terapeuta não apenas lhe ofereceu tratamento e estratégias de enfrentamento mas ajudou Carrie a aceitar seu diagnóstico sem se envergonhar.

Cal não tinha nenhuma razão particular – como uma pontuação de QI ou a comparação com um grupo de colegas – para acreditar que tivesse TDAH, a não ser por estar em um emprego sem perspectiva, ou trocar de emprego frequente e impulsivamente, e ter poucos amigos e nenhuma namorada. Ele acreditava que sua vida deveria ser diferente, e aparentemente buscou ao longo dos anos por uma explicação para isso. Meus colegas e eu temos atendido muitas pessoas como Cal, que simplesmente acham que, se não estão obtendo o que querem da vida, parece haver um déficit psicológico em ação. Nenhum de nós consegue explicar esse fenômeno; é quase o oposto dos programas de TV de competição de cantores, em que o concorrente claramente não consegue se manter no tom da música e ainda assim acredita estar destinado ao estrelato como cantor. Nesse caso, a pessoa acredita que não pode ter um bom desempenho na vida, quando, na verdade, tem desempenho tão bom quanto a maioria das pessoas, embora não esteja à altura de seu próprio padrão interno.

Adotar um padrão para definir o termo *prejuízo*, além da comparação com a norma real, é como algo extraído de *Alice no País das Maravilhas*, em que nada é o que parece, e as palavras podem ter qualquer significado que se deseje dar a elas. Dizer que uma pessoa que funciona tão bem, ou até mesmo melhor do que a média ou a população típica pode, entretanto, ser considerada alguém com prejuízo é um insulto ao conceito de "transtorno" e presta um desserviço àqueles que estão tendo dificuldade para realmente conseguirem funcionar tão bem como a norma.

Se o profissional diz que você não tem TDAH, quaisquer dos seguintes fatores podem ser responsáveis por sintomas parecidos com os do TDAH:

- Ter mais de 55 anos ou estar na perimenopausa, quando maior esquecimento, distração e desorganização são normais.
- Problemas médicos recentes, como disfunção da tireoide, otite média, transtorno ou apneia do sono, ou garganta infectada com estreptococos (embora essa conexão específica seja rara).
- Uso excessivo de substâncias (maconha, álcool, cocaína, metanfetamina, etc.), que pode resultar em problemas de atenção, memória e organização.
- Estresse incomum, embora os sintomas parecidos com os do TDAH fossem, nesse caso, *temporários*.
- Lesão em regiões do cérebro responsáveis pela manutenção da atenção, da inibição comportamental, da memória de trabalho e do autocontrole emocional.

Quaisquer dessas possíveis causas devem ter sido reveladas pela avaliação, e o profissional deverá encaminhá-lo aos especialistas adequados para acompanhá-las.

SEGUNDO PASSO

Mude o seu pensamento: conheça e assuma o seu TDAH

Receber um diagnóstico de TDAH é como ter um passaporte para uma vida melhor. Ele lhe dá acesso a:

- **medicamentos** que vão ajudá-lo a se concentrar, perseverar, administrar seu tempo e resistir às distrações que o desviam daquilo que você deseja e precisa fazer – e, com isso, reduzirá significativamente seus riscos para muitas consequências adversas, melhorando, assim, sua qualidade de vida e até mesmo sua expectativa de vida;
- **tipos específicos de terapias psicológicas** que podem focar em suas dificuldades relacionadas ao TDAH e, em combinação com o medicamento, otimizar o manejo desse transtorno;
- **treinamento** por parte dos conselheiros e outros profissionais especializados em treinamento para adultos com TDAH, para ajudá-los a definir e cumprir seus objetivos, melhorar sua saúde e seu estilo de vida, maximizando ainda mais os efeitos dos outros tratamentos;
- **estratégias** para enfatizar seus pontos fortes;
- **ferramentas** que podem ajudá-lo a compensar seus pontos fracos;
- **habilidades de enfrentamento** que aumentarão seu sucesso em áreas específicas, desde o trabalho até em casa;
- **apoio** de companheiros e especialistas que desejam que você realize seus sonhos e atinja seus objetivos;
- **adaptações** na faculdade ou em outros ambientes educacionais, ou mesmo em seu ambiente de trabalho, que você possa precisar e tenha direito, segundo a lei Americans with Disabilities Act*.

---

* N. de R.T. No Brasil, consultar a Lei nº 14.254, de 30 de novembro de 2021. http://www.planalto.gov.br/ccivil_03/_ato2019-2022/2021/Lei/L14254.htm

O restante deste livro apresenta opções para conseguir cada tipo de ajuda – aonde ir, o que fazer, como usar os recursos disponíveis, etc. Mas isso é apenas metade do que você precisa para que o tratamento e o apoio funcionem da melhor maneira possível para você. A outra metade compreende conhecer a si mesmo e o TDAH que você tem. E, para conhecer o seu TDAH, você precisa realmente assumi-lo.

O que quero dizer com aceitar o TDAH como parte de sua composição psicológica é "assumir o seu TDAH". Se você simplesmente reconhecer o transtorno em algum nível intelectual distante, admitindo publicamente o diagnóstico, mas rejeitando-o de modo privado, continuará paralisado onde está. As pessoas que tenho visto reagir dessa maneira não abraçam o tratamento, desperdiçaram tempo e dinheiro com o diagnóstico e acabam com as mesmas dificuldades que sempre tiveram.

Na verdade, acho que aceitar o diagnóstico pode ser muito libertador para os adultos. Eles não precisam mais fazer joguinhos consigo mesmos ou com outras pessoas que negam, desculpam, defendem, distorcem, manipulam ou, de outras formas, evitam aceitar o transtorno. Sou calvo, daltônico em cerca de 60% ou mais, não sou bem coordenado, não consigo desenhar ou pintar absolutamente nada, não sou muito talentoso para mecânica, sou musicalmente inapto, agora preciso usar óculos para ler, estou com o cabelo quase completamente grisalho (o que resta dele) e percebo que o restante está migrando para a nuca, para meu nariz e minhas orelhas, e estou desenvolvendo uma lenta, mas progressiva fraqueza no lado esquerdo do rosto quando falo, entre outras inadequações físicas e psicológicas que certamente possuo. E, apesar de tudo, sinto-me ótimo com tudo isso. Nada disso me impede de trabalhar, socializar e me envolver na vida plenamente. Porque quando decidi aceitar essas limitações, meu pensamento foi: "E daí? Ninguém é perfeito; grande coisa. Agora, tenho de aceitá-las e seguir com a minha vida".

> Evitação mental do diagnóstico demanda muito tempo e energia emocional, e também desperdiça oportunidades para uma vida muito melhor.

Espero que você possa fazer o mesmo: continue aprendendo, amando, vivendo e deixando um legado que uma vida feliz e produtiva deve envolver. A felicidade ou, pelo menos o contentamento, só podem ocorrer se você se aceitar como é, e isso inclui o TDAH. Assumir o seu TDAH não precisa ser algo desmoralizador, porque, quando realmente o assume, você também pode concluir: "E daí?". Admita que tem esse transtorno, aceite o diagnóstico, assuma-o como lida com outros aspectos da sua autoimagem, e então poderá realmente começar a controlá-lo. Você não pode lidar com algo que não assume e nem sabe muito a respeito. Portanto, abrace a compreensão do seu TDAH, assumindo-o como parte de quem você realmente é, e então trabalhe para diminuir seus efeitos adversos na sua vida, para melhorar suas chances de levar uma vida significativa, eficaz e bem-sucedida.

Se você não tiver aceitado o fato de ter TDAH, não poderá conseguir todas aquelas coisas listadas no início do Segundo Passo, que devem ser os benefícios de obter um diagnóstico. A aceitação de seu TDAH pode levá-lo a:

- ser capaz de buscar ajuda;
- discutir racionalmente o TDAH com outras pessoas;
- avaliar quais tipos de adaptações – se for o caso – você poderá precisar fazer no trabalho, na escola ou em casa;
- adaptar-se à condição;
- enfrentá-la, quando necessário.

Em meus anos de atendimento de adultos com TDAH, passei a acreditar que reestruturar sua visão de si mesmo e de sua vida para colocar o TDAH em cena está, na verdade, entre as mudanças mais fundamentais que você pode fazer para dominar o transtorno. É a única maneira que conheço de evitar que o TDAH domine ou arruíne sua vida. Infelizmente, aceitar o TDAH como parte de você pode ser uma tarefa difícil, se você estiver tentando explicar seus problemas de alguma outra maneira ou se as pessoas têm lhe dito a vida toda que não há nada de errado com você que não possa ser consertado com um pouco de força de vontade. Felizmente, mudar sua perspectiva sobre o TDAH não é um único salto que você precisa dar. É um processo: você começa conhecendo-o, depois aceitando-o e, por fim, será capaz de lidar com ele.

CAPÍTULO 6

CONHEÇA O SEU TDAH

Vamos começar com o conhecimento sobre o TDAH.

Conhecimento é poder

Leia este livro. Tente se comprometer a arranjar tempo para isso. Dividi o livro em blocos fáceis de lidar, e você sempre poderá pular os quadros, as listas, as tabelas e os gráficos e voltar a eles mais tarde. Estabeleça a meta de ler um capítulo ou alguns capítulos todos os dias – mesmo que no início só passe os olhos – para ter certeza de que terminará de lê-lo. Se você tiver um computador, celular ou relógio de pulso com alarme, tente programá-lo para lembrá-lo da leitura durante 15 minutos em determinado horário, todos os dias.

Aproveite as fontes extras de informação listadas ao longo deste livro. Você também encontrará uma lista abrangente, separada por tema, nos Recursos, no final deste livro.

Seja cético. Se você ler bastante, será capaz de decidir por si mesmo o que faz sentido no que lê. Parafraseando outro autor, a verdade é uma coisa elaborada, portanto, leia muito e baseie-se em uma variedade de fontes, e as informações mais consistentes e confiáveis serão filtradas para você. As informações no fim do Capítulo 11 vão ajudá-lo a ficar mais bem informado sem desperdiçar tempo com mentiras, informações incorretas e afirmações exageradas.

O QUE VAI MAL PSICOLOGICAMENTE QUANDO VOCÊ TEM TDAH?

Pelo que sabemos, o que causa o TDAH é neurológico (está no cérebro) e hereditário (está nos genes). Como descreve o quadro informativo das páginas 95-96, a tecnologia de imagem cerebral já mostra diferenças no desenvolvimento do cérebro em pessoas com TDAH. Também sabemos que o TDAH pode se originar de lesões cerebrais, e não apenas de problemas no desenvolvimento do cérebro. E também sabemos, por meio de estudos genéticos – como estudos de membros da família biológica e até mesmo de gêmeos idênticos *versus* não idênticos –, que esse transtorno é altamente hereditário.

> A tecnologia de imagem cerebral é um grupo de métodos por meio do qual o cérebro vivo é escaneado para produzir imagens de suas estruturas e da atividade que está ocorrendo em seu interior.

Agora, você pode se esquecer do que causou o TDAH. É tarde demais para mudar isso. Entretanto, saber o que dá errado como resultado dessas causas pode ajudá-lo a encontrar tratamentos e métodos de enfrentamento.

A pesquisa que eu e meus colaboradores realizamos durante algumas décadas nos mostrou que o TDAH causa muito mais problemas do que poderia ser resumido pelos 18 sintomas do DSM-5. Esses critérios são usados pela maioria dos clínicos para diagnosticar o TDAH; no entanto, encontramos mais 91 (listados no Apêndice), que surgiram em muitas pessoas com TDAH. Isso certamente ajudou a explicar por que o TDAH pode ser tão difícil de diagnosticar. Mas o que significa essa abundância de sintomas? Agora que já os identificamos, como podemos usar essa longa lista para entender melhor o TDAH?

Meu trabalho e o de outros pesquisadores têm mostrado que todos esses problemas parecem se agrupar em três categorias. O TDAH parece ser uma combinação de:

- baixa inibição;
- baixo autocontrole;
- problemas com as funções executivas – aquelas habilidades mentais que nos permitem regular nosso próprio comportamento.

> **Os estudos têm mostrado que você provavelmente herdou o TDAH**
>
> De 10 a 35% dos parentes de primeiro grau de crianças com TDAH também têm o transtorno.
>
> Quando o pai ou a mãe tem TDAH, 40 a 57% de seus filhos biológicos também terão TDAH. Isso significa que, se um dos pais tem TDAH, há uma probabilidade oito vezes maior de um filho vir a ter TDAH do que se eles não tiverem esse transtorno. Da mesma forma, se você tem TDAH, seus descendentes também terão uma probabilidade oito vezes maior de tê-lo.

Como você vai descobrir no restante do Segundo Passo, as três condições estão inter-relacionadas. A baixa inibição conduz a baixo autocontrole, e problemas com as funções executivas podem produzir sete tipos diferentes de problemas de autocontrole. Atualmente, acredito que tudo isso recai no autocontrole. Entretanto, creio que você pode achar mais fácil entender sua própria versão específica do TDAH se examiná-la dentro da estrutura dessas três áreas problemáticas.

A seguir, temos uma amostra dos sintomas que recaem nessas categorias. Quantos deles você experimenta?

- Baixa inibição
    - Acho difícil tolerar esperar; sou impaciente.
    - Tomo decisões impulsivamente.
    - Faço comentários sem pensar.
    - Tenho dificuldade para interromper minhas atividades ou reprimir meu comportamento quando deveria fazê-lo.
- Baixo autocontrole
    - Pareço não conseguir esperar por uma recompensa ou adiar fazer coisas que são vantajosas agora para trabalhar visando a um objetivo posterior.
    - Tenho tendência a fazer as coisas sem considerar as consequências de fazê-las.
    - Tenho tendência a sair do trabalho mais cedo, se ele é entediante, ou para fazer algo mais divertido.
    - Dou início a um projeto ou tarefa sem ler ou ouvir com atenção as instruções.
- Problemas com as funções executivas
    - Tenho pouca noção de tempo.
    - Esqueço de fazer as coisas que deveria.
    - Sou incapaz de entender o que leio tão bem quanto poderia; tenho de reler as coisas para entender seu significado.
    - Fico frustrado ou chateado facilmente.
    - Sou desorganizado – minha vida e minhas coisas parecem em constante desordem.
    - Tenho dificuldade para planejar e atingir os objetivos que defino para mim mesmo ou para executar tarefas que concordo em fazer para os outros.

Esta é apenas uma amostra, mas acho que você provavelmente pode perceber, a partir desses exemplos, que baixa inibição significa basicamente que você tem dificuldade para parar pelo tempo suficiente para pensar naquilo que está prestes a fazer. Sem essa pausa, você não pode ter muito autocontrole. Autocontrole significa qualquer reação ou conjunto de reações dirigidas a si mesmo e a seu próprio comportamento provável que o levaria a fazer algo diferente daquilo que seu primeiro impulso ditaria. Pense na inibição como seu sistema de freio psicológico. Você coloca esse freio e se contém durante tempo suficiente para decidir se o cruzamento do qual está se aproximando está limpo e se é seguro ir em frente, bem como até que ponto é provável ser conveniente aquilo que está pretendendo fazer. Autocontrole pode significar parar completamente e esperar até o trânsito melhorar, mesmo que você esteja com pressa e prefira tentar enfrentá-lo, mesmo que isso significasse correr alguns riscos.

Funções executivas são as ações específicas autodirecionadas que utilizamos para nos controlar. São as habilidades mentais que todos nós usamos para considerar nosso passado e, então, antecipar o futuro e direcionar nosso comportamento em sua direção. Elas funcionam como um GPS em seu cérebro, dando as instruções passo a passo que você precisa para chegar ao seu destino. Os cientistas dividem-nas e rotulam-nas de maneiras diferentes, mas as funções executivas geralmente incluem habilidades como inibição, autoconsciência, memória de trabalho, autorregulação emocional, automotivação, planejamento e resolução de problemas quando obstáculos em relação aos nossos objetivos são encontrados pelo caminho. Ao inibirmos o impulso de agir, ativamos essas habilidades durante essa pausa. É importante saber que usar tais habilidades requer vontade e esforço, pois elas não são fáceis nem automáticas, e nos ajudam a decidir exatamente o que fazer quando exercemos o autocontrole. Pense nessas funções executivas como seu GPS mental (planejando e automonitorando seu progresso) quando combinadas com o pedal do seu acelerador (motivação), seu freio (autodisciplina ou inibição) e seu volante (orientação mental).

AS CINCO ÁREAS DE DIFICULDADE NO GERENCIAMENTO DAS ATIVIDADES DIÁRIAS

É mais fácil ver até que ponto a baixa inibição, o baixo autocontrole e os problemas com as funções executivas podem invadir sua vida se você observar as dificuldades que eles causam nas cinco áreas principais a seguir. Assinale rapidamente quais desses problemas você experimentou para conseguir ter uma ideia a respeito de todas as maneiras pelas quais o TDAH o afeta.

Área problemática 1: baixo autogerenciamento em relação ao tempo, ao planejamento e aos objetivos

- ☐ Adio ou evito fazer as coisas até o último minuto.
- ☐ Tenho pouca noção de tempo.
- ☐ Desperdiço ou administro mal meu tempo.
- ☐ Não estou preparado para o trabalho ou para as tarefas atribuídas a mim.
- ☐ Falho no cumprimento dos prazos das tarefas.
- ☐ Tenho dificuldade para planejar antecipadamente ou me preparar para eventos futuros.
- ☐ Esqueço de fazer as coisas que deveria.
- ☐ Não consigo cumprir as metas que estabeleci para mim mesmo.
- ☐ Chego atrasado ao trabalho ou aos compromissos.
- ☐ Não consigo manter em mente as coisas que preciso lembrar de fazer.
- ☐ Tenho dificuldade para me concentrar no propósito ou no objetivo das minhas atividades.
- ☐ Acho difícil acompanhar várias atividades ao mesmo tempo.
- ☐ Pareço não conseguir fazer as coisas, a menos que haja um prazo final imediato.
- ☐ Tenho dificuldade para pensar em quanto tempo vou demorar para fazer algo ou chegar a algum lugar.
- ☐ Tenho dificuldade para me motivar a começar a trabalhar.
- ☐ Tenho dificuldade para me motivar a persistir em meu trabalho até realizá-lo.

☐ Não sou motivado a me preparar antecipadamente para as coisas que sei que deveria fazer.
☐ Tenho dificuldade para terminar uma atividade antes de iniciar outra.
☐ Tenho dificuldade para fazer o que digo a mim mesmo para fazer.
☐ Tenho dificuldade para cumprir promessas ou compromissos que posso ter firmado com outras pessoas.
☐ Não tenho muita autodisciplina.
☐ Tenho dificuldade para organizar ou realizar meu trabalho por prioridade ou importância; não consigo "priorizar" bem.
☐ Tenho dificuldade para iniciar ou dar continuidade às coisas que preciso fazer.

Se você tem enfrentado um número significativo desses problemas, deveria estar bastante claro para você que o TDAH em adultos é um problema relacionado à capacidade de organizar o comportamento no decorrer do tempo para se preparar para o futuro.

> **Quantos desses problemas (as pessoas de sua equipe de tratamento podem chamá-los de "déficits") você reconhece em si mesmo? Alguns exemplos de sua própria vida vêm à sua mente?**
> _____
> _____
> _____
> _____

Área problemática 2: baixas auto-organização, resolução de problemas e memória de trabalho

☐ Não consigo focar minha atenção em tarefas ou trabalho tão bem quanto nos outros.
☐ Tenho dificuldade com a aritmética mental.
☐ Não consigo lembrar do que ouvi ou li anteriormente.
☐ Tenho dificuldade para organizar meus pensamentos ou pensar com clareza.
☐ Esqueço o ponto principal que estava tentando abordar ao conversar com outras pessoas.
☐ Quando me mostram algo complicado de fazer, não consigo manter as informações em mente para imitar ou fazê-lo corretamente.
☐ Não gosto de trabalhos ou atividades escolares nos quais eu precise pensar mais do que o habitual.

- ☐ Não pareço antecipar o futuro tanto quanto os outros.
- ☐ Tenho dificuldade para dizer o que realmente quero dizer.
- ☐ Sou incapaz de sugerir ou criar soluções para os problemas como as outras pessoas parecem fazer.
- ☐ Muitas vezes, faltam-me palavras quando quero explicar algo para outras pessoas.
- ☐ Tenho dificuldade de expressar meus pensamentos por escrito tão bem ou tão rapidamente quanto as outras pessoas.
- ☐ Não compreendo o que leio tão bem quanto deveria; preciso reler o material para entender seu significado.
- ☐ Sinto que não sou tão criativo ou inventivo quanto outras pessoas tão inteligentes quanto eu.
- ☐ Ao tentar atingir objetivos ou realizar tarefas, percebo não ser capaz, como as outras pessoas, de pensar em tantas maneiras de se fazer as coisas.
- ☐ Tenho mais dificuldade do que as outras pessoas para aprender atividades novas ou complexas.
- ☐ Tenho dificuldade de explicar as coisas em sua ordem ou sequência adequada.
- ☐ Pareço não conseguir chegar ao ponto fundamental de minhas explicações tão rapidamente quanto as outras pessoas.
- ☐ Tenho dificuldade para fazer as coisas em sua ordem ou sequência adequada.
- ☐ Sou incapaz de "pensar por mim mesmo" ou reagir diante de eventos inesperados tão efetivamente quanto as outras pessoas.
- ☐ Distraio-me facilmente com eventos ou pensamentos irrelevantes quando preciso me concentrar em alguma coisa.
- ☐ Sou mais lento ao reagir a eventos inesperados.
- ☐ Não consigo lembrar de coisas que fiz ou de lugares onde estive com a mesma eficiência que as outras pessoas.

Esta lista também lhe é familiar? Quais problemas o atingem mais?

_____

_____

_____

_____

Você pode saber por experiência própria que os adultos com TDAH têm problemas importantes com a organização de seus pensamentos e suas ações, a fim de atuar de maneira rápida e eficiente, e pensar em muitas maneiras possíveis de se fazer as coisas ou superar os obstáculos que encontram na busca dos seus objetivos ou na realização de tarefas em sua vida diária.

Área problemática 3: baixa autodisciplina (inibição)

- ☐ Acho difícil tolerar a espera; sou impaciente.
- ☐ Tomo decisões impulsivamente.
- ☐ Sou incapaz de inibir minhas reações ou respostas a eventos ou a outras pessoas.
- ☐ Tenho dificuldade de parar minhas atividades ou reprimir meu comportamento quando deveria fazê-lo.
- ☐ Tenho dificuldade para mudar meu comportamento quando me falam sobre meus erros.
- ☐ Faço comentários impulsivos para as outras pessoas.
- ☐ É provável que eu faça coisas sem considerar as consequências.
- ☐ Mudo meus planos no último minuto impulsivamente.
- ☐ Não considero eventos passados relevantes ou experiências pessoais passadas antes de reagir a situações.
- ☐ Não penso no futuro com a mesma frequência que as outras pessoas da minha idade parecem pensar.
- ☐ Não tenho consciência das coisas que digo ou faço.
- ☐ Tenho dificuldade em ser objetivo em relação às coisas que me afetam.
- ☐ Acho difícil enxergar um problema ou situação a partir da perspectiva de outra pessoa.
- ☐ Tenho facilidade para me zangar ou ficar chateado.
- ☐ Não pareço me preocupar tanto quanto as outras pessoas com eventos futuros.
- ☐ Não penso ou falo comigo mesmo antes de fazer algo.
- ☐ Tenho dificuldade para usar o bom senso em situações problemáticas ou quando estou sob estresse.
- ☐ Tenho dificuldade para seguir as regras em algumas situações.
- ☐ Não sou muito flexível no meu comportamento ou minha abordagem a algumas situações; sou excessivamente rígido na maneira como quero que as coisas sejam feitas.
- ☐ Sou mais propenso a ter comportamentos de risco do que as outras pessoas.
- ☐ É provável que eu conduza um veículo em velocidade muito mais alta do que as outras pessoas (velocidade excessiva).

> **Com quais desses problemas você tem mais dificuldade? Consegue pensar em uma situação recente em que precisou lidar com eles?**
> _____
> _____
> _____
> _____

Observe que esses problemas com a inibição não se aplicam apenas ao comportamento, mas também ao pensamento e às emoções. É por isso que a baixa inibição e o autocontrole limitado atrapalham tanto sua vida: se você não consegue conter suas próprias ações, seus pensamentos e suas emoções para dar ao tempo e ao autocontrole uma chance de elaboração, você não será guiado para decisões que seriam melhores para seu bem-estar a longo prazo.

Área problemática 4: baixa automotivação

☐ É provável que eu pegue atalhos em meu trabalho e não faça tudo o que deveria fazer.
☐ Sou propenso a sair do trabalho mais cedo, se este for chato ou difícil.
☐ Pareço não conseguir esperar uma compensação ou adiar a execução de coisas que são vantajosas agora para trabalhar visando a um objetivo posterior.
☐ Dou pouca atenção aos detalhes no meu trabalho.
☐ Não me esforço tanto no meu trabalho quanto deveria ou como as outras pessoas conseguem.
☐ As outras pessoas dizem que sou preguiçoso ou desmotivado.
☐ Dependo de outras pessoas para me ajudarem a terminar meu trabalho.
☐ Pareço não conseguir fazer as coisas, a menos que elas me proporcionem uma recompensa imediata.
☐ Tenho dificuldade para resistir à urgência de fazer algo divertido ou mais interessante quando eu deveria estar trabalhando.
☐ Sou inconsistente na qualidade ou na quantidade do meu desempenho no trabalho.
☐ Sou incapaz de trabalhar tão bem quanto as outras pessoas se não houver supervisão ou instrução frequentes.
☐ Não tenho a força de vontade ou a determinação que as outras pessoas parecem ter.
☐ As coisas precisam ter compensação imediata para mim, ou então não as realizo.

Quais itens dessa lista são familiares para você? Em que tipos de situações?
_____
_____
_____
_____

Desconfio de que você saiba como pode ser difícil persistir quando o que precisa fazer é tedioso, exige muito esforço ou é demorado. Se você não consegue se motivar, como pode persistir? O TDAH deixa você dependente de recompensas imediatas ou ameaças de consequências impostas por outras pessoas.

Área problemática 5: baixa autorregulação emocional

- ☐ Fico rapidamente com raiva ou chateado.
- ☐ Tenho reações emocionais exageradas.
- ☐ Fico excitado facilmente.
- ☐ Não consigo inibir a expressão de fortes emoções negativas ou positivas.
- ☐ Tenho dificuldade para me acalmar depois que estou transtornado.
- ☐ Não consigo recuperar o controle emocional e ser mais razoável quando estou abalado emocionalmente.
- ☐ Não consigo me distrair do que está me perturbando para que possa ajudar a me acalmar; não consigo redirecionar o foco para entrar em estado de espírito mais positivo.
- ☐ Não consigo gerenciar minhas emoções para atingir meus objetivos com sucesso ou me dar bem com as outras pessoas.
- ☐ Permaneço emocionalmente abalado ou chateado por mais tempo do que os outros.
- ☐ Acho difícil me afastar de interações emocionalmente perturbadoras com outras pessoas ou sair de situações em que fiquei muito abalado emocionalmente.
- ☐ Não consigo canalizar ou redirecionar minhas emoções para escapes mais positivos quando estou chateado.

Quais dos problemas anteriores o afetam? Como, em particular?
_____
_____
_____
_____

Os adultos com TDAH acham muito difícil inibir fortes reações emocionais e depois regulá-las para que sejam mais aceitáveis para as outras pessoas e mais favoráveis aos seus objetivos e seu bem-estar a longo prazo.

Meus estudos recentes têm mostrado que 89 a 98% dos adultos com TDAH relatam ter problemas importantes nas cinco áreas listadas, em comparação com apenas 7 a 11% dos adultos típicos da população em geral:

	Adultos com TDAH (%)	Adultos da comunidade em geral (%)
Autorrelatos		
Problemas com o manejo do tempo	98	8
Baixa organização mental	89	11
Problemas de inibição	94	7
Problemas de automotivação	95	9
Problemas de autorregulação emocional	98	7
Relatos de outras pessoas que conhecem bem o adulto		
Problemas com a administração do tempo	96	9
Baixa organização mental	84	7
Problemas de inibição	94	11
Problemas de automotivação	84	9
Problemas de autorregulação emocional	99	14

    Essas cinco áreas problemáticas criadas pelo TDAH nas principais atividades da vida adulta obviamente permeiam por quase tudo o que você precisa fazer diariamente. O fato de poderem interferir seriamente em sua educação e seu desempenho no trabalho deve ficar muito claro. No entanto, provavelmente está bastante óbvio para você como elas têm interferido também em seus relacionamentos sociais, incluindo relações amorosas, casamento ou convívio com parceiro. Se você vem tendo problemas para administrar seu dinheiro, dirigir seu carro ou criar seus filhos, agora consegue perceber como essas habilidades podem ser perturbadas pelo TDAH. Sem dúvida, é possível até mesmo perceber como esses problemas podem impedi-lo de tomar medidas de saúde preventivas e adotar um estilo de vida que promova seu bem-estar geral a longo prazo. Essas conexões apontam para a seguinte conclusão inevitável.

O TDAH EM ADULTOS NÃO É SIMPLESMENTE UM TRANSTORNO TRIVIAL DA ATENÇÃO!

Em vez disso, é um problema relacionado com a capacidade de organizar o comportamento ao longo do tempo para se preparar para o futuro. As cinco áreas problemáticas no TDAH somam-se a um excepcional transtorno da autorregulação que resulta em falta de visão do futuro. E essa, como você provavelmente já sabe, é uma receita para o desastre na maioria das principais atividades da vida diária.

> O TDAH é uma forma de cegueira do tempo.

O que você vai aprender nos próximos três passos que pode ajudá-lo muito é o seguinte:

> Os problemas que o TDAH cria não têm tanto a ver com o conhecimento ou a parte posterior do nosso cérebro, mas com o desempenho, ou a parte frontal do nosso cérebro. É ali que usamos esse conhecimento na vida diária para maior eficácia. Assim, os problemas para você têm mais a ver com não usar o que você sabe em pontos fundamentais de desempenho em sua vida do que com não saber o que fazer.

Agarre-se a esse pensamento. Isso é importante não apenas para compreender o TDAH, mas para ter convicção de que é possível melhorar sua vida – de que você não é estúpido, preguiçoso ou "simplesmente não presta atenção". Você sabe o que fazer. Vamos ver como você pode aprender a usar o que sabe quando precisar.

O cérebro como dispositivo de conhecimento *versus* dispositivo de desempenho

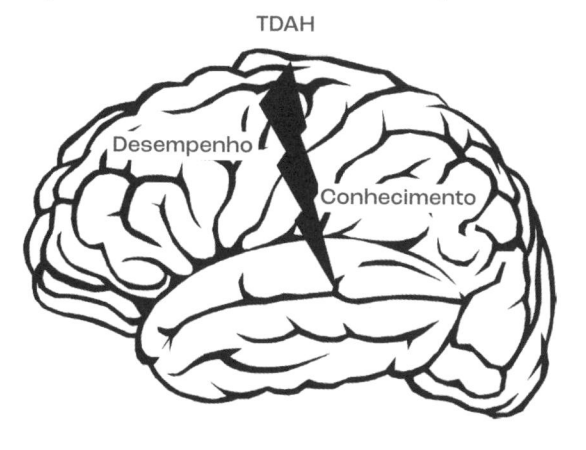

CAPÍTULO 7

RESISTINDO AOS IMPULSOS: O PRIMEIRO PASSO NO AUTOCONTROLE

"Por que eu me distraio tão facilmente quando me esforço tanto para me concentrar?"

"Eu sei que deveria ter aquele projeto pronto esta manhã, mas simplesmente não consegui tirar a cabeça desse excelente jogo de *videogame* que eu estava jogando com pessoas de todo o país. Agora estou realmente em apuros em relação àquele trabalho. Se descubro algo excitante, divertido ou pelo menos interessante, fico completamente paralisado."

"Não consigo dizer quantas vezes falei sem pensar e acabei ofendendo alguém, ou comprei coisas que pensei que realmente queria sem ter dinheiro em meu cartão de crédito para pagá-las, ou simplesmente me levantei e abandonei um emprego porque estava entediado com o que me pediram para fazer naquele dia."

Todos precisamos parar e pensar antes de agir. E *parar* é a palavra-chave aqui. Pensar antes de agir para poder escolher um curso de ação inteligente começa com a capacidade de esperar. Se reagíssemos imediatamente a tudo o que acontece à nossa volta, passaríamos nossos dias como fliperamas humanos. *Não* reagir aos eventos que acontecem à nossa volta é fundamental para concluirmos nossas tarefas, porque a maioria das coisas ao nosso redor é irrelevante para os objetivos que estamos buscando no momento. A inibição é a base da diplomacia. Isso nos ajuda a criar uma pausa em nossas ações automáticas para que possamos pensar sobre a situação e, assim, tomar boas decisões – e a nos tornarmos tomadores de decisões cada vez melhores ao longo do tempo.

ARRASTADO PELAS DISTRAÇÕES

Veja a seguir uma pequena lista de atividades que Dan, de 30 anos, disse considerar difíceis, senão impossíveis:

- Ler.
- Realizar trabalho administrativo.
- Assistir a uma aula na universidade.
- Assistir à TV.
- Assistir a um filme.
- Ter longas conversas.

Dan achava quase impossível ler mais de um parágrafo de cada vez, porque "sempre havia algo acontecendo à minha volta que me distraía, fosse um passarinho cantando do lado de fora da janela, um de meus filhos andando pela sala ou alguma divagação que passava pela minha mente quando eu lia uma frase que me lembrava outra coisa". Fazer trabalho administrativo era ainda mais penoso: "Não consigo me concentrar muito tempo nessas coisas tediosas". Aulas? Estas eram "o pior, porque eu não podia sair da sala de aula quando ficava entediado, mas também não conseguia me concentrar por muito tempo no que o professor estava dizendo". Dan era capaz de assistir a um programa de TV de que realmente gostasse, mas, ainda assim, via-se "mudando constantemente de canal entre muitos programas diferentes, sobretudo durante os comerciais". A esposa de Dan gostava de se sentar e falar sobre o seu dia depois do trabalho, mas ele dizia que sempre tinha de fazer algo físico, movimentando-se o tempo todo ou apenas se mantendo ocupado. Ela, é claro, interpretava isso como um sinal de que ele não estava prestando atenção às suas necessidades e, portanto, não se importava com ela. "Dentro de mim", explicava ele, "eu me sinto extremamente inquieto, mesmo quando não estou me movimentando muito. Simplesmente tenho essa urgência de me manter ocupado, mexendo em algo ou brincando com algo à minha volta. Isso deixa minha esposa louca".

Você se identifica com a lista de Dan? O que acrescentaria a ela?
_____
_____
_____
_____

Durante a maior parte de sua vida, disseram a Dan que ele não "prestava atenção". Isso nunca fez muito sentido para ele. Ele não divagava ou "ficava longe" de propósi-

> A esposa de Dan poderia ser mais tolerante em relação à hiperatividade dele se soubesse que o problema decorre de um desenvolvimento cerebral malregulado nas pessoas que têm TDAH. O sistema motor primário do cérebro – a parte que dá origem a vários e pequenos movimentos motores – parece amadurecer cedo demais nas pessoas com TDAH, resultando em excesso de movimentos motores ou inquietação. E o centro cerebral de nível mais elevado que fica nas proximidades e que governa esse sistema motor e organiza nosso comportamento na direção dos objetivos futuros se desenvolve muito tardiamente, como foi demonstrado pelo estudo do National Institute of Mental Health (NIMH) descrito na página 8. Isso significa que crianças com TDAH têm o impulso neurológico para se moverem constantemente sem os freios que lhe dizem para não fazê-lo. À medida que o desenvolvimento avança, a fabulosa máquina da aprendizagem chamada cérebro humano compreende um pouquinho, e é por isso que Dan não bagunça toda a sua sala quando adulto. Mas ele nunca atinge a capacidade daqueles que não têm TDAH, e, por isso, Dan ainda sente essa vontade inquietante de estar o tempo todo se mexendo ou fazendo alguma coisa.

to. A chave para compreender o TDAH é que muitos problemas rotulados simplesmente como "dificuldade para prestar atenção" são, na verdade, problemas com o controle de impulsos. Não se trata apenas de Dan e outros adultos com TDAH não conseguirem manter a atenção. Trata-se também de não conseguirem resistir ao impulso de prestar atenção em outra coisa que entra em seu campo de visão... ou de audição... ou de pensamento... sempre que entrar nesse campo e for mais interessante do que aquilo em que deveriam estar se concentrando naquele momento. *O problema não é não saber o que fazer (prestar atenção), mas não fazer o que você sabe no momento certo* – que é PARAR antes de começar a divagar ou reagir a esses eventos que distraem, mas são irrelevantes.

A baixa inibição é um problema que se desenvolve muito cedo, e, na maioria dos casos, continua sendo um problema para os adultos com TDAH durante toda a vida. Desde que você consegue se lembrar, seus pais, seus amigos e seus colegas de trabalho provavelmente têm ficado perplexos com sua incapacidade de bloquear visões, sons e movimentos que distraem a atenção. Eles conseguem se concentrar na tarefa que estão realizando; por que você não consegue? Você percebe os ruídos e as visões periféricas melhor do que as outras pessoas? É mais sensível a tudo o que está acontecendo ao seu redor? Não. As pessoas que não têm TDAH podem parar de reagir às distrações; elas praticam isso tão automaticamente que nem mesmo têm consciência de fazer algum esforço nesse sentido. Você, em contrapartida, carece desse "desligamento" que poderia manter sua mente treinada na tarefa que é mais importante: aquela que é preciso fazer neste exato momento.

As atividades problemáticas para Dan também têm muito a ver com ficar parado. O controle dos impulsos está altamente relacionado à hiperatividade, que é mais comum em crianças do que em adultos. Observe que Dan diz se sentir o tempo todo inquieto "por dentro". Agora, ele pode conseguir resistir ao impulso de dar cambalhotas na sala enquanto sua esposa está falando – um impulso ao qual ele não

> Mais dados sobre desenvolvimento cerebral e autocontrole podem ser encontrados no Capítulo 9.

conseguia resistir quando tinha 10 anos –, mas termina batendo o pé, brincando com os objetos que estão próximos dele, ou se sentindo tão desconfortavelmente impaciente que o simples fato de se concentrar na voz de sua esposa o deixa com uma expressão irritada. Você pode imaginar como ela interpreta essa reação de seu marido.

RÁPIDO DEMAIS NO GATILHO

Agora, veja a lista das tarefas "impossíveis" para Shayla, de 25 anos:

- Esperar em filas.
- Ficar em silêncio quando alguém "não parece fazer um movimento".
- Esperar atrás de muitos carros para virar à direita em um sinal vermelho.
- Parar de falar, após ter começado.

Dizendo que "simplesmente não consegue esperar pelas coisas", Shayla perdeu filmes aos quais queria assistir porque não consegue ficar em uma longa fila. Se vários carros estão na frente do dela em um sinal vermelho, e ela quer virar à direita, Shayla simplesmente segue pelo acostamento ou sobe na calçada até o sinal e entra à direita sem esperar. Quando está parada no trânsito, costuma buzinar muito para tentar fazer com que as pessoas se movam, "ainda que saiba que normalmente isso não vai funcionar".

Enquanto Dan percebe que não consegue fazer algo devido a distrações, os problemas de Shayla com a inibição são mais relacionados com o que ela realmente *faz* porque não consegue acionar os freios mentais. Sua carteira de motorista já foi suspensa uma vez devido aos seus hábitos de dirigir perigosamente. Ela tem pulado de emprego em emprego, às vezes saindo no primeiro dia porque não suporta as partes tediosas do trabalho ou qualquer coisa que envolva esperar. Na escola, ela era constantemente chamada na sala do diretor por ser uma "tagarela", e, já adulta, é frequentemente rotulada de "cansativa" ou "egomaníaca" porque parece não resistir a monopolizar qualquer conversa. Quando adolescente, não conseguiu suportar esperar até ter economizado dinheiro suficiente para comprar o pequeno carro esportivo que queria. Então, certo dia, Shayla pegou "emprestado" um que pertencia a um amigo de seu pai. Felizmente, o amigo se recusou a dar queixa na polícia quando relatou o furto, e a polícia detêve Shayla ao longo da rodovia em alta velocidade. Mas as coisas nem sempre terminam tão bem atualmente. Ela tem se envolvido em

Você se identifica com a lista de Shayla? O que acrescentaria a ela?
_____
_____
_____
_____

discussões com estranhos e afastado os amigos porque fala qualquer coisa que lhe vem à mente. As pessoas a descrevem como exaltada, mal-educada e simplesmente "ignorante" ou "estúpida".

A verdade é que os problemas emocionais e intelectuais também entram em jogo nas escolhas comportamentais infelizes de Shayla (veja o Capítulo 9), mas o problema começa quando Shayla não contempla ou delibera sobre suas possíveis ações e suas consequências futuras, valorizando mais a excitação a curto prazo e recompensas menores e mais imediatas em vez de consequências futuras menos emocionantes e mais punitivas, que provavelmente ocorrerão com essa escolha.

MENTE FECHADA

O mesmo problema básico que lhe dificulta ficar parado e se concentrar ou pensar antes de agir também pode, acredite ou não, tornar difícil *parar* o que está fazendo. Durante todos os anos na escola, as pessoas achavam que Jess simplesmente não conseguiria aprender. Ele parecia cometer os mesmos erros sem parar. Ele persistia obstinadamente com um esforço que todos à sua volta podiam perceber que não havia resultado. Certa vez, ele quebrou uma chave na porta da garagem de sua namorada porque, quando não conseguiu destrancar a porta, continuou torcendo-a até quebrá-la. Quando adulto, ele deixou um saca-rolhas irreconhecível porque não percebeu, enquanto tentava abrir uma garrafa de vinho, que o metal não era uma folha metálica cobrindo a ponta de uma rolha de cortiça, mas sim uma tampa de metal no lugar da rolha. Outra vez, seu vizinho chamou o corpo de bombeiros quando Jess deixou incendiar um arbusto porque estava tão envolvido em planejar uma horta que acabou se distraindo enquanto usava a churrasqueira.

Quando a maioria das pessoas comete um erro no meio de um projeto – um ingrediente acrescentado a um prato não produz o efeito que a receita disse que teria, ou a tinta praticamente acaba com apenas metade da garagem pintada –, elas tendem a parar e pensar por um momento sobre o erro e se ele significa algo importante. Muitas vezes, os erros nos informam sobre como poderíamos ter feito algo melhor ou se deveríamos parar totalmente a atividade em questão, pelo menos naquele momento. Os adultos com TDAH não parecem monitorar seu desempenho nas tarefas tão bem quanto as outras pessoas, ou usar os erros que cometem para obter informações importantes que poderiam guiar suas ações no futuro imediato. É como se partissem em linha reta e nela permanecessem, não importando os erros que pudessem estar acumulando atrás deles.

Se o que estão fazendo é algo divertido, gratificante ou interessante, muitos adultos com TDAH podem também achar difícil parar, mesmo quando não estão cometendo erros, mas devem continuar outra tarefa que precisa ser realizada logo, porém é menos interessante. Embora alguns defensores dos adultos com TDAH chamem isso de "hiperfocar", os pesquisadores chamam esse problema de perseveração. Muitas vezes, a perseveração se parece com a procrastinação. Mas, como você deve saber, não se trata de a pessoa ter decidido adiar algo que não é divertido. Trata-se de decidir continuar fazendo algo que *é* divertido.

> A "cegueira do tempo" do TDAH se inicia com uma falta de controle do impulso.

> **Você se identifica com a experiência de Jess? Consegue pensar em problemas similares que você já enfrentou?**
>
> _____
> _____
> _____
> _____

A baixa inibição pode tornar a realização de qualquer tarefa semelhante a dar um passo para frente e dois passos para trás, repetidas vezes. Também pode causar má impressão naqueles que você quer que pensem favoravelmente a seu respeito. Saber que esse déficit está por trás dos problemas que você pode estar tendo, parecidos com os de Dan, Shayla e Jess, pode ajudá-lo a parar de se culpar. Esse conhecimento também pode levá-lo diretamente a caminhos compensatórios que poderão fazer uma diferença enorme.

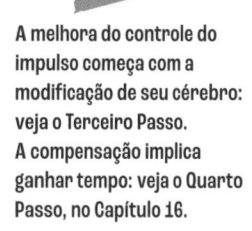

> A melhora do controle do impulso começa com a modificação de seu cérebro: veja o Terceiro Passo.
> A compensação implica ganhar tempo: veja o Quarto Passo, no Capítulo 16.

CAPÍTULO 8

AUTOCONTROLE: COMO CONSEGUIR O QUE VOCÊ QUER

"Eu não tenho autodisciplina! Tenho objetivos, mas nunca os atinjo. Quando as coisas ficam um pouquinho difíceis ou me deparo com um problema, simplesmente desisto."

"Estou quase na metade da minha vida e ainda não consegui realizar a maioria dos objetivos que estabeleci para mim. Sou tão inteligente quanto a maioria das pessoas que conheço. Às vezes, me pergunto se sou simplesmente preguiçoso ou não me importo tanto quanto os outros em realizar coisas importantes."

"Certa vez, eu e um amigo estávamos trabalhando em uma construção, e ele disse que iria tirar folga naquele dia e dirigir de Wisconsin até Denver para procurar um novo emprego. Ele nunca havia estado lá, mas ouviu dizer que era um lugar ótimo para se morar. Então, eu disse que iria com ele, simples assim. Sem planos, sem perspectiva de trabalho, sem lugar para morar – nada! E nós dois nos pusemos na estrada. Fico pensando: até que ponto isso é algo estúpido?"

A falta de autocontrole priva você do livre-arbítrio. Esta é uma das consequências mais trágicas do TDAH. Você pode pensar que está fazendo o que deseja, mas, se não consegue inibir seu comportamento, perde o tempo de espera entre um evento e sua resposta. Esse tempo de espera é essencial, pois lhe dá a chance de pensar. Mais importante ainda, esse tempo de espera permite que você *escolha livremente* entre todas as opções disponíveis, tanto agora como no futuro. Len, o rapaz que foi para Denver com um amigo, pode ter se sentido ótimo – livre e solto – quando partiu. Mas não demorou muito para ele perceber que acabar em uma cidade estranha, sem amigos, sem trabalho e sem dinheiro *não* era o que ele queria. Se ele tivesse parado por um momento para pensar antes de agir, provavelmente não teria ido.

É isso que quero dizer com autocontrole: a capacidade de escolher outra coisa que não seu impulso inicial, para que você possa obter no futuro algo que deseja mais ou que seja melhor para seu bem-estar e sua felicidade a longo prazo.

> O *autocontrole* é definido na psicologia como qualquer reação, ou cadeia de reações, que direcionamos para nós mesmos e que leva à mudança do nosso próprio comportamento, em vez de apenas agir por impulso, para que possamos mudar o que vai acontecer no futuro. É a ação direcionada para si mesmo e para mudar esse futuro provável.

Essa capacidade de não reagir aos eventos é muito mais desenvolvida nos humanos do que em qualquer outra espécie. Um veado que fareja a fumaça na floresta provavelmente vai fugir do cheiro sem pensar. Uma pessoa que sente cheiro de fumaça na floresta pode parar para pensar se aquilo pode ser um incêndio na floresta, uma fogueira em um acampamento ou um lampião, e então agir de acordo. O "livre-arbítrio" é apenas outra maneira de dizer que temos a capacidade de deliberar sobre nossas opções de agir, o que, por sua vez, dá a oportunidade de escolher o que será melhor para nós no futuro.

> O Quarto Passo contém uma série de "regras" que você pode aplicar para induzir seu cérebro a exercer o autocontrole quando ele não faz isso normalmente.

Com autocontrole, podemos direcionar nosso comportamento para o futuro em geral e para o que pode estar à nossa frente especificamente, em vez de sempre nos envolvermos em ações automáticas que podem nos levar a lugar nenhum (ou pode nos levar a Denver, onde não temos futuro). Podemos estar preparados para os amanhãs, para as próximas semanas, para os próximos meses e até mesmo para os próximos anos na vida. Podemos nos organizar de olho nesse futuro.

E nesse futuro há muitas recompensas a serem obtidas, como os objetivos mencionados pelas pessoas citadas no início deste capítulo. Nesse futuro, também há todos aqueles riscos que podem ser evitados quando conseguimos antecipá-los e nos planejarmos bem. Sem autocontrole, acabamos em locais em que, na verdade, não queríamos estar, sentindo-nos estúpidos, culpados ou desmoralizados, indolentes ou apáticos, para não dizer à deriva – e podemos até mesmo acabar machucados ou mortos devido à exposição constante a riscos.

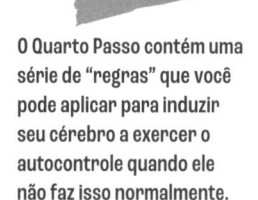

OS SEIS PRINCIPAIS COMPONENTES DO AUTOCONTROLE

Você pode encarar o *autocontrole* como um termo muito pesado. Quantas vezes, desde que era criança, ouviu a ordem "Controle-se!"? Quantas vezes pensou consigo mesmo que você o faria se pelo menos tivesse alguma ideia de *como* fazê-lo? Compreender como o autocontrole funciona vai aliviar o termo. Você também vai ver que o autocontrole é um processo com poucos pontos vulneráveis, em que o uso de uma estratégia ou ferramenta pode liberar sua vontade para que você possa conseguir o que quer da vida – não apenas neste minuto, mas no futuro que se estende à sua frente.

Estes são os seis principais componentes envolvidos no autocontrole:

1. O autocontrole é uma ação autodirecionada. Isso significa que, em vez de agir em resposta *direta* a um evento, você para e direciona a ação para si mesmo. *Quando seu amigo disse que ia para Denver, se Len não tivesse TDAH, provavelmente teria inibido durante tempo suficiente a resposta "Uau, isso parece ótimo para mim também!" para pensar sobre o que partir poderia realmente significar a longo prazo. Talvez ele tivesse feito uma lista dos aspectos que precisavam ser considerados em uma mudança como essa (como emprego, alojamento, transporte). Envolver-se em autocontrole (pausar) é uma ação autodirecionada, assim como fazer anotações para contemplar e analisar decisões complexas e coisas a serem feitas.*

2. Essas ações autodirecionadas são elaboradas para mudar seu comportamento subsequente. Existem sete dessas ações autodirecionadas (que são nossas funções executivas), as quais discutiremos mais tarde. *Len poderia ter decidido abanar a cabeça e dizer "Boa sorte!", ou poderia ter escolhido dizer "Uau, isso também me parece ótimo, mas talvez eu possa ir depois de você me dizer se deu certo". Ou talvez ele tivesse optado por não realizar nenhuma ação agora, mas reconhecido a necessidade de pensar a respeito, tomar algumas notas para buscar informações sobre as questões importantes (trabalho, alojamento, transporte) e, então, pensar em realizar alguma ação no futuro: se mudar de cidade parecia bom, mas ir para Denver neste momento não funcionasse por diversas razões, talvez Len devesse começar a pensar sobre um local para onde pudesse desejar se transferir no futuro. Observe que a pausa inicial e até mesmo fazer uma "lista de tarefas" são ações autodirecionadas que levam a uma mudança no que Len provavelmente fará a seguir.*

3. Essa mudança no comportamento subsequente é projetada para conseguir ganho líquido (maximização) de resultados positivos, tanto a curto *quanto* a longo prazo para o indivíduo. O comportamento está direcionado para o futuro, mas também será preciso considerar as consequências imediatas para chegar ao melhor resultado final. *Len poderia ter de abrir mão da consequência positiva de partir em uma viagem emocionante para obter um resultado positivo maior mais tarde, como se mudar para Denver, mas apenas depois de ter encontrado um emprego naquela cidade. Todas as ações autodirecionadas de Len levam a maior probabilidade de a decisão de se transferir ou não de cidade estar mais de acordo com seu bem-estar a longo prazo.* Com o autocontrole, sacrificamos o passarinho que temos na mão para depois obter dois mais proveitosos. A menos, é claro, que sejamos um adulto com TDAH, caso em que continuaremos optando pelo passarinho na mão e nunca seguindo nosso caminho na direção mais benéfica.

> Se não resultasse em algo positivo, por que alguém exerceria o autocontrole?

4. O autocontrole depende de uma preferência por recompensas maiores adiadas em vez de recompensas menores imediatas. Se você não consegue conceber o futuro ou não valoriza as consequências posteriores, não há razão para usar o auto-

controle, e ele não lhe será útil. *Se Len não tivesse TDAH, talvez não precisasse pensar por mais de um segundo sobre o que preferiria fazer – ir para Denver hoje ou planejar uma mudança para algum outro lugar no próximo ano. Ele saberia imediatamente que realizar o sonho de ter um bom emprego e uma casa acessível em um novo e belo lugar era mais valioso para ele do que a diversão de partir sem um plano apenas para chegar lá imediatamente.*

> Psicólogos descobriram que nossa preferência por consequências maiores e adiadas aumenta desde a infância até os 30 e poucos anos, seguindo paralela ao desenvolvimento dos lobos frontais do cérebro – o local do nosso autocontrole. No entanto, o TDAH sabota esse desenvolvimento e faz com que até mesmo adultos optem por resultados imediatos menores, em vez de direcioná-los a resultados adiados maiores.

5. O autocontrole preenche o lapso de tempo entre um evento, a nossa reação e um resultado. Podemos não precisar de autocontrole quando o intervalo entre o evento, a reação e o resultado é pequeno ou nulo. Imagine que sua filha de 5 anos avista o carrinho de sorvete vindo em sua direção. Ela lhe pede um sorvete, o carrinho para, você compra um e dá para ela. Ela está completamente calma durante a curta sequência de eventos. Agora, imagine que sua filha ouve o som do carrinho de sorvete, mas não consegue vê-lo. Ela precisa conter sua empolgação até descobrir se o carrinho está vindo em sua direção e a que distância ele está. Quando ele chega em seu campo de visão, ela deseja aquele sorvete como se há anos não tomasse um. Ela pula e grita, agitada, enquanto implora: "Papai, papai, lá está ele. Posso tomar um sorvete?". Então, você diz: "Bem, um sorvete vai estragar o seu jantar. Que tal se comprarmos um e o deixarmos no congelador para mais tarde?". Isso requer todo o autocontrole que uma criança de 5 anos pode reunir para inibir o impulso de chutá-lo nas canelas. Para uma criança dessa idade nessa situação, o autocontrole pode envolver principalmente o controle das emoções. Para um adulto que tenta continuar trabalhando para economizar e comprar uma casa quando há dezenas de oportunidades todos os dias para se gastar esse dinheiro, todos os tipos de habilidades são necessários para exercer o autocontrole.

> As habilidades das quais precisamos para exercer o autocontrole são chamadas de *funções executivas*, e serão abordadas no Capítulo 9.

Quando o tempo entre o evento, a reação e o resultado é longo, o autocontrole ajuda a nos controlarmos em relação ao tempo e ao futuro. Isso nos ajuda a vincular esses eventos desconectados no tempo em uma ideia coesa que podemos levar conosco para mantermos nossa visão na recompensa. *Como um adulto com TDAH, Len terá muita dificuldade para atingir o objetivo da mudança de cidade. Com o resultado tão distante, é provável que ele se esqueça de todo o plano e faça pouco ou nada para se preparar. Ele pode definir uma data para se mudar, mas continuará tão despreparado para a mudança quando o momento chegar como estava quando, por um capricho, partiu com seu amigo.*

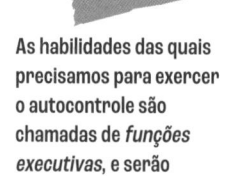

> *Carpe diem* (aproveite o dia) poderia ser o lema de todos os adultos com TDAH. É ótimo nas férias, mas é terrível como regra diária.

> Os pesquisadores referem-se a preencher o intervalo entre o evento, a reação e o resultado durante longos períodos de tempo como uma capacidade para a *organização temporal cruzada de contingências comportamentais*. Essa é a principal função do seu cérebro executivo (lobos frontais), e é um bocado de coisa. Pense nisso como a capacidade de se engajar no gerenciamento do tempo ou, mais apropriadamente, o controle de si mesmo em relação à passagem do tempo.

Nesse caso, o autocontrole significaria que ele teria de pesquisar as regiões dos Estados Unidos, despender um tempo toda semana em buscas de emprego na região escolhida, descobrir quanto precisaria ganhar para poder ter o tipo de moradia que ele quer e muito mais – tudo isso antes de coletar os benefícios da mudança.

6. Para que o autocontrole ocorra, precisamos da **capacidade de visão retrospectiva e previsão**. Como vinculamos os eventos, as reações e os resultados da vida quando há grandes intervalos de tempo entre eles? Precisamos de uma noção fundamental do tempo – que há um passado, um presente e um futuro – e sermos capazes de conjeturar sobre o futuro. Para isso, temos de ser capazes de recordar o passado e avaliá-lo para detectar possíveis padrões. Essa recordação do passado, ou *visão retrospectiva*, nos dá a capacidade de pensar sobre futuros possíveis baseados nesses eventos passados, ou previsão. Isso impediria que Len partisse para outro lugar sem preparação, como aconteceu quando ele foi para Denver. O que você pode ter considerado como autocontrole quando criança – ficar sentado quieto quando solicitado, ficar quieto na sala de aula quando realmente queria contar algo a seu colega, comer apenas um bombom em vez de toda a caixa – tem ramificações bem maiores na vida adulta. Paradoxalmente, sem autocontrole, você não pode ser livre. Vamos analisar as habilidades que compõem o autocontrole a seguir.

> A visão retrospectiva e a antevisão se baseiam na memória operacional, uma faculdade mental com pouco suprimento em adultos com TDAH, como será discutido no Capítulo 9.

> A baixa inibição conduz ao baixo autocontrole e o priva do livre-arbítrio – a capacidade de escolher criteriosamente entre as opções possíveis para reagir aos eventos ou aos seus próprios pensamentos.

CAPÍTULO 9

FUNÇÕES EXECUTIVAS: AS SETE HABILIDADES QUE COMPÕEM O AUTOCONTROLE... E MAIS

"Por que demoro duas horas para escrever uma carta de negócios que outras pessoas conseguem escrever em 10 minutos? Parece que não consigo fazer com que minhas ideias fluam em sequência ordenada para escrever o que quero dizer."

"Tenho uma dificuldade terrível para controlar minhas emoções, especialmente se acontece algo que me frustra ou me incomoda. Uma das muitas vezes em que tranquei minhas chaves dentro do carro e realmente precisava ir a algum lugar importante, fiquei tão furioso comigo mesmo que comecei a destruir a porta do carro. As pessoas que passavam por ali devem ter olhado para mim e pensado 'Esse sujeito é totalmente louco!', mas eu não me importei."

- O Capítulo 7 mostrou que usamos a inibição para adiar a decisão de reagir a um evento – esperar.
- O Capítulo 8 mostrou que esse adiamento nos dá tempo para nos engajarmos no autocontrole. O autocontrole, ou, melhor ainda, a autorregulação nos permite monitorar nossas próprias ações, nos contermos quando necessário, contemplar nossas possíveis ações, parar quando necessário, e, então, escolher o melhor curso de ação para obter o melhor resultado possível no futuro.
- Mas *como* nos controlamos? O que nos permite usar o tempo criado resistindo aos impulsos de maneira inteligente? Esse é o assunto do Capítulo 9.

Os cientistas do campo da neuropsicologia chamam as habilidades por trás do autocontrole de *funções executivas*, ou, às vezes, de habilidades executivas. Essas são as ações dirigidas a nós mesmos, as atividades mentais nas quais nos envolvemos

> Saber qual de suas funções executivas é a mais fraca o ajudará a entender que tipo de autocontrole deve ser direcionado nos esforços para enfrentar e compensar.

quando pensamos sobre nosso futuro e o que deveríamos estar fazendo para chegar lá e torná-lo melhor.

Diversos cientistas têm conceituado distintamente as funções executivas, mas o que você vai ler aqui é a visão que eu desenvolvi. (Afinal, este é o meu livro.) A pesquisa atual sugere que há pelo menos seis outras funções executivas além da *inibição* – um total de sete ações diferentes que usamos para monitorar nosso comportamento, nos conter, refletir sobre as coisas e direcionar nosso eventual comportamento enquanto controlamos nossas emoções e motivações para otimizar nosso sucesso no atingimento de nossos objetivos. Usamos essas ações com o único propósito de controlar nosso próprio comportamento para alcançar um futuro melhor.

- Autoconhecimento
- Inibição
- Memória de trabalho não verbal
- Memória de trabalho verbal
- Regulação das emoções
- Automotivação
- Planejamento/resolução de problemas

É assim que elas se desenvolvem:

As funções executivas são mais óbvias nas crianças e mais internalizadas nos adultos. Dificilmente temos consciência dessas maquinações mentais. Ninguém pode, realmente, nos ver passando por elas. São as coisas que nós, adultos, "fazemos em nossas cabeças" o dia todo, enquanto escolhemos o que fazer em cada situação. São o que a maioria de nós chama, simplesmente, de "pensar". Contudo, acredito que todas as sete ações sejam o comportamento público totalmente óbvio no início do desenvolvimento da criança. As funções executivas provavelmente também eram públicas ou óbvias no início da evolução humana, quando o cérebro humano era muito mais primitivo, mas essa é uma história para outro livro. À medida que amadurecemos, internalizamos essas funções, como fazem as espécies à medida que evoluem.

Pense desta maneira: as pessoas desenvolvem a habilidade de se engajar em alguma ação interna, como falar consigo mesmas para controlar suas ações. Eventualmente, essas ações não são mais observáveis e ocorrem apenas no cérebro, por exemplo, tendo uma ideia. Dizemos que essas ações são agora "internalizadas", pois somos capazes de inibir esses sinais para que não saiam do cérebro, entrem na medula espinhal e ativem o comportamento real. Agora, você pode se imaginar fazendo algo sem realmente fazê-lo fisicamente. Passamos a "privatizar" esse processo, provavelmente, por meio de um simples acionamento no cérebro que pode impedir que um pensamento seja ativado via medula espinhal como um comportamento. Esse processo internalizante ou privatizante cria uma forma privada de ação que costumamos chamar de "pensamento".

Observe que esse processo envolve inibição; o pensamento pode prosseguir, mas a ação que ele pode criar é impedida de ocorrer. Agora, você sabe por que as pessoas com TDAH geralmente agem de forma impulsiva em vez de manter os pensamentos em sua mente (cérebro) para uma avaliação posterior antes de finalmente implementá-los. Se você é interessado em aparelhos de alta tecnologia, tem conhecimento sobre simuladores. Eles nos permitem fazer coisas em um mundo virtual sem realmente fazê-las no mundo real. Bem, isso é o que esse processo de privatização das nossas ações nos possibilita fazer – conseguimos simular nossas ideias e nossos planos antes de implementá-los, para ver como eles podem se desenvolver e aprender com essas simulações mentais. Se não pudéssemos fazer isso, provavelmente experimentaríamos mais erros, fracassos e danos, e teríamos maior probabilidade de morte, todos os quais são riscos reais para as pessoas com TDAH.

Estes exemplos familiares vão explicar o que quero dizer:

- Lena, com 6 anos, coloca sua mão sobre a boca quando quer revelar um segredo que seus amigos lhe disseram para não contar. Aos 16 anos, ela não precisará dessa restrição física; apenas visualizará isso em sua mente e talvez use a conversa interna para se conter, mesmo que realmente deseje contar.
- Rico, com 8 anos, repete baixinho, mas de forma audível: "Permaneça dentro das linhas" e "Não pressione muito o lápis" durante as tarefas escritas na sala de aula para se manter concentrado nas regras e nos lembretes da professora. Quando ficar mais velho, será capaz de usar sua "voz mental" para dizer essas coisas a si mesmo de forma tão automática que talvez nem tenha consciência de que está acionando seus lembretes silenciosos.
- Crissy e seus colegas de aula começam a usar seus dedos, algumas contas e, depois, uma linha numérica em sua mesa para realizar as etapas na resolução de um problema de matemática. À medida que amadurecerem, serão capazes de resolver os problemas usando a manipulação mental em vez da manipulação manual. Eles podem visualizar a manipulação das contas ou mover a mão ao longo de uma linha numérica sem realmente fazer isso no mundo real.

As funções executivas operam juntas, mas podem causar prejuízos separadamente. Eu e outros cientistas dividimos o funcionamento executivo em sete habilidades separadas para entendê-las melhor. Mas nós, humanos, não as experienciamos

---

Adultos com TDAH relatam a necessidade de usar táticas que recaem entre os autolembretes públicos e evidentes e os lembretes mentais quase automáticos que outros adultos dão a si mesmos. Um adulto disse que tranca sua boca com uma chave invisível para fazê-lo parar de falar. Você usa truques desse tipo para controlar seu comportamento?

_____

_____

_____

_____

como separadas, nem as utilizamos uma de cada vez, quando adultos. As funções executivas funcionam como as seções de uma orquestra sinfônica, tocando simultaneamente para produzir uma bela música. É a ação dessas funções executivas *em conjunto* que permite o autocontrole humano normal. Quando o TDAH entra em cena, entram também os déficits nas funções executivas. Esses déficits podem ocorrer mais em uma função executiva do que em outras, produzindo diferentes tipos de problemas de comportamento com o autocontrole em diferentes adultos com TDAH. *Isso significa que há realmente sete funções executivas ou sete tipos diferentes de autocontrole e, portanto, sete tipos diferentes de déficits no TDAH.* Saber qual deles é o mais problemático para você facilita a escolha das ferramentas e das estratégias externas que podem compor os déficits internos. Mais adiante, neste capítulo, você terá a oportunidade de examinar os problemas listados em cada função executiva para ter uma ideia de onde estão seus maiores problemas.

As sete funções executivas desenvolvem-se uma de cada vez, em sequência, e cada uma é adicionada às anteriores para criar uma estrutura mental, como um canivete suíço, que facilite nosso autocontrole. À medida que cada função executiva se desenvolve em uma criança, o controle sobre o seu comportamento muda gradualmente de quatro maneiras importantes que se somarão à autodeterminação do adulto.

- *Dos eventos externos para os internos*: todos começamos como bebês controlados por eventos puramente externos – um ruído alto, a saída da mãe, uma fralda molhada ou, mais tarde, as ordens e as diretrizes de nossos pais – e depois nos tornamos cada vez mais conduzidos por formas internas de informação, grande parte das quais lida com o passado e o futuro (imagens, conversa consigo mesmo, motivação, etc., que compõem nossa visão retrospectiva e nossa previsão).
- *Dos outros para si mesmo*: de início, precisamos ser controlados e conduzidos inteiramente pelos outros (como os pais); pouco a pouco, nos tornamos capazes de controlar melhor a nós mesmos.
- *Do presente para o futuro*: quando somos muito jovens, a única coisa que nos importa é o que está acontecendo naquele exato momento. Ao longo da infância, nos tornamos cada vez mais conscientes e direcionados para os eventos futuros. Pense por quanto tempo você espera que uma criança típica de 3 anos pense no futuro e planeje seu dia em comparação com a antecedência que uma criança de 14 anos deve ser capaz de fazer (um dia ou dois), e depois o período que um adulto de 36 anos deve ser capaz de levar para fazer o mesmo (com uma antecipação de 6 a 12 semanas).
- *Da gratificação imediata para a gratificação adiada*: à medida que amadurecemos, descobrimos que vale a pena esperar pelo grande prêmio no final do longo percurso, e, por isso, desviamos das pequenas seduções e recompensas imediatas para trabalhar em prol de recompensas muito maiores.

Pense no que as pessoas geralmente querem dizer quando chamam os adultos de "infantis". As farpas começam a atingir os adultos que parecem governados por qualquer coisa que esteja acontecendo à sua volta, que precisam de outros adultos para pensar por eles, que não pensam adiante e que não têm paciência.

Como adulto com TDAH, você esteve sujeito ao atraso no desenvolvimento de cada uma das sete funções executivas. Você não é uma criança, mas esses atrasos o tornam

> **Isso soa-lhe familiar? Um exemplo de sua própria vida vem à mente?**
> _____
> _____
> _____
> _____

menos eficaz do que os outros adultos e podem fazer com que seus colegas o tratem como criança. Você pode evitar a culpa (incluindo a autoculpa) e ajudar a si mesmo na realização dessas mudanças do funcionamento infantil para o adulto, se souber um pouco mais sobre a maneira como a condição incapacita cada função executiva.

AUTOCONSCIÊNCIA: USANDO O ESPELHO DA MENTE

Embora eu tenha focado tão fortemente na inibição por ser tão essencial para o autocontrole, ela, na verdade, não é a primeira função executiva a se desenvolver. A autoconsciência é a primeira função executiva a surgir na infância. Ela acompanha a inibição porque nenhuma das duas faz algum sentido sem a outra ao seu lado, o que significa que ambas provavelmente se desenvolvem juntas ou pelo menos muito próximas no tempo. As outras cinco funções executivas seriam inúteis sem essas duas primeiras: se você não tem consciência de como está se comportando, por que e como poderia parar de agir da maneira como está se comportando? E se você não monitorar seu comportamento e mudá-lo quando necessário, provavelmente também não reservará um tempo para pensar sobre seu passado e seu futuro, sobre como eles podem informar suas decisões para seguir em frente e até mesmo quais objetivos você deseja alcançar.

Na verdade, isso é o que a grande maioria das outras espécies de animais faz neste planeta. Elas são criaturas do tipo estímulo-resposta, reagindo ao momento à medida que os eventos ocorrem e adaptando seu comportamento somente após o fato como resultado das consequências – caso sobrevivam. Mas nós, não. Pois nós, humanos, sabemos que simplesmente reagir não é o melhor para nós se quisermos otimizar nosso bem-estar a *longo prazo*, qualidade de vida e até mesmo a sobrevivência durante nossas ações a curto prazo e suas recompensas imediatas.

Primeiramente, precisamos ter consciência do nosso entorno

Depois que nascemos, nossa prioridade é prestar atenção ao nosso entorno e, então, começarmos a orientar nossas respostas motoras às coisas que detectamos estarem acontecendo conosco. Assim, começamos a adaptar nossa próxima resposta baseados nas consequências do que fazemos. Todas as espécies animais fazem isso, pois, se não fizerem, não sobreviverão por muito tempo quando adultos.

Depois, precisamos ter consciência de nós mesmos

Contudo, logo após o desenvolvimento da atenção e do comportamento direcionados para o exterior, as crianças humanas voltam esse processo de atenção para si mesmas. Afinal, elas e seu comportamento também fazem parte do mundo em que habitam e, portanto, faz sentido que comecem a ter autoconsciência. Quando essa habilidade surge, nós, diferentemente da grande maioria das outras criaturas, podemos ver nosso reflexo em um espelho e nos reconhecer. Este teste do espelho é precisamente o que é usado pelos cientistas para determinar se uma espécie é autoconsciente e também quando na infância humana essa consciência começa a se desenvolver.

Uma razão provável para que nós desenvolvamos autoconsciência e outras criaturas não é porque somos uma das poucas espécies que sobrevivem em grupos com outros, alguns dos quais são parentes, *mas outros não são!* Você provavelmente não percebe o quão especial é viver nesse nicho. A maioria das outras criaturas sociais não vive com seres com os quais não são geneticamente relacionadas, mas nós, os chimpanzés, os golfinhos e alguns outros animais, sim. Para isso, é necessário algum tipo de sistema executivo no lobo frontal para rastreá-los e monitorar como correspondemos a eles, e também como eles correspondem a nós. A memória de trabalho, que será discutida mais adiante, é bem adequada para fazer apenas isso.

No nicho das espécies sociais raras que vivem com não parentes, é importante monitorar o que você faz, como os outros reagem a isso e se eles retribuem o favor. Então, adaptamos nosso comportamento a partir disso para que possamos alterar o que fazemos antes de efetuar essa ação. Rotineiramente, dependemos de outras pessoas, incluindo não parentes dentro da nossa tribo, para nossa sobrevivência. Mas não confiamos em todos ingenuamente, pois não parentes nem sempre se importam com nossos melhores interesses da forma como membros da família geralmente se importam. Assim, a forma como nos controlamos – para melhorar nossas interações sociais, redes e bem-estar, compartilhando com aqueles que confiavelmente demonstram recíproca e ao mesmo tempo detectando e evitando os enganadores e exploradores – nos dá uma vantagem competitiva sobre outros (e outras espécies) que não estão agindo assim.

O que isso significa para as pessoas com TDAH?

Independentemente da sua função evolucionária inicial, a autoconsciência é fundamental para a sobrevivência humana e o sucesso social que, muitas vezes, tomamos por garantido. Mas quando um transtorno como o TDAH compromete essa função executiva básica da autoconsciência, ele pode comprometer o sistema inteiro de autorregulação e seu propósito. Um déficit nessa função executiva significa que você tem menos consciência de como está agindo, como seu comportamento está sendo percebido pelos outros à sua volta e quais seriam as consequências previsíveis de agir dessa maneira. Você tem mais dificuldade para direcionar sua atenção para si mesmo do que para as outras pessoas, e isso pode levá-lo a invadir situações sociais ou ser ofensivo sem perceber, e não notar como as outras pessoas à sua volta estão reagindo. Tanto adultos quanto crianças com TDAH geralmente têm menos consciência do que os outros sobre o quão alto estão falando, o quanto estão falando, o que estão tentando dizer, o quanto estão se movimentando enquanto falam, até mesmo por que estão dizendo isso (divagando e se esquecendo dos seus objetivos) e sobretudo como os outros estão reagindo ao que eles estão dizendo. Três dos sintomas do TDAH nos critérios diagnósticos do DSM-5, no Apêndice (e os únicos que representam impulsividade) ilustram precisamente esse problema da inquietação.

Agora, estenda esse fraco automonitoramento para outros tipos de comportamento e, especialmente, interações sociais além das verbais, e você poderá ver a quantidade de problemas sociais que essa autoconsciência limitada pode criar para você. Combine esse déficit com o fato de que você pode não perceber o quanto está se tornando emocional durante algumas interações sociais, e você verá como sua vida social pode sair dos trilhos muito rápido. Infelizmente, aqueles com quem você está interagindo não necessariamente sabem que você tem TDAH – ou entendem seu papel na causa do comportamento – e podem vê-lo como imaturo, egocêntrico ou egoísta. Eles não entendem que você não consegue se conter se não puder monitorar o que está fazendo e como está acontecendo com os outros.

Isso levanta um problema considerável, tanto para as pessoas amadas que podem ver o que você não consegue ver – que seu comportamento pode, às vezes, ser inapropriado e que os outros o estão julgando negativamente por isso – quanto pelos profissionais que lidam com adultos com TDAH: como eles podem ajudar alguém que não sabe que tem um problema ou não acha que seja suficientemente importante para ser tratado? É justamente por esta razão que um novo requisito é acrescentado aos critérios diagnósticos do DSM-5: agora, os clínicos precisam corroborar os relatos do que o paciente está dizendo com outras pessoas que o conhecem bem ou, se não disponíveis, com registros escolares ou outros documentos que possam mostrar o quanto o funcionamento do paciente está prejudicado. Até os 30 anos ou mais, mesmo adultos com TDAH não podem ser considerados os únicos juízes do seu próprio comportamento, sintomas ou prejuízos; eles simplesmente não têm a autoconsciência necessária para fazer autoavaliações precisas. Você pode se sentir menosprezado por um profissional que reúne informações de outras pessoas sobre o seu comportamento em vez de confiar nos seus próprios relatos. Procure compreender que o profissional está seguindo diretrizes que ajudarão a diagnosticar seus problemas e levar ao tratamento. O déficit na autoconsciência pode obviamente lhe causar muitos problemas, como atrasar seu reconhecimento ou sua aceitação do fato de que você tem um transtorno – e, por sua vez, atrasar sua busca ou o recebimento da ajuda que você precisa e merece. Mas não precisa ser assim.

MEMÓRIA DE TRABALHO NÃO VERBAL: USANDO O OLHO DA MENTE

A memória de trabalho não verbal é a terceira função executiva a ser desenvolvida, juntamente com sua capacidade para inibir os impulsos imediatos para agir. É a capacidade para reter as informações na mente – não por meio de palavras, mas de seus sentidos. Portanto, essa função executiva permite que você mantenha em sua cabeça sons, sabores, toques e aromas. Como a visão é nosso sentido mais importante para a sobrevivência, a memória de trabalho não verbal representa, em grande parte, a capacidade de se envolver em imagens visuais – de "ver a si mesmo" em sua mente.

O segundo sentido em importância é a audição, para podermos também "ouvir a nós mesmos", usando a memória de trabalho não verbal. Mais precisamente, revemos os eventos decorridos e voltamos a escutar os sons passados e as coisas que outras pessoas nos disseram. Mas também, se precisarmos, podemos voltar a sentir todos os nossos outros sentidos, como o olfato (quando me lembro do aroma de um bom vinho ou o perfume de uma flor favorita), ou o paladar (como quando me lembro ou volto a sentir o gosto do meu prato favorito), ou ainda volto a sentir em meu pescoço ou braços a suave textura da minha camisa de flanela favorita. Voltamos a sentir tudo isso quando relembramos essas sensações passadas. Portanto, embora nosso foco aqui seja visualizar ou voltar a ouvir as coisas em nossa mente, não se esqueça de que também podemos fazer isso com nossos outros sentidos.

Como a memória de trabalho não verbal nos guia

1. **Temos um mapa que nos conduz ao futuro que desejamos.** Ver a nós mesmos significa rever eventos passados relevantes. O que vimos em algum momento do passado, podemos ver novamente em nossa mente, graças a essa função executiva. O que ouvimos em algum momento podemos voltar a ouvir também em nossa mente. A sensação repetida da experiência passada, que constitui nossas "ideias", cria um fluxo interno de informações por meio de nossa mente que utilizamos para guiar nosso comportamento rumo a um objetivo. Ao visualizar nosso passado, podemos prever um possível futuro. Funciona como o GPS em nosso carro. O dispositivo apresenta um mapa da sua região e nos permite usá-lo para chegar a um destino particular, que é o nosso objetivo. As imagens de eventos relevantes do passado são os mapas que podemos usar para nos guiar aos nossos objetivos.

2. **Adquirimos a poderosa ferramenta chamada *imitação*.** Quando você consegue manter em sua mente uma imagem do que viu e experienciou, sobretudo se envolvia observar outra pessoa fazer algo novo, imediatamente você também tem o poder de imitar o comportamento dos outros. Em vez de ter de passar pelos duros percalços da aprendizagem por tentativa e erro em cada nova situação, você pode evocar sua imagem mental de como seu pai ou seu melhor amigo lidaram com um determinado problema lindamente. E, então, você simplesmente copia essa imagem do que eles fizeram. Sem tentativa e erro, sem fracasso e frustração, e sem prejuízos a nós mesmos. A imitação nos proporciona uma forma barata e fácil de adquirir um novo comportamento sem aprendê-lo diretamente. Fazemos apenas uma "fotocópia" do que vimos outra pessoa fazer. Quão interessante é isso? É importante entender que, quando você aprende por meio da memória de trabalho não verbal, não necessariamente copia as ações de outra pessoa literalmente, mas sua imagem dessas ações. Você sempre coloca seu próprio ponto de vista naquilo que aprendeu com outras pessoas. A memória de trabalho não verbal também lhe permite fazer o contrário do que os outros fizeram, em vez de imitá-los em tudo o que fazem, quando o que eles fizeram falhou ou resultou em erro, punição ou dano. Você simplesmente faz o oposto ou não faz absolutamente nada, e, assim, evita quaisquer danos que lhes aconteçam. A imitação, ou, mais precisamente, a aprendizagem vicária, nos permite tirar o melhor do que as outras pessoas aprenderam a fazer, ao mesmo tempo evitando o pior

de seus erros, resultando, assim, em uma forma muito eficiente de aprendizagem social que os humanos elevaram a uma forma de arte durante sua evolução. Agora, imagine quão ineficiente e até mesmo prejudicial será a aprendizagem se você não usar muito bem a memória de trabalho não verbal. Vemos esses problemas em pessoas com o TDAH, que parecem se beneficiar menos do que a maioria das pessoas com o que elas veem as outras à sua volta fazendo.

> A memória de trabalho não verbal permite não apenas a imitação mas o oposto: evitar o que alguém fez que se provou ineficaz. É a chamada *aprendizagem vicária*.

3 **Podemos prever as consequências de nossas ações.** No Capítulo 8, vimos que o autocontrole depende tanto da visão retrospectiva quanto da previsão: precisamos ser capazes de ver em nossa mente tanto nossas experiências passadas como qualquer padrão que "ilumine" nossas prováveis experiências futuras. A visão retrospectiva traz sua história passada pertinente para o momento presente para informá-lo sobre a melhor maneira de se comportar, considerando o que lhe aconteceu antes. A previsão, ou antevisão, significa tomar quaisquer padrões percebidos nas imagens do passado para antecipar o que acontecerá no futuro.

> Visão retrospectiva → previsão → preparação para agir

4 **Adquirimos autoconsciência.** Usamos nossas imagens visuais para estudar nosso passado, ou pelo menos para manter em mente nosso comportamento passado imediato, para que possamos monitorar nossas próprias ações. Assim, podemos compará-las com nossos planos, nossos objetivos e nossas estratégias, e avaliar nosso desempenho nessa tarefa ou no alcance de nossas metas. Obtemos maior autoconsciência de nossa vida ao longo do tempo.

5 **Somos capazes de sentir o fluxo do tempo e, assim, nos administrarmos em relação a ele.** A capacidade de mantermos em nossa mente uma sequência de eventos passados e recorrermos a eles ao longo do tempo parece nos dar uma *percepção do tempo* em si, como ele está fluindo ou progredindo, e como controlar melhor nosso comportamento em relação a essa noção do tempo. Entendemos quanto tempo pode ter passado, o quanto deixamos para trás e o que precisamos fazer quando necessário para concluir as tarefas dentro do prazo. Podemos julgar quanto tempo algo pode durar, como dirigir até o trabalho em uma manhã chuvosa, e, assim, planejar a partida para chegar ao trabalho no horário. Essa capacidade de perceber e julgar o fluxo do tempo e nos administrarmos em relação a ele, o que

> A memória de trabalho não verbal nos proporciona uma percepção do tempo, uma chave para o gerenciamento do tempo.

chamamos de gerenciamento do tempo, é um dos previsores mais fortes de sucesso educacional e ocupacional.

6. **Aprendemos a adiar a gratificação.** Para valorizar uma consequência adiada, você precisa ter noção em relação ao futuro e usá-la para guiar seu comportamento. Quanto mais você usa esse sentido, maior a probabilidade de se concentrar nas grandes recompensas que terá no futuro, em vez de nas recompensas menores e imediatas.

7. **Podemos enxergar cada vez mais adiante.** À medida que a visão retrospectiva e a previsão se desenvolvem, obtemos uma visão mais expandida sobre o tempo (passado, presente e futuro) em nossa mente consciente. Ela até mesmo nos dá a percepção subjetiva do tempo e da sua passagem. As crianças pequenas não conseguem enxergar muito além de alguns minutos e não conseguem julgar muito bem os intervalos de tempo, muito menos usá-los para coordenar suas ações. Mas, na idade adulta (20 a 30 anos), o comportamento normalmente é organizado para lidar com eventos com um adiantamento de 8 a 12 semanas, e nossa percepção do fluxo do tempo está quase continuamente informando nossas decisões e ações. Além disso, esse horizonte do tempo pode ser mais estendido até o futuro se as consequências associadas a tais eventos forem particularmente fundamentais para nós.

8. **Valorizamos a cooperação e o compartilhamento.** A regra de ouro pode não parecer um produto óbvio da memória de trabalho não verbal ou da visualização de si mesmo, mas, quando você pensa sobre isso, faz todo sentido. Com uma compreensão do passado, você se lembra do que os outros lhe fizeram e o que você fez para eles, e, com sua percepção do futuro, percebe que o compartilhamento e a cooperação social o protegem contra uma possível escassez de recursos. Por isso, você está disposto a renunciar e compartilhar alguns recursos em excesso agora, na esperança de que o receptor compartilhe a abundância com você mais adiante, quando correr o risco de precisar dela. Essa forma voluntária e recíproca de altruísmo é o que torna os grupos sociais tão eficientes na sobrevivência e na competição com indivíduos ou grupos menos cooperativos. O compartilhamento seletivo e voluntário com pessoas que pensam de forma parecida no nosso grupo social é como uma política de seguro contra futuros infortúnios na vida.

> A memória de trabalho não verbal pode ser o que torna o altruísmo egoísta parte da natureza humana.

Como o TDAH interfere na memória de trabalho não verbal

Para se ter uma ideia do tipo de autocontrole que você pode visar ao selecionar estratégias do Quarto e Quinto Passos, pense em quais dos seguintes problemas são os seus maiores obstáculos.

Você tem pouca ou nenhuma percepção da passagem do tempo, tem dificuldade para julgar quanto tempo as atividades durarão e não consegue se administrar bem em relação à passagem do tempo. Quando a memória de trabalho não verbal e sua percepção do tempo relacionada são perturbadas pelo TDAH, ela faz com que um adulto não tenha noção do tempo comum. Tudo o que parece ser importante para você está acontecendo neste momento. Portanto, você vive muito da sua vida no agora, em vez de se preparar para o que vai acontecer a seguir. Isso também pode deixá-lo com a sensação de que o tempo está passando muito mais devagar do que na realidade está, podendo fazer você sentir como se tivesse muito mais tempo para executar as coisas do que você realmente tem. Também faz com que você perca tempo executando coisas que são irrelevantes para seus objetivos ou suas tarefas. Eventos, prazos ou o próprio futuro geralmente chegam muito mais rápido do que o esperado e o pegam desprevenido, muitas vezes, deixando-o em pânico ou em crise.

Você não consegue reativar um grande número ou uma grande variedade de eventos passados. Normalmente, quanto mais uma criança amadurece, maior o número e a variedade de eventos passados que ela pode evocar. Mas os atrasos causados pelo TDAH mantêm a capacidade para imagens visuais e experiências reouvidas bastante primitiva. Esse déficit na memória de trabalho não verbal cria uma grande lacuna nos recursos que os adultos com TDAH dispõem para guiar seu comportamento, comparados com os adultos típicos. Então, para as outras pessoas, pode parecer que você não pensa antes de agir. Seria mais correto dizer que você tem dificuldade para *lembrar* – ou, mais precisamente, *tornar a perceber* – antes de agir.

> Sam é conhecido pelos amigos como indelicado porque diz tudo o que lhe vem à mente; ele não consegue interpretar esses "sinais" porque não presta atenção a eles e, assim, não tem um arquivo dessas imagens para servir como repertório de expressões faciais sutis e o que elas comunicam.

Sequências de comportamento longas e complicadas podem representar um sério desafio para você. Saber como se comportar em situações sociais delicadas, seguir as regras de um jogo complexo, concluir uma tarefa de várias etapas, como preencher um formulário de imposto de renda – todas essas situações típicas de adultos podem deixá-lo sem nenhuma pista a respeito de por que seu cérebro tem dificuldade para reter todas essas imagens mentais.

> A hiperatividade de Sebastian, quando criança, o manteve fora da equipe esportiva que ele adorava, e, por isso, ele achou que se entrasse para o time de beisebol da empresa, iria recuperar o tempo perdido da infância. Ele já não era marcado por constantemente se distanciar da base, mas, de entrada em entrada, esquecia-se da maneira como os jogadores adversários rebatiam, quem era um corredor rápido, qual era o placar do jogo e como os membros de seu próprio time se colocavam no campo. Então, ele estava sempre no lugar errado, na hora errada e fazia seu time cometer erros.

Depois de ser tirado do jogo em algumas partidas, acabou deixando o time.

A aprendizagem vicária pode não estar tão disponível para você. Se você tem dificuldade para aprender com os acertos e os erros que observou em outras pessoas, aprenderá tudo da maneira mais lenta e dolorosa: sozinho, por sua própria conta, por meio de tentativa e erro.

> Os colegas de trabalho de Claire, às vezes, pensavam que ela estava usando drogas. Do contrário, como ela poderia não ter percebido a reação dos outros ao interromper o chefe em uma reunião, demorar muito para retornar o telefonema de um cliente ou perder o prazo final de um relatório? Quando ela se queixou amargamente por ser repreendida diante de todos por essas transgressões, todos a descreveram como "ou uma idiota ou uma drogada".

Você tem pouca previsão. Se você não consegue reter imagens passadas na mente durante tempo suficiente – ou manter um número suficiente delas – para perceber o desenvolvimento de padrões, não será capaz de prever o que pode acontecer em seguida e se preparar para isso.

> Mike recebeu multas suficientes para gravar em seu cérebro a imagem de uma luz vermelha piscando se aproximando por trás de seu carro. Entretanto, quando ele dirigia impulsivamente 45 km/h acima do limite de velocidade para chegar a tempo em sua aula noturna, jamais previu que naquele momento seria parado novamente – mas foi.

A autoconsciência chega lentamente a você. Se você não consegue monitorar o seu desempenho, seja em uma tarefa rotineira ou em uma situação social, não é fácil ver em que ponto você está em relação a seus objetivos de longo prazo. Nesse caso, pode não receber os sinais mentais de que é hora de reformular um curso quando o antigo não o está conduzindo para onde você quer ir.

> Sonya realmente queria um relacionamento duradouro, mas, sempre que estava em uma festa, bebia demais, tomava excessiva liberdade com estranhos, falava incessantemente, de modo que ninguém conseguia dizer uma palavra, e fazia comentários desagradáveis sobre as roupas de outras mulheres. Qualquer rapaz que ela conhecesse, e que de início estivesse interessado, se afastava rapidamente. No fim da noite, quando Sonya chegava em casa, invariavelmente se olhava no espelho, dizia a si mesma "sensual", e então ficava ponderando por que todos os rapazes eram tão "idiotas".

Sem uma forte percepção do futuro, você optará pela recompensa rápida, sacrificando o acúmulo gradual de bens. Você será como a cigarra, que passa o verão cantando enquanto a formiga armazena alimento para o inverno, ou o primeiro porquinho, que construiu rapidamente uma casa de palha, enquanto seu irmão mais autocontrolado levou mais tempo, mas construiu sua casa mais sólida, de tijolos. Quando o inverno chega ou o lobo aparece na porta, o atalho rápido nunca é tão bom quanto o esforço de prestar atenção ao longo prazo.

> Tim e Marie estavam à beira do divórcio. Tim dizia que queria tanto quanto sua esposa comprar uma casa, mas, toda vez que saíam de férias, ele ficava sabendo de uma promoção e acabava assinando um contrato de uma semana em algum *resort* para o qual Marie não necessariamente gostaria de retornar. No ritmo em que estavam economizando para dar uma entrada em uma casa após esses investimentos, o casal não conseguiria comprá-la antes dos 70 anos.

Você pode não ser um bom jogador de equipe... ou não saber como ser um bom amigo.
Quando a cigarra estava morrendo de fome, a formiga a censurou por não pensar no futuro e criar um estoque de alimentos. O seguro social pode salvar sua vida, mas, se você não tem noção do futuro, não faz sentido compartilhar o que tem com outras pessoas. Tudo o que você pode apreciar no momento é a perda de seus próprios bens duramente acumulados. Você pode perceber até onde isso vai para os adultos com TDAH: pode ter pouca capacidade ou interesse em compartilhamento, cooperação, revezamento e retribuição dos favores de outras pessoas ou cumprimento das promessas que fez a outros. Eles podem muito bem reagir a seus pedidos de ajuda como a formiga fez com a cigarra.

> LaTonya não entendia por que tantos de seus amigos não retornavam suas ligações. Seus amigos queixavam-se uns aos outros de que ela era rápida para pegar uma carona ou pedir outro favor, ou mesmo dinheiro, mas nunca hesitava em dizer não quando um deles precisava de sua ajuda. Ela devia a cada um deles uma pequena quantia de dinheiro, mas sempre alegava que não podia emprestar nada quando um amigo estava com pouco dinheiro e perguntava se ela podia lhe pagar um hambúrguer. Muitos deles, por fim, acabaram se tornando ex-amigos.

Quais dessas dificuldades precedentes são significativas para você?
_____
_____
_____
_____

MEMÓRIA DE TRABALHO VERBAL: USANDO A VOZ DA MENTE

A próxima ou quarta função executiva a ser desenvolvida em crianças que facilita o autocontrole é a capacidade para falar consigo mesmo, sobretudo na sua mente. Quando crianças, fazemos isso publicamente. Narramos nossas brincadeiras, falamos sozinhos e ponderamos nossas decisões em voz alta. Como todos os pais sabem, as crianças podem ser bastante livres em seus comentários, mesmo que suas observações talvez não sejam muito lisonjeiras. Pouco a pouco, as crianças começam a falar consigo mesmas silenciosamente, embora ainda possam mover os lábios. Entre os 7 e os 9 anos, elas suprimem todos esses movimentos, e então essa voz fala apenas em sua mente. A partir daí, a voz em nossa cabeça nos acompanha durante todo o tempo em que estivermos acordados até morrermos.

Como a memória de trabalho verbal nos guia

Também me refiro a isso como a voz da mente. A capacidade de conversar consigo mesmo, em especial mentalmente, junto à capacidade de perceber a si mesmo, traz à tona outra forma de autorregulação e, com ela, várias características importantes para o autocontrole, descritas a seguir.

1. **Permite descrever e considerar verbalmente a natureza de um evento ou uma situação.** Digamos que você chegue em casa do trabalho, cumprimente a pessoa que mora com você, e ela não responde. A memória de trabalho não verbal pode dizer que o olhar no seu rosto indica que a pessoa não está feliz. Com a memória de trabalho verbal, você pode pôr em palavras a maneira como essa pessoa pode estar se sentindo: "Ele(a) está zangado(a)". Mas essa é ainda uma percepção global e vaga da situação. Então, você pode usar a voz da sua mente para buscar mais informações, fazendo a si mesmo perguntas específicas, por exemplo: "Ele(a) está zangado(a) comigo, com sua namorada, com seu chefe ou com alguma outra pessoa?". Descrever a situação para você mesmo e até se questionar lhe permite obter mais informações específicas do que uma imagem mental e pode evitar que faça uma pergunta desagradável, como "O que há de errado com você?", e direcioná-lo a fazer um comentário mais sutil e socialmente sensível. Você pode dizer a si mesmo: "Ele(a) não está olhando para mim. Está apenas andando pela casa parecendo zangado(a). Da última vez que isso aconteceu, estava apenas irritado(a) porque havia errado uma tacada curta no jogo de golfe naquela manhã ou porque teria de trabalhar naquele fim de semana".

2. **Possibilita a resolução de problemas.** Com a fala interna, podemos nos interrogar sobre nosso passado para descobrir como resolver um dilema atual. Ao tentar descobrir a melhor maneira de reagir à irritação de seu colega de quarto, você pode perguntar a si mesmo: "Da última vez que isso aconteceu, supus que ele(a) estava zangado(a) comigo?". Essa introspecção pode revelar que você provocou uma briga, e a pessoa que mora com você ficou muito feliz em se envolver na briga para poder despejar sua rai-

va sobre alguém. Então, sua conclusão pode ser que você precisa encontrar uma forma de lhe perguntar o que há de errado sem ser defensiva ou ofensiva.

3 **Possibilita formular regras e planos.** Precisamos da memória de trabalho verbal (a voz da nossa mente) para examinar como as coisas ocorreram no passado e, a partir disso, extrair regras para nos certificarmos de como atuar melhor no futuro. Nosso autoquestionamento e outras "autoconversas" nos permitem pesar os prós e os contras com base em nossa experiência passada, conversar com nós mesmos sobre o que podemos mudar para melhorar o futuro e definir os passos que devem ser tomados para atingir um objetivo. Nossas regras podem envolver dieta e outras questões de estilo de vida, conduta social, hábitos de gastos ou poupança, e muito mais. Muitas vezes, externalizamos nossas autoafirmações e regras externas escrevendo-as em uma "lista de tarefas" para torná-las mais fáceis de lembrar e usá-las posteriormente.

Por fim, vamos adiante e geramos uma hierarquia de regras sobre regras (chamadas metarregras). Um exemplo de metarregra no governo pode ser o procedimento requerido para a promulgação de uma nova legislação. Em uma escola, pode significar que os critérios para expulsar um aluno devem ser aprovados pelo conselho da escola. Um exemplo do cotidiano são os conhecidos seis passos para resolver um problema:

a determinar especificamente o problema;
b listar o máximo de soluções possível;
c analisar cada solução de acordo com a sua utilidade;
d escolher aquela com maior probabilidade de atingir seu objetivo;
e implementá-la; e
f avaliar seu sucesso.

Essas são simplesmente regras usadas para descobrir outras regras mais específicas que se aplicam a uma situação específica.

4 **Seguir as regras que recebemos.** Usando conjuntamente as memórias de trabalho verbal e não verbal, podemos evocar imagens mentais de situações similares do passado, e, então, nos questionar se uma regra que aprendemos se aplica aqui. Se, de todo modo, não queremos realmente seguir a regra, podemos usar a autoconversa para nos persuadir a obedecê-la ou nos convencer de que essa é uma das exceções que fazem a regra. Nossa autoconversa complementa nossas imagens visuais, permitindo-nos obter muito mais informações do nosso pensamento do que uma imagem avulsa pode comunicar.

5 **Manter em mente o que lemos silenciosamente para nós mesmos ou ouvimos outras pessoas dizerem.** Na escola, isso era chamado de *compreensão da leitura e da escuta*. No mundo dos adultos, ela é necessária na maior parte do que fazemos. Precisamos entender e lembrar do que lemos nos relatórios e ouvimos outras pessoas resumirem no trabalho. Precisamos entender as regras e os procedimentos nas escolas de nossos filhos para não colocarmos as crianças em uma situação de desvantagem. Se uma conta não for paga, precisamos compreender as consequências explicadas no contrato e que medidas devemos tomar para evitar consequências legais e financeiras.

6   **Capacidade de raciocínio moral.** As regras – leis, éticas, costumes – da cultura em que vivemos desempenham papel importante no direcionamento do nosso comportamento. Se não sabemos quais são essas regras, e não conseguimos conversar com nós mesmos para recordar quais são elas e como aplicá-las quando mais precisamos delas, podemos acabar à margem da sociedade, se não totalmente excluídos dela.

Como o TDAH interfere na memória de trabalho verbal

A memória de trabalho verbal é o tipo de autocontrole que você mais evita?

Você fala demais e em voz muito alta, sobretudo quando interage com outras pessoas, e, muitas vezes, desvia do tema: a memória de trabalho verbal está baseada em nossa capacidade de conversarmos com nós mesmos usando a nossa voz interna ou a voz da mente. Podemos simular o que diremos, praticar e depois editar ou fazer mudanças quando necessário, de modo que, quando realmente dissermos algo aos outros, isso será dito de forma mais cuidadosa e, portanto, terá maior probabilidade de promover o relacionamento e o nosso próprio bem-estar. O TDAH retarda essa capacidade de conversarmos com nós mesmos para considerarmos o que estamos prestes a dizer a outras pessoas. Assim, muito do pensamento verbal é feito em voz alta, publicamente, e, muitas vezes, é inapropriado para esse contexto. Isso pode fazer com que você divague sem parar enquanto associa livremente quaisquer pensamentos que vierem à sua mente, para interromper e se intrometer verbalmente nas interações das outras pessoas. Todos esses comportamentos podem ser interpretados como indelicadeza e falta de consideração pelos sentimentos e pelas intenções dos outros. Devido à reduzida capacidade para autoconsciência e monitoramento que também é inerente no TDAH em adultos, você pode nem mesmo ter consciência sobre a impressão que está causando.

Você não usa a autoconversa para se controlar ou resolver problemas. Sem o benefício da autoconversa, você age impulsivamente o tempo todo, pode fazer muitas suposições falsas sobre as intenções das pessoas porque não examina sua primeira impressão, e pode literalmente atacar qualquer problema em vez de pensar sobre ele.

Você pode dividir seu apartamento com várias pessoas e acabar morando sozinho.

Você deixa os eventos e o ambiente governarem. Se não conseguir usar a autoconversa para formular suas próprias regras e seus planos, estará sempre à mercê do momento. Você também fica vulnerável à influência das outras pessoas, cujos conselhos e diretrizes substituem suas próprias regras de comportamento autodeterminadas.

Hien era um "bom garoto", segundo seus pais e professores. Mas, quando foi se tornando independente, parecia cada vez mais sujeito a más influências. Havia sempre alguém no bar local que convencia Hien a pagar outra rodada, e havia sempre um impulso que o levava a alguma decisão imprudente, embora, mais tarde, ele concordasse com seus pais que deveria ter pensado melhor.

Tem dificuldade para estabelecer seus próprios padrões e fazer seus próprios planos. Sem as imagens visuais e a capacidade de questionar seu próprio comportamento passado, você não vai extrapolar a lista do que fazer ou não fazer para uso futuro.

> Nina luta contra seu peso, mas parece não conseguir resistir a uma sobremesa ou um salgadinho tentador quando o vê; por isso, continua ingerindo uma dieta que adiciona quilos ao seu corpo. Sem a memória de trabalho verbal junto à memória de trabalho não verbal, Nina não consegue conectar seus hábitos alimentares com seu peso ou seguir uma dieta.
>
> Carmelita está cansada de estar "quebrada" financeiramente, mas, quando está com o cheque de seu salário na mão, parece não conseguir parar de comprar. Se ela pudesse refletir sobre as consequências dessas ações, seria capaz de falar consigo mesma para primeiro ir ao banco e depositar uma parte do cheque em sua poupança ou até mesmo pedir que seu empregador fizesse isso automaticamente.
>
> Essas duas mulheres tentaram ocasionalmente criar regras para ajudarem a si mesmas. Nina decidiu limitar rigidamente seu consumo de gordura e açúcar. Carmelita decidiu destinar R$ 100 de seu pagamento para a poupança. O problema era que nenhuma delas conseguia fazer ajustes quando seus planos não funcionavam. A dieta de Nina fazia com que ela se sentisse tão restringida que "trapaceava" constantemente e nunca perdia peso. Com a memória operacional verbal para ajudá-la, ela poderia ter criado uma metarregra segundo a qual, antes de começar qualquer dieta, consultaria um médico para aconselhá-la em relação a uma rotina adequada para perder peso, e, então, removeria da sua casa as substâncias mais calóricas para que elas simplesmente não estivessem disponíveis e Nina não fosse forçada a se controlar para não consumi-las. Carmelita achava que sua poupança estava aumentando muito lentamente. Com as memórias operacionais verbal e não verbal, ela poderia ter decidido que revisaria mensalmente seu plano de gastos e poupança para ver onde poderia economizar mais e gastar menos, bem como pedir que seu empregador depositasse seu pagamento automaticamente, até mesmo reservando uma parte em seu plano de aposentadoria.

Você segue algumas regras de forma rígida. Uma regra não está cumprindo seu objetivo, a menos que possa ser um pouco adaptada. O mundo não opera em absolutos. Mas, se você não consegue conversar consigo mesmo sobre os prós e os contras e revisar consigo mesmo os detalhes da situação em que se encontra, pode seguir uma regra tão rigidamente que ela vai acabar dando errado. As pessoas com TDAH geralmente não têm flexibilidade.

Max ouviu dizer que um determinado peixe continha níveis tóxicos de mercúrio; por isso, decidiu que não comeria mais nenhum peixe, não importando o tipo ou qual fosse a sua fonte. Seus amigos o achavam tolo, e ele ofendia as pessoas que o convidavam para jantar em casa ou o levavam a um restaurante, e ficava indignado e desagradável quando questionado.

Kaye tinha um conjunto de regras no trabalho que ela seguia religiosamente porque não confiava em seus instintos. Para cada tipo de tarefa, ela seguia as regras que havia desenvolvido sozinha ou havia recebido diretamente de seus supervisores para garantir que não sairia do curso. O seguimento dessas regras evitava que a ansiedade a consumisse no trabalho... contanto que tais regras nunca mudassem. Ela demorava um longo tempo para se adaptar quando novas regras entravam em jogo ou substituíam as antigas.

... Ou você não as segue de modo algum.

Miguel sabia que, se recebesse mais uma multa de velocidade, perderia sua carteira de motorista. A única maneira pela qual poderia conter seu instinto de pressionar o pé no acelerador era evocar imagens de suas multas anteriores, imaginar o que aconteceria se fosse impedido de dirigir e conversar continuamente consigo mesmo para permanecer abaixo do limite de velocidade. Ele não fez isso, e agora precisa se levantar duas horas mais cedo para pegar o ônibus para ir trabalhar.

Você pode cometer crimes e violar códigos éticos e morais. Muitas regras e costumes da sociedade são implícitos. Sem as memórias de trabalho verbal e não verbal para ajudá-lo a discerni-las, você pode passar pela vida sem um guia, violando os costumes e ofendendo seus concidadãos. As leis estão escritas, mas, sem a voz da mente para lembrá-lo delas, você pode facilmente ceder aos impulsos e fazer qualquer coisa que queira. E acabar atrás das grades.

Sasha sabia que roubar um carro era contra a lei, mas, na época, jamais passou por sua cabeça que o "passeio de automóvel" que ela e seus amigos faziam no carro esporte destrancado do vizinho fosse um crime doloso. Tudo o que ela pensou na hora foi que ele não daria falta do carro por uma ou duas horas.

Você não compreende que está tão facilmente exposto quanto as outras pessoas – seja o que você lê, vê ou ouve. O dar e o receber entre as memórias de trabalho verbal e não verbal são o que nos possibilita dar sentido a todas as informações que recebemos do mundo que nos cerca. Sem isso, perdemos muitas e muitas conexões mentais.

É claro que Eric sabia ler. Mas havia vazios no que ele extraía de sua leitura. Seu próprio trabalho era declarado como "negligente" por seu chefe, porque ele conseguia citar estatísticas de vários relatórios, mas, muitas vezes, deixava coisas para trás quando tirava conclusões dos dados. Ele mandou seu filho para a escola em uma excursão sem o documento de autorização, a lancheira ou o traje de banho requeridos; seu filho precisou ficar na escola com uma turma de crianças menores. A eletricidade da sua casa foi desligada duas vezes porque Eric se esqueceu de pagar a conta e não observou a data-limite para a desconexão ou o pagamento de uma taxa substancial para a religação.

Quais tipos de problemas de memória de trabalho verbal interferem em *sua* vida?

_____
_____
_____
_____

AUTOCONTROLE DA EMOÇÃO E DA AUTOMOTIVAÇÃO: USANDO O CORAÇÃO DA MENTE

A quinta função executiva que se desenvolve é o autocontrole da emoção. As emoções são motivadores primitivos, mas poderosos, que emitimos a nós mesmos e às outras pessoas em relação aos nossos sentimentos atuais, às nossas intenções e ao nosso estado de excitação. Mas elas também são fortes motivadores de nossas ações subsequentes. Elas podem nos estimular a agir ou nos impedir de agir, e podem nos dizer para brigar ou nos incitar à fuga. Elas podem sinalizar dentro e fora de nós nossa impaciência e nossa raiva, ou nossa alegria e afeição. Se não tivermos controle sobre nossas emoções, teremos muito menos controle sobre o que fazemos. As emoções surgem quer as queiramos ou não, e são desencadeadas naturalmente por eventos externos de todos os tipos. A tristeza é desencadeada pela perda (ou pela antecipação da perda). A raiva é desencadeada pela injustiça, pela humilhação, por expectativas não satisfeitas ou necessidades não respondidas. A alegria é desencadeada quando nossas expectativas e nossas necessidades são não apenas satisfeitas, mas excedidas, e quando nossos desejos são satisfeitos.

Mas não são apenas os eventos externos que despertam emoções. As experiências revividas e a autoconversa possibilitadas pelas memórias de trabalho verbal e não verbal também têm conotações emocionais. Descrever seu cônjuge pode provocar um sentimento de amor; conversar consigo mesmo sobre alguma injustiça que você sofreu recentemente pode fazê-lo sentir raiva.

> **Muitos adultos com TDAH dizem que estariam arruinados sem a autoconversa. Eles também acham muito benéfico o uso das imagens visuais, mas dizem que isso requer prática, prática e mais prática. Como tem sido sua experiência?**
>
> _____
> _____
> _____
> _____

Felizmente, as memórias de trabalho verbal e não verbal também são instrumentais ao nos ajudar a controlar nossa resposta emocional. Podemos usar a autoconversa para deliberar com nós mesmos sobre como nos sentimos e o que devemos fazer a respeito. Podemos usar nossas imagens visuais e a autoconversa para tentar alterar uma reação emocional inicial que pode nos causar problemas, especialmente se essa resposta inicial nos levar a um comportamento lamentável.

Como o autocontrole da emoção nos guia

1. **Podemos controlar nossa própria excitação.** Entendo por *excitação* a urgência e a energia para agir, ou ativação. As emoções destinam-se a nos estimular à ação. Mas e se as emoções forem exageradas? Ou se forem baseadas em uma percepção inadequada da situação? Nesses casos, obviamente vamos reagir com exagero ou, de algum modo, agir impulsivamente. Controlar nossas reações emocionais iniciais aos eventos pode nos impedir de fazer algo precipitado, ou pode nos levar a agir quando podemos estar sofrendo de inércia ou apenas de puro tédio com relação ao que precisamos fazer. Possibilitado o autocontrole emocional, agora temos três funções executivas que podem interagir, uma apoiando a outra. Se nos ativermos às imagens do passado e às nossas visões para o futuro, e conseguirmos conversar com nós mesmos, poderemos garantir que a emoção não atrapalhará nossos planos e apoiará nossas ações rumo a um futuro melhor, mesmo na ausência de recompensas imediatas. Ter capacidade de refrear a excitação emocional significa que não vamos começar a "falar loucuras" para nós mesmos e mudar o curso das coisas sem consideração séria. Seremos capazes de visualizar nossos objetivos, e a maneira como nos sentiremos quando os atingirmos poderá nos sustentar durante as atividades imediatas mais tediosas ou sem recompensas necessárias para chegar lá.

2. **Podemos nos motivar quando não temos recompensas externas para nos impulsionar.** Chame isso de energia, força de vontade, persistência, determinação, perseverança – o que quiser. Eu chamo isso de tanque de combustível da mente, pois ele gera o "combustível" interno ou o impulso que nos energiza em direção aos nossos objetivos. Embora eu e muitos outros neuropsicólogos pensemos nisso como uma função executiva separada (a sexta na minha lista), a combino com o autocontrole emo-

cional porque é o que ajuda a criar nossa automotivação. Portanto, a primeira é indispensável para a última. Ao controlarmos e até mesmo criarmos nossas emoções, dotamo-nos de motivação interna quando ninguém mais está nos proporcionando nenhum incentivo de fora. Mais uma vez, são as quatro funções executivas atuando *em conjunto* que nos permitem autorregular nossas emoções e, então, nos motivarmos para seguir em frente quando o caminho se torna difícil (ou tedioso). Digamos que você trabalhe como voluntário em uma organização dedicada a proteger o meio ambiente. Você faz vários telefonemas para pedir às pessoas que apoiem um esforço importante de reciclagem. Em pouco tempo, você fica extremamente desanimado diante de todas as rejeições que recebeu. Nesse caso, é preciso usar duas das funções executivas que já tem (imagem visual e autoconversa) para lembrá-lo de seus sucessos até agora, manter seu foco no objetivo fundamental e ser estimulado para continuar fazendo aqueles telefonemas. Se o vislumbre de seu sucesso e o potencial para atingir o objetivo não forem o bastante para fazê-lo pegar aquele telefone de novo, talvez esteja intencionalmente evocando imagens da destruição do planeta e usando a raiva que essas imagens estimulam para motivá-lo daí para frente.

3 **Podemos ter certeza de que expressamos a emoção de maneiras socialmente aceitáveis.** Isso é importantíssimo. Como esperamos que os adultos tenham essa função executiva, a sociedade reage muito negativamente a expressões extremas ou exageradas de emoção. Aceitamos o fato de que os bebês gritem diante do mais leve sofrimento emocional porque esse é um mecanismo de autopreservação, assim como entendemos perfeitamente quando crianças de 3 anos fazem birra quando não conseguem o doce que querem na confeitaria. Mas ficamos constrangidos e expressamos desaprovação diante de um adulto que irrompe em lágrimas ou grita de raiva em público por causa de uma pequena frustração, como ter de ficar em uma longa fila no supermercado, por exemplo.

4 **Temos uma sensação de controle sobre nós mesmos e especialmente sobre nossas reações emocionais aos eventos.** Quando desenvolvemos nossa capacidade de regular nossas emoções em prol dos nossos objetivos e nosso bem-estar a longo prazo, temos uma sensação de comando ou domínio de nossas reações impulsivas aos eventos que nos cercam. Não mais escravos de nossas paixões, nós, e não algum evento potencialmente provocativo, somos responsáveis pelo que decidiremos fazer em resposta ao que está acontecendo conosco. Não disparamos uma série de fogos de artifício em reação à sequência de eventos que ocorrem à nossa volta porque temos autodisciplina. Não somos totalmente controlados pelo fluxo de eventos acontecendo ao nosso redor, mas, em vez disso, podemos exercer controle sobre nossos sentimentos e nossas reações, bem como sobre os próprios eventos. Assumimos o controle de nossas vidas tendo o controle de nós mesmos. Isso nos torna menos intempestivos, imprevisíveis ou instáveis em nossas respostas aos eventos e a outras pessoas, e mais comedidos, estáveis e maduros, com uma nova sensação de liberdade em nossas interações. Há uma razão para usarmos as expressões "turbulência emocional" e "emocionalmente carregado" para capturar a perda de controle que podemos ter quando eventos emocionalmente poderosos desencadeiam fortes sentimentos em nós, e a desordem interna que podemos sentir quando não podemos dominar essas fortes reações aos acontecimentos. A emoção é tão poderosa que é como se ti-

vesse uma carga elétrica que é transferida para aqueles que nos cercam. Espera-se que a mantenhamos sob controle para não impormos nossos sentimentos às outras pessoas. Se formos capazes de controlar nossas próprias emoções, quando estamos com raiva, podemos "ir para nosso lugar feliz", usar imagens de experiências passadas positivas e conversar com nós mesmos até nos acalmarmos, antes de finalmente reagirmos a algum evento carregado de emoção. Reagir impulsivamente às nossas primeiras reações emocionais aos eventos raramente é uma boa ideia, se desejamos fazer ou manter amigos ou parceiros íntimos, que dirá um emprego.

> **Você usa imagens de experiências passadas positivas para "se acalmar" quando está zangado, ansioso ou estressado? As realizações das quais você se orgulha – seja subir uma montanha, terminar um relatório muito detalhado ou se relacionar com todo mundo em um casamento na família – podem deixar você calmo e motivado e são grandes candidatas para as imagens visuais. Quais são as suas?**
>
> _____
> _____
> _____
> _____

Colocando de maneira mais clara, essa função executiva nos permite:

- acalmar a nós mesmos quando estamos tendo reações emocionais extremas a um evento;
- empregar nossas próprias imagens e palavras mentais para nos distrair do estímulo poderoso que desencadeou nossos fortes sentimentos emocionais;
- considerar e implementar uma emoção alternativa, evocando imagens e palavras associadas a emoções mais positivas e relaxamento;
- escolher um tom ou reação emocional mais moderado que dê suporte em vez de prejudicar nossos próprios objetivos e bem-estar a longo prazo.

Isso é autocontrole emocional: nos ajudar a deter e moderar essas poderosas emoções automáticas e substituí-las por emoções mais maduras, socialmente aceitáveis e consistentes com nosso bem-estar a longo prazo.

Como o TDAH interfere na autorregulação da emoção

O autocontrole *emocional* é o que mais lhe escapa?

Suas reações emocionais aos eventos são tão impulsivas quanto o resto do seu comportamento e podem torná-lo um proscrito. Sem a capacidade de usar os freios, você não tem tempo para alterar suas reações emocionais iniciais. Sem as memórias de trabalho verbal e não verbal bem desenvolvidas, você tem menos capacidade para evocar as imagens visuais e para a autoconversa, as quais podem ajudá-lo a acalmar suas emoções.

> A primeira característica que os amigos de Jay usam para descrevê-lo é "cabeça quente". Todos eles já testemunharam constrangedoras demonstrações de raiva repentinas por parte de Jay diante da mais leve provocação, seja uma pizza entregue com a cobertura errada ou um estranho que lhe lançou "um olhar" (que ninguém mais viu). Seu gatilho emocional pronto para disparar tem lhe custado convites sociais, a confiança dos colegas de trabalho e muitas amizades.

Reações emocionais desproporcionais ao evento, muitas vezes, induzem a erro. Não estou me referindo a reações anormais, irracionais ou totalmente inapropriadas. Mas a emoção exagerada em desacordo com a situação – rir alto diante de um trocadilho leve feito baixinho em um funeral, chorar depois de uma pequena reprimenda – pode levar à rejeição social. Reações emocionais desproporcionais também podem tirá-lo de seu caminho. Sentir-se extremamente zangado devido a uma falha pouco importante no trabalho pode fazer você deixar um emprego absolutamente adequado para seus objetivos de carreira. Mergulhar no desespero pode paralisá-lo quando você realmente precisa continuar indo em frente. Ficar eufórico diante de um sucesso modesto pode convencê-lo de que atingiu seu clímax e você pode parar de tentar atingir um objetivo que realmente valorize.

> Vanessa estava tão empolgada por suas primeiras vendas que foi até a sala de seu chefe e anunciou que iria abrir sua própria companhia de vendas, e esperava que o chefe considerasse contratar sua nova firma para executar o trabalho de vendas da companhia. Sua excitação inicial é compreensível, mas sua exibição exagerada diante de seu chefe beira a grandiosidade.

Você acha difícil se animar para fazer o que precisa fazer. A emoção é definitivamente uma faca de dois gumes. Você quer manter a emoção exagerada e impulsiva sob controle, mas também quer ser capaz de colocar a emoção em jogo para se engajar e fazer as coisas. Você está mais sujeito à frustração, ao tédio e ao ressentimento do que os outros adultos. Essas tendências já dificultam que você persista nas tarefas. Acrescente as dificuldades que tem com a atenção e a concentração e fica ainda mais difícil concluir uma tarefa. É aqui que a emoção pode servi-lo muito bem. Se você conseguir controlar suas próprias emoções, pode usá-las para começar o trabalho ou manter seu nível geral de excitação para poder permanecer desperto, alerta e concentrado quando tiver objetivos a cumprir.

> **A emoção o domina mais em algumas situações do que em outras? Quais?**
>
> _____
>
> _____
>
> _____
>
> _____
>
> Estas são as situações em que você precisa decidir extrair toda a sua bagagem de autoconversa e truques de imagens visuais para se manter no controle.

PLANEJAMENTO E RESOLUÇÃO DE PROBLEMAS: USANDO O *PLAYGROUND* DA MENTE

Se conseguirmos manter as imagens e as palavras na mente, desenvolveremos um meio para manipulá-las. Podemos desmontá-las, movê-las de um lado para o outro e recombiná-las em novos arranjos ou novas sequências em nossas cabeças apenas para ver quais podem ser os resultados. É a nossa imaginação. E não é nenhuma surpresa que os seres humanos façam mais do que outras espécies. Este é fundamentalmente um jogo mental e se origina, acredito eu, no período da brincadeira manual e física pelo qual toda criança passa como um importante estágio do desenvolvimento inicial. A brincadeira consta simplesmente em separar as coisas e recombiná-las, apenas para ver o que acontece ou o que você conclui quando faz isso. Inicia com a manipulação manual dos objetos na infância e progride para a manipulação das imagens e até mesmo palavras em sua mente. O sonhar acordado, fantasia e jogo mental são a fonte da criatividade humana, da engenhosidade e da resolução de problemas em geral. Onde outras espécies podem apenas agir e, assim, sofrer por algum erro que cometerem, os humanos podem simular mentalmente uma variedade de possíveis opções para ações, testando cada uma em sua mente quanto às suas prováveis consequências e, idealmente, escolhendo a melhor. Onde outras espécies podem ser prejudicadas ou mesmo morrer devido aos seus erros, deixamos nossas ideias simuladas morrerem em nosso lugar. Da mesma forma, brincamos com as palavras quando crianças e depois, quando adultos, brincamos com combinações de palavras em nossas mentes. Essas duas formas de brincadeira, visual-espacial e verbal, levam a novas recombinações do material com o qual estamos brincando. A maioria dessas recombinações não vale nada. (Pense em algumas das ideias "loucas" que todos temos e depois descartamos quando tentamos sair de um difícil dilema: "Talvez esse policial não me multe se eu lhe disser que estava correndo demais porque minha esposa está no hospital prestes a dar à luz"...; "Se eu ficar acordado a noite toda, amanhã isso vai me proporcionar horas suficientes

> **Brincar é um treinamento para a inventividade na resolução de problemas do adulto.**

para escrever aquele relatório que já está atrasado"...; "Eu poderia simplesmente 'dar o bolo' nas duas mulheres com quem marquei de me encontrar no sábado, e, assim, nenhuma delas pensaria que eu preferi sair com outra pessoa.") Mas algumas são ideias ou maneiras de resolver problemas que conduzem a novas (e até excelentes) invenções ou inovações.

Como a capacidade de planejar e resolver problemas nos guia

1. **Auxilia a considerar todas as opções.** O planejamento envolve a capacidade de gerar múltiplas opções para reagir a um evento futuro. Quando nos tornamos conscientes de todas as maneiras possíveis de reagir, temos muito mais possibilidades de escolher a melhor. Pense no *brainstorming*.* Esta função executiva é a melhor maneira de se evitar o arrependimento posterior do "Por que não pensei nisso antes?".

2. **Auxilia a decidir sobre a melhor sequência de ações para atingir um objetivo.** Na forma do jogo mental que chamamos de planejamento, separamos e recombinamos as informações em nossa mente. Uma vez que obtemos uma lista abrangente de opções, podemos analisar os passos que cada uma pode envolver e, então, rearranjar esses passos para ver qual sequência será a melhor. Podemos, em sentido real, simular mentalmente essas várias consequências para ver como elas podem, de fato, se desenvolver antes de escolhermos uma que melhor atenda a nossos objetivos.

3. **A capacidade de manipular mentalmente as informações e brincar com elas em nossas mentes nos proporciona uma incrível capacidade para a criatividade e a inovação direcionadas para o objetivo.** Pensar a partir de uma nova perspectiva simplesmente não acontece sem o jogo mental que essa função executiva possibilita. É como o livre-arbítrio (veja o Capítulo 8) elevado ao cubo. Você não apenas decide o que fazer mas o faz de uma forma que pode não ter ocorrido a mais ninguém. A criatividade e a inovação podem significar um caminho mais rápido para onde queremos ir, menos esforço ou apenas um resultado melhor.

> Ironicamente, o planejamento que talvez você ache dolorosamente lento pode ajudá-lo a concluir um projeto muito mais rápido.

Como o TDAH interfere no planejamento e na resolução de problemas

Seus problemas com o autocontrole estão conectados a uma incapacidade de planejar e resolver problemas?

---

* N. de R.: Literalmente, "tempestade de ideias". Técnica utilizada para motivar o pensamento a respeito de ideias, independentemente de críticas ou restrições à imaginação.

Você não consegue pensar e agir rapidamente. Sim, eu sei: as pessoas costumam encarar sua tendência a reagir rapidamente como algo negativo. Mas pensar e agir rapidamente, nesse contexto, significa escolher um curso de ação adequado e rápido quando a necessidade surge de repente, como ocorre com tanta frequência na vida diária. Para você, não só é difícil manter centenas de informações na mente (devido a seus déficits na memória de trabalho) como também, sem a função executiva do planejamento e da resolução de problemas, não consegue manipular as informações rapidamente para planejar possíveis cursos de ação ou para resolver os problemas à sua maneira, contornando os obstáculos. Isso não significa que você não decida de forma rápida – você decide! Esse é o problema – você não contempla todas as opções possíveis antes de tomar essa rápida decisão.

> James desejava desesperadamente ser bombeiro. Mas, quando começou o treinamento preliminar, imediatamente ficou claro que ele não conseguiria tomar as decisões rápidas necessárias para salvar um prédio ou seus habitantes.

Você não consegue ser ou permanecer organizado. Mesmo quando as circunstâncias não requerem uma decisão imediata, você tem dificuldade para manter os materiais e os dados organizados. Isso vale para tudo, desde a documentação para a sua declaração de imposto de renda até seus arquivos no trabalho ou os registros médicos de seu filho diabético. Se você não consegue fazer o jogo mental, é difícil imaginar o tabuleiro do jogo quando precisa fazer seus movimentos.

> A cada dois anos, Marta decidia reorganizar os arquivos financeiros pessoais de sua família, porque ela "nunca conseguia encontrar nada". Ela tirava tudo das gavetas e começava a tentar criar seu próprio sistema. Mas, invariavelmente, ela logo se perdia em meio à papelada, e, quando seu marido, Guillaume, chegava em casa, encontrava arquivos e documentos espalhados por toda parte.

Colocar as ideias na ordem correta é um grande desafio para você. Mantenha em mente que, quando você desmonta algo, deve montá-lo em uma determinada ordem para que as coisas funcionem corretamente ou façam sentido. Isso significa que parte do processo que ocorre nesse módulo da função executiva envolve reunir ideias em sua ordem correta para que elas funcionem como o pretendido, a fim de resolver o problema ou fazer sentido na realidade. Raciocinar, resolver problemas, planejar, explicar, escrever e qualquer outra maneira de comunicar suas ideias rapidamente e em uma sequência lógica – todas essas são tarefas difíceis para você.

Escrever e fazer apresentações de treinamento era quase impossível para Luís. Esse déficit estava realmente atrasando sua carreira, até que seu chefe percebeu, em um seminário, a maneira positiva como os participantes reagiram pessoalmente a Luís. Graças a um supervisor criterioso, as apresentações em seminários foram reformuladas para que um colega apresentasse as etapas de instrução e Luís cuidasse das anotações e do material inspirador. Assim, os seminários tornaram-se mais bem-sucedidos do que nunca.

> **Habilidades de planejamento e resolução de problemas são fundamentais para muitos empreendimentos da vida adulta. Os déficits nessas áreas podem fazer você se sentir inadequado se não lembrar a si mesmo que o problema não é o seu nível de inteligência, mas a interferência do TDAH. Quais sentimentos de inadequação você consegue ver agora como resultado indesejado do TDAH?**
>
> _____
> _____
> _____
> _____

As sete funções executivas que estimulam o autocontrole

- O espelho da mente (autoconsciência)
- Os freios da mente (inibição)
- O olho da mente (memória de trabalho não verbal)
- A voz da mente (memória de trabalho verbal)
- O coração da mente (autocontrole emocional)
- O tanque de combustível da mente (automotivação)
- O *playground* da mente (planejamento e resolução de problemas)

CAPÍTULO 10

A NATUREZA DO TDAH E COMO VOCÊ PODE CONTROLÁ-LO

Espero que agora você possa ver que o TDAH em adultos não é apenas um problema trivial relacionado à atenção! Ao contrário, é um problema de longo alcance, que afeta as habilidades humanas mais importantes: é uma condição que o priva da capacidade de ignorar impulsos. É um déficit no funcionamento executivo do cérebro que dificulta a regulação e a organização do seu comportamento ao longo do tempo para melhor prepará-lo para o futuro.

> Qualquer pessoa que lhe diga que tudo o que você precisa é ter força de vontade e prestar atenção deveria ler o Segundo Passo deste livro.

MÍOPE EM RELAÇÃO AO FUTURO

Colocando a situação de um modo simples, você e outros adultos com TDAH são cegos – ou pelo menos míopes – em relação ao tempo. Não lhe falta conhecimento ou habilidade. Seus problemas estão nos mecanismos executivos que captam o que você já sabe e as habilidades que já possui para aplicá-los a um comportamento mais eficaz em relação às outras pessoas e ao futuro. Em certo sentido, seu intelecto (conhecimento) foi desconectado de suas ações diárias (desempenho). Você pode saber como agir, mas não age dessa maneira quando está em ambientes sociais em que essas ações o beneficiariam.

Sua falta de percepção do tempo tem efeitos debilitantes, até mesmo dolorosos. Você provavelmente não se prepara para os eventos previsíveis até eles estarem praticamente sobre você – e, às vezes, nem assim. Esse padrão é uma receita para uma vida de caos e crise. Você desperdiça suas energias lidando

> O TDAH é um transtorno de desempenho – de fazer o que você sabe, e não de saber o que fazer.

com as emergências ou as urgências do momento imediato, quando uma pequena previsão e planejamento poderiam ter aliviado a carga e provavelmente evitado a crise.

> Você não *escolhe* pular o planejamento ou evitar a previsão. Sua situação difícil não é culpa sua.

LIDANDO COM SEU TDAH: VISÃO AMPLA

Esta descrição do TDAH mostra que as estratégias e as ferramentas que mais podem auxiliá-lo serão aquelas que o ajudarão a *fazer o que você sabe*.

- Os tratamentos para TDAH serão mais úteis quando o ajudarem a fazer o que você sabe no momento do seu desempenho nos ambientes naturais em que conduz sua vida diária. Esse momento é o lugar e o tempo na sua vida em que podem estar ocorrendo problemas porque você não para e pensa antes de agir e, assim, não permite que o que sabe seja ativado, se apresente e ajude a orientar suas escolhas.
- Quanto mais distante no espaço e no tempo um tratamento estiver desse ponto, menor será a probabilidade de ajudá-lo.
- A ajuda em relação ao tempo, ao *timing* e ao ritmo do comportamento é fundamental. Isso significa modificar seu ambiente para ajudá-lo a fazer o que você deve fazer quando precisar. Também significa ter suas ferramentas de apoio em mãos.

ADAPTE A SOLUÇÃO AO PROBLEMA ESPECÍFICO

Nos Capítulos 7 a 9 foram apresentados sete tipos de autocontrole com os quais você pode ter dificuldade em diferentes graus. Todas as diretrizes a seguir para o planejamento de tratamentos, estratégias, ferramentas e métodos de enfrentamento eficazes podem ajudá-lo a lidar com os déficits nas funções executivas. Entretanto, ao escolher suas próprias ferramentas de apoio ou adaptações, é preciso prestar atenção, sobretudo, àquelas voltadas aos déficits com os quais você mais se identificou.

Implemente formas de ter mais consciência sobre as suas ações e inibi-las ou adaptá-las conforme necessário. Abordar as deficiências na autoconsciência causadas pelo TDAH não é uma tarefa fácil. Com crianças, assistir repetidamente a um vídeo feito com celular que mostre o comportamento da criança enquanto faz o dever de casa, brinca com outras crianças ou se envolve em alguma outra atividade provou ser útil para crianças com TDAH e até mesmo com transtorno do espectro autista (TEA). Mas é improvável que isso funcione para adultos. Contudo, outra coisa que fazemos para as crianças pode ser adaptável: o planejamento da transição. Antes de uma criança se envolver em uma nova atividade ou entrar em uma nova situação social, um dos pais ou o professor interrompe a criança, revisa as regras da situação iminente com ela, faz com que a criança a repita e, então, analisa quais consequências se seguirão ao obedecer, ou não, às regras.

Você pode recrutar um membro da família ou seu parceiro para fazer algo similar, perguntando de forma sutil antes de uma situação importante como você gostaria de agir e sair dessa nova situação. Seu parceiro pode até mesmo lhe oferecer gentilmente algumas dicas adicionais para atingir esses resultados. Vocês também podem combinar algum tipo de sinal não verbal ou uma palavra que apenas vocês saibam que seja um sinal para parar, ter consciência do que você está fazendo, verificar como as outras pessoas têm reagido a você e adaptar seu comportamento adequadamente. Por exemplo, se meu tom de voz ficasse muito alto nos jantares (um problema comum para mim), minha esposa me fazia um sinal sutil (colocando levemente seu dedo indicador sobre os lábios se eu estivesse olhando para ela, gentilmente chutando minha canela sob a mesa ou mesmo me cutucando com o cotovelo), o que, em geral, seria suficiente para que eu rapidamente suavizasse meu tom de voz. Você poderia fazer o mesmo em situações como essa.

Da mesma forma, você pode perguntar a um colega ou supervisor amigável se vocês podem se encontrar algumas vezes por dia para discutir seus objetivos e revisar seu progresso em direção a eles. É mais provável que nos comportemos melhor, progridamos em nosso trabalho e até mesmo melhoremos em outros programas de mudança pessoal (exercícios, perder peso, parar de fumar e similares), se passarmos a responsabilidade para que uma pessoa de confiança faça isso.

Externalize as informações que normalmente são mantidas na mente. Isso significa simplesmente colocar peças-chave de informação sob alguma forma física e inseri-las onde o problema existe no momento, para que você possa vê-las imediatamente quando estiver nessa situação. Pare de tentar usar tanto as informações mentais e as apoie em alguns auxílios ou dicas visuais.

Se seu chefe ou outra pessoa lhe passou uma série de instruções para executar algo nos próximos dias, pare de tentar manter a tarefa em sua cabeça a toda hora e se lembrar disso durante esse período de tempo. Isso não funciona com o TDAH. Em vez disso, sempre carregue no bolso um pequeno caderno e uma caneta ou seu telefone celular e anote a tarefa imediatamente, quaisquer instruções dadas para que ela seja realizada e o prazo para sua conclusão. Então, durante os próximos dias, coloque o que escreveu em sua frente, no local onde o trabalho deverá ser feito, para que funcione como sua memória de trabalho externa – seu lembrete para realizá-lo. Se você for interessado em tecnologia, pense nisso como se estivesse fazendo o *download* das demandas na sua memória de trabalho mental em algum outro dispositivo de armazenamento – nesse caso, papel ou seu telefone celular. Você pode, inclusive, fragmentar esse plano em etapas menores e inseri-las em seu planejador diário ou sua lista de coisas a fazer como objetivos para cada hora do dia e para as horas anteriores ao cumprimento do prazo. O importante aqui não é a técnica específica ou o dispositivo externo de armazenamento, mas o princípio que está por trás dela!

> Ferramentas para ter à mão: um pequeno caderno de anotações e uma caneta.

Torne o tempo físico. O TDAH faz com que você se concentre principalmente no momento, tirando seu foco dos sinais e da percepção interna de que o tempo está passando. Use cronômetros de cozinha, relógios, computadores, calendários, celulares, *tablets* e quaisquer outros dispositivos que possam fragmentar o tempo em horas e

programe alarmes para marcar determinados períodos. Quanto mais externa você tornar a passagem do tempo e estruturá-lo com lembretes físicos periódicos, maior será a probabilidade de administrar bem o seu tempo.

Use incentivos externos. Providencie tipos externos frequentes de motivação para auxiliá-lo durante qualquer trabalho. Por exemplo, divida seu projeto em etapas menores e dê a si mesmo uma pequena recompensa por completar cada hora ou meia hora de trabalho cumprido. As "próteses" motivacionais são quase essenciais para você concluir projetos, atribuições, planos pessoais ou compromissos sociais de longo prazo. A recompensa pode ser, por exemplo, beber uma pequena xícara de café, chá ou um refrigerante para voltar à sua área de trabalho, verificar rapidamente na internet a posição de seu time esportivo no campeonato, ouvir uma música curta ou até dar a si mesmo um símbolo: providencie pequenas recompensas para a realização de cotas de trabalho menores, em vez de esperar até todo o trabalho estar pronto.

> Ferramentas a serem utilizadas – quaisquer das seguintes: cronômetro de cozinha. Lembretes de compromissos no computador. Alarmes no telefone celular. Planejadores diários e calendários que fragmentem em horas.

> Recompensas a serem consideradas: café, chá, refrigerante. Verificar na internet a posição do seu time de futebol. Ouvir uma música curta. Qualquer símbolo pequeno (uma bala, um biscoito).

Normalize os déficits neurológicos básicos no sistema executivo do cérebro. Até o momento, o único tratamento que mostra qualquer esperança de atingir esse objetivo é o medicamento. Os medicamentos para TDAH (veja o Terceiro Passo), como os estimulantes ou os não estimulantes atomoxetina ou guanfacina, podem melhorar ou até mesmo normalizar os substratos neurológicos nas regiões executivas do cérebro, que provavelmente são a base desse transtorno e suas redes relacionadas. Os medicamentos não revertem esses déficits permanentemente, mas têm efeito positivo significativo enquanto permanecem em seu sistema.

> Cuidado: navegar na internet para verificar algumas coisas, como o placar de uma partida de futebol, por exemplo, pode conduzir a olhar até 67 coisas diferentes. Por isso é tão importante conhecer seu próprio TDAH: essa recompensa pode não ser a adequada para você!

Substitua as distrações por dicas físicas para se concentrar na tarefa imediata. Use quaisquer lembretes físicos que mantenham sua mente concentrada na tarefa e nos objetivos imediatos.

Externalize suas regras. Transforme as regras em listas físicas. Coloque cartazes, listas, quadros e outras ferramentas de ajuda no ambiente apropriado – escola, trabalho ou ambiente social – e consulte-os frequentemente enquanto estiver nessas situações. Você pode até conversar consigo mesmo em voz baixa e, assim, expressar essas regras antes e enquanto estiver nessas situações. Você também pode usar um dispositivo para gravar e ouvir esses lembretes (usando fones de ouvido para evitar distrair os outros!).

> Não há evidência científica para a eficácia da intervenção fora dos pontos de desempenho em sua vida em que ocorrem seus principais problemas. Evite psicoterapia ou terapia pela fala ou orientada para *insight*, psicanálise, terapia de grupo semanal concentrada na queixa, etc.

Divida qualquer tarefa que inclua grandes intervalos de tempo em blocos menores e menos espaçados. Por exemplo, em vez de abordar integralmente um projeto que deve ser feito durante o próximo mês, fragmente-o em etapas muito menores e dê um passo por dia até o objetivo final. Dessa maneira, cada passo não parece tão opressivo, e você pode permanecer motivado usando *feedback* imediato e incentivos para concluir cada etapa.

> Sugestões de reforçadores: cartazes. Listas. Bilhetes. Sinais. Marcadores adesivos.

Permaneça flexível e esteja preparado para mudar seu plano. Do mesmo modo que acontece com uma doença crônica, como diabetes, um plano de tratamento é composto de muitas intervenções que proporcionam alívio dos sintomas. No entanto, com o tempo, modificações dos sintomas e das crises podem ocorrer periodicamente. Não tenha medo de mudar o rumo – peça ajuda para fazer isso sempre que precisar – e busque novas maneiras para compensar os déficits que o TDAH lhe impõe. É só o que você merece.

> Nunca pare de buscar maneiras de compensar seu desempenho. Você nunca sabe tudo, então tente se lembrar de não ficar confiante demais quando começar a fazer progressos ao trabalhar com o seu TDAH.

> Você encontrará todas essas diretrizes novamente, na forma de regras para o sucesso cotidiano, no Quarto Passo, assim como aplicações para determinadas áreas de sua vida no Quinto Passo. Quanto mais internalizá-las, mais efetivamente assumirá o controle do seu TDAH.

Com essas ideias importantes em mente, agora você está pronto para controlar seu TDAH. Nunca se esqueça de que, com a assistência adequada – incluindo informação, terapia, medicamento, estratégias comportamentais, trabalho árduo, proteção e apoio da família e dos amigos –, você pode realizar melhorias importantes e possivelmente substanciais em sua vida.

CAPÍTULO 11

ASSUMA O SEU TDAH

Agora, você conhece o seu TDAH. Está pronto para assumi-lo?

Ser capaz de se identificar com os sintomas, as deficiências e os prejuízos sobre os quais você leu até agora pode facilitar a aceitação de ter TDAH. Você pode até mesmo desenvolver senso de humor sobre isso, mas não significa que esse processo não vá requerer tempo. Muitas pessoas precisam se adaptar à ideia de que têm essa condição e que ela não vai desaparecer. Você está tendo algumas dessas reações?

- Está negando o fato de ter TDAH? A negação inicial não é incomum, mas ficar paralisado na negação é geralmente resultado de ter sido coagido a buscar avaliação.
- Está sentindo uma sensação de profundo alívio? Por fim, saber o que você tem e como isso é responsável por suas lutas ao longo da vida pode aliviar muito a autoculpa e permitir que você pare de vasculhar o passado e encare o futuro.
- No início, você se sentiu desmoralizado ou deprimido? É perfeitamente natural se sentir triste por ter uma condição crônica e incurável. Mas saber quanta ajuda há disponível é um grande antídoto.
- Sente-se irritado e frustrado? É possível que você se sinta dessa maneira por várias razões, especialmente se tiver recebido diagnósticos inexatos por anos. O ressentimento em relação a todo esse tempo desperdiçado e a todas as lutas desnecessárias é natural. O antídoto é obter a ajuda que você merece, agora que sabe o que está errado.
- Está triste *e* zangado? Se o TDAH tem prejudicado sua vida de maneira irreparável, você pode alternar entre essas emoções. Você pode ter de lidar com essas reações, possivelmente com a ajuda de um terapeuta, a fim de liberar suas energias para melhorar o futuro.

> É difícil superar o sofrimento de relacionamentos, empregos, educação e bem-estar geral prejudicados como resultado do TDAH não tratado.

> **Seu futuro não precisa se parecer com seu passado.**

Felizmente, seu futuro não precisa se parecer com seu passado. Se você está sentindo uma grande tristeza, especialmente se ela parece ser persistente, algumas sessões de terapia com um profissional podem ajudá-lo a entender, a expressar e a resolver essas reações. Desse modo, haverá uma excelente chance de elas serem substituídas por aceitação e esperança. Ainda precisa de alguma ajuda para assumir seu TDAH? Então, dê uma olhada na palestra TED: "Failing at Normal" (*www.youtube.com/watch?v=JiwZQNYIGQI*), o vídeo no YouTube de Jessica McCabe and Rick Green Get Real sobre TDAH (*https://www.youtube.com/watch?v=JiwZQNYlGQI*, em inglês), no qual McCabe e o comediante canadense Rick Green fazem uma abordagem bem-humorada da superação do seu TDAH enquanto transmitem ideias importantes de como aceitá-lo e lidar com ele. Você encontra mais vídeos de Jessica McCabe em seu canal no YouTube, *How to ADHD*.

UMA EXPLICAÇÃO, NÃO UMA DESCULPA

Você não é vítima. O TDAH não é uma deficiência irreparável. O fato de estar lendo este livro mostra que você está buscando respostas, não desculpas. No entanto, algumas pessoas à sua volta podem estar inclinadas a vê-lo como um indivíduo menos capaz por ter essa condição, e podem acreditar que não há problema em não o responsabilizar por suas ações, agora que tem um diagnóstico oficial. Tenho certeza de que você não quer mais ser tratado dessa maneira, assim como alguém que está em uma cadeira de rodas não gostaria. Seu esforço daqui para frente não é para desculpá-lo das tarefas dificultadas pelo TDAH, mas para buscar para o transtorno o equivalente às rampas para cadeiras de rodas em um prédio – fazendo adaptações no seu ambiente físico para que seja menos prejudicado pelo seu TDAH em vários ambientes. As rampas não corrigem um transtorno, mas reduzem ou eliminam os prejuízos ou as consequências negativas que podem decorrer a partir desse transtorno. Encontre essas rampas sempre que puder e incorpore-as à sua vida. A alternativa é ficar andando em círculos e voltar para casa derrotado.

Não só você não deve ser desculpado pelas consequências imediatas ou futuras de suas ações mas também deve realmente agir para reforçar essa responsabilidade, tornando as consequências mais frequentes, imediatas e aparentes. Você será mais bem-sucedido quando assumir a responsabilidade de seus planos, seus objetivos e suas ações ao longo do dia, para receber *feedback* com mais frequência.

Então, não invente (nem aceite) desculpas! Assuma o seu TDAH e as suas consequências, e, então, procure minimizar ou eliminar esses atrasos desastrosos na vida que o impedem de ser tão eficiente, produtivo e bem-sucedido quanto às pessoas que não têm TDAH. Encontre suas rampas ou as construa, quando necessário, mas não abandone seus planos e seus objetivos.

TER TDAH NÃO É CULPA SUA... MAS ACEITÁ-LO É SUA RESPONSABILIDADE

Sabemos que você provavelmente veio a ter TDAH devido a uma combinação de fatores biológicos e genéticos, como mostra o resumo a seguir. Também estamos muito próximos de concluir inequivocamente que o TDAH não pode surgir, e não surge, apenas de fatores puramente sociais, como criação dos filhos, conflitos familiares, dificuldades conjugais, ligação insegura com o bebê, televisão ou *videogames*, ou outro "tempo de tela", o ritmo da vida moderna ou interações com os parceiros.

A boa notícia é que isso significa que o fato de ter TDAH não pode ser culpa sua. A notícia não tão boa é que esse transtorno não tem cura. Você não pode se livrar dessa condição mudando a sua dieta ou o seu ambiente, assim como não pode alterar qualquer fator em sua vida na esperança de proteger seus filhos de terem TDAH. No entanto, você pode reduzir drasticamente os efeitos do TDAH em sua vida. Siga o Terceiro Passo (medicamento) e verá que é possível melhorar de maneira significativa seus problemas neurológicos básicos. Depois, siga o Quarto Passo e descubra o que mais pode fazer para mudar sua vida para melhor.

O QUE A PESQUISA MOSTRA SOBRE AS CAUSAS DO TDAH

- Estudos de gêmeos e de famílias têm deixado bastante claro que os fatores genéticos (hereditariedade) são as principais causas do TDAH. Se uma criança tem TDAH, um entre três irmãos também terá TDAH. Um estudo realizado na Universidade da Califórnia, de Los Angeles (UCLA), examinou 256 pais de filhos com TDAH e descobriu que 55% dessas famílias tinham pelo menos um dos pais afetados pelo transtorno.
- Uma variação estimada de 75 a 80% na gravidade dos traços do TDAH é o resultado de fatores genéticos, e alguns estudos colocam esse dado em mais de 90% – mais alto do que a contribuição genética para traços de personalidade, inteligência ou outros transtornos mentais, como ansiedade e depressão, e quase o mesmo que a contribuição genética para diferenças individuais na altura.
- Diversos estudos recentes escanearam todo o genoma humano em busca de genes que portam o risco de TDAH. Doze demonstraram ter associação robusta ou confiável com risco de TDAH, e outros estudos indicam que pelo menos 10 a 15 ou mais locais nos cromossomos provavelmente estão associados ao TDAH. Assim, é provável que esse transtorno decorra da combinação de múltiplos genes de risco, cada um contribuindo com uma pequena probabilidade de risco para o transtorno. Quanto mais genes de risco você herdar, maior o número e a severidade dos sintomas de TDAH e, portanto, maior a probabilidade de você ser prejudicado pelo transtorno e ser diagnosticado com ele.
- Um número muito pequeno de casos é causado por lesão neurológica no desenvolvimento inicial (muitas vezes, no pré-natal), como exposição ao álcool durante a gravidez, parto prematuro (especialmente com hemorragia cerebral menor), envenenamento precoce com chumbo, acidente vascular cerebral (AVC) e traumatismo craniencefálico (TCE), para citar apenas alguns.
- Os lobos frontais, os gânglios basais, o cerebelo e o córtex cingulado anterior são 3 a 5% menores, substancialmente menos ativos e com funcionamento com maior grau de variabilidade em pessoas com TDAH do que em outras da mesma idade.
- Estudos mostram que os cérebros de pessoas com TDAH reagem mais lentamente aos eventos do que os cérebros daquelas sem TDAH. As pessoas com TDAH têm menos fluxo sanguíneo para a região frontal direita do cérebro do que aquelas que não têm o transtorno, e a gravidade dos sintomas aumenta quanto mais reduzido for o fluxo sanguíneo.

> **O QUE A PESQUISA DIZ SOBRE OS MITOS POPULARES RELACIONADOS ÀS CAUSAS DO TDAH**
>
> - As evidências disponíveis sugerem que o açúcar não desempenha nenhum papel no transtorno, e que menos de 1 em 20 crianças em idade pré-escolar com TDAH pode ter seus sintomas agravados por aditivos e conservantes e, mesmo assim, apenas por corantes alimentares, não por outros tipos de aditivos.
> - Não existe nenhuma evidência contundente apoiando a afirmação de que o TDAH seja resultado de assistir demais à televisão, brincar muito com *videogames* quando criança ou passar muito tempo diante de telas, embora as pessoas que crescem com o transtorno tenham mais chances de ser mais propensas a assistir à televisão, a jogar *videogames* ou usar mídias visuais devido à sua qualidade altamente reforçadora. De fato, 15 a 20% dos adolescentes e dos jovens adultos com TDAH podem se enquadrar no diagnóstico de uma adição a *videogames* ou à internet.
> - Surgiram poucas evidências de que as práticas de criação dos filhos podem causar TDAH. Não há dúvida de que as famílias com filhos que têm TDAH apresentam mais conflitos e estresse do que as outras famílias. No entanto, os pesquisadores descobriram que isso se deve, em grande parte, ao impacto do TDAH da criança na perturbação do funcionamento familiar e, ainda, à probabilidade de um dos pais também ter o transtorno.

Moldar seu ambiente vai ajudá-lo a controlar seu TDAH

O Quarto e o Quinto Passos dissertam, em grande parte, sobre o uso de estratégias para ajudá-lo a compensar os sintomas que o medicamento não consegue dissipar totalmente. Mas o que eles realmente fazem é ajudá-lo a ajustar seu ambiente para torná-lo mais funcional para você. Como um adulto com TDAH, é provável que você sinta como se tivesse sido atingido por um golpe duplo: seus sintomas tornam as tarefas rotineiras (pelo menos) duas vezes mais difíceis para você do que para os outros adultos, e o mundo não parece muito inclinado a se moldar às suas necessidades. Como dito anteriormente, você pode neutralizar significativamente o primeiro golpe com medicamento (Terceiro Passo). Quanto ao segundo golpe, não, pois o mundo não vai se reformular para servir aos seus propósitos. Mas há muito que você pode fazer para controlar os ambientes em que vive, a fim de que eles *realmente* atendam às suas necessidades.

Escolha atuar em ambientes em que há mais oportunidades de sucesso.

- Você não consegue lidar com um trabalho burocrático e com um processamento de grandes quantidades de dados? Procure empregos que capitalizem sua personalidade, sua energia física ou sua natureza gregária, como vendas ou artes cênicas.
- Considere tornar-se um empreendedor dentro da sua empresa ou um trabalhador autônomo. Em empreendimentos criativos, você pode satisfazer sua propensão para

ideias novas e rebuscadas. Algumas das suas ideias podem levar a inovações lucrativas para seu empregador ou para sua própria empresa.
- Você ama o mundo da literatura ou da medicina, mas não consegue lidar com os detalhes? Encontre um departamento que enfatize viagens e encontros. Adote estratégias no local de trabalho que o ajudem a enfrentar o trabalho pesado que você não pode evitar. Veja se consegue contratar um assistente administrativo que possa lidar com a papelada e outras tarefas entediantes, porém necessárias, que fazem parte da sua profissão. Recrute um mentor entre seus supervisores que lhe auxilie a criar métodos menos convencionais para atingir os objetivos da empresa.

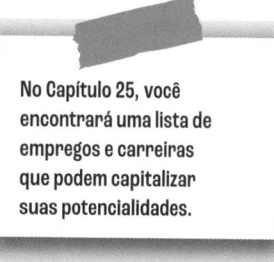

> No Capítulo 25, você encontrará uma lista de empregos e carreiras que podem capitalizar suas potencialidades.

Estes são apenas alguns exemplos das inúmeras maneiras de você criar um ambiente cotidiano amigável.

Aproxime-se de pessoas que o ajudem a valorizar seus pontos fortes e apoiem seus esforços para compensar seus pontos fracos.

- Seus companheiros do time de beisebol podem ser as pessoas mais divertidas que você conhece, mas, se você for sempre o último a sair das "cervejadas" depois do jogo, talvez possa pedir que um companheiro do time o alerte quando você tiver atingido sua cota de cervejas.
- Se os membros de sua família de origem sempre esperam o pior de você, distancie-se deles por algum tempo, e depois retorne às reuniões familiares quando tiver um histórico que prove que é o adulto confiável que o Quarto e o Quinto Passos podem ajudá-lo a ser.

Encontre os melhores recursos disponíveis para pessoas com TDAH e *utilize-os*, repetidamente, e cada vez mais.

- Ao longo de todo este livro, vou orientá-lo para tratamentos comprovados, cientificamente testados, e para fontes de ajuda profissional. Há mais recursos disponíveis para o TDAH do que para quase qualquer outra condição de saúde mental que afeta os adultos.
- Você acha que outra pessoa está sempre lhe dizendo o que é verdade e o que não é? O que é certo e o que é errado para você? O que você deveria fazer e o que deveria evitar? Você pode ficar tão bem informado quanto gostaria. Nas páginas a seguir, você encontrará dicas e recursos para filtrar tudo o que lê e ouve sobre o TDAH para chegar à verdade. E a verdade realmente pode libertá-lo.

UM GUIA DO CONSUMIDOR PARA O TDAH

Espero que a leitura sobre a natureza do TDAH, no Segundo Passo, tenha feito você pensar não apenas sobre os seus sintomas específicos e sobre os prejuízos que eles têm causado mas também sobre quem você é, independentemente do TDAH: não apenas sua mistura de sintomas e prejuízos mas sua personalidade, suas habilidades intelectuais, seus atributos físicos, seus talentos, seus ambientes pessoais e de trabalho, e os recursos que estão disponíveis para você. Então, você será capaz de obter todas as informações gerais sobre o TDAH que está aprendendo neste livro e adaptá-las como uma embalagem moldável às suas circunstâncias de vida particulares.

Tire proveito das informações que vêm de fora...

Ler este livro é um ótimo ponto de partida para você se educar sobre o TDAH, mas não deve ser o fim. As informações disponíveis sobre o TDAH em adultos poderiam preencher muitos livros. Por isso, leia muito, ouça especialistas (e converse com todos os que puder), faça perguntas, visite os *sites* mais informativos, acompanhe aqueles que mais o interessam e reúna o máximo de informações sobre o TDAH que tiver tempo para encontrar. A verdade é um conjunto de dados, e não vem de um livro, de uma fonte, de um especialista, de um guru ou *site*. Quanto mais amplamente você buscar as informações, mais será capaz de distinguir aquelas que são confiáveis e as fontes seguras das que são superficiais, sensacionalistas, não fundamentadas ou totalmente falsas.

... mas faça isso com algum ceticismo

Certamente, não preciso lhe dizer para ser cético. As controvérsias que envolvem o TDAH e as afirmações e críticas de pessoas desinformadas provavelmente o deixaram preparado para duvidar de qualquer coisa. Ótimo! Essa tendência vai lhe servir bem enquanto estiver buscando conhecimento. Questione o material, procure ou busque as evidências que estão por trás das afirmações e, principalmente, desafie as declarações sobre o tratamento que parecem boas demais para ser verdade (geralmente são). Ao buscar as evidências que estão por trás da declaração – por exemplo, usando o Google Scholar para navegar por publicações científicas –, você não apenas avalia a veracidade da informação que está consumindo como também amplia sua base de conhecimentos sobre o TDAH e os tópicos relacionados a ele. Decida por si mesmo o que faz sentido, o que parece ser consenso entre os especialistas clínicos e científicos dedicados ao estudo desse transtorno, o que

> Quanto mais informações você buscar, mais fácil será identificar a verdade.

As fontes das atualizações contínuas sobre o TDAH em adultos incluem:

Os recursos no final deste livro: comece com poucos livros, assista a alguns documentários, e depois avance, se assim desejar, para os milhares de artigos de revistas publicados, os quais você encontra utilizando o recurso Google Scholar para pesquisar publicações científicas, ou acesse as configurações desse navegador e inscreva-se para receber *e-mails* semanais com uma lista dos mais recentes artigos publicados naquela semana e seus *links*.

Palestras disponíveis na internet: muitos departamentos universitários de psiquiatria ou psicologia clínica disponibilizam em seus *sites* alguns ou todos os seus seminários semanais (denominados "grandes rodadas", do inglês *grand rounds*). Além disso, o YouTube oferece várias das minhas palestras sobre o TDAH que foram disponibilizadas pelas conferências, hospitais ou universidades em que estive.

Sites de organizações sem fins lucrativos dedicadas ao TDAH: listados nos Recursos, ao final deste livro.

O profissional que o diagnosticou: pergunte quais programas e materiais de educação médica continuada ele utiliza para se manter atualizado sobre o TDAH em adultos e onde eles podem ser obtidos.

outros adultos com TDAH descobriram ser importante para eles e o que se aplica mais adequadamente ao *seu* TDAH.

> **?** Como posso saber quando uma afirmação é baseada em evidências científicas reais?

As declarações sobre tratamentos, causas e outros aspectos do TDAH (ou qualquer outra condição) podem parecer autênticas, ainda que sejam totalmente infundadas. A seguir, veja algumas dicas para verificar se as informações são confiáveis.

Verifique

- **A fonte visa ao lucro?** Se a informação estiver ligada a um produto ou serviço que esteja à venda, pense nela como mais uma abordagem de venda do que uma mensagem de utilidade pública. Além dos anúncios de empresas farmacêuticas, isso também pode se aplicar a qualquer propaganda sobre aparelhos ou outros métodos que aleguem melhorar drasticamente ou curar o TDAH, como neurofeedback, suplementos de ômega 3 ou 6, estimulação magnética transcraniana e, especialmente, aplicativos de reabilitação cognitiva e jogos que você utiliza para supostamente melhorar uma ou mais das funções executivas (como a memória de trabalho).
- **A fonte tem agenda social, política ou de outro tipo?** Verifique a declaração de sua missão no *site* e faça uma busca na internet sobre a organização para descobrir o que outras pessoas têm a dizer – muitas vezes, é a melhor maneira de revelar uma agenda oculta. Por exemplo, muitas pessoas não se dão conta de que a Citizens Commission on Human Rights (CCHR) e seu *site* são um braço de ativismo político da Igreja da Cientologia. Ter uma agenda não significa que a informação da fonte não seja confiável; significa apenas que, em geral, sua mensagem pode não ser objetiva.
- **Qual é o tamanho, o escopo e o histórico da fonte?** Uma grande organização nacional ou internacional que existe há anos é geralmente mais confiável do que algumas menores, mais limitadas e mais recentes, porque um registro de informações confiáveis reúne seguidores leais entre setores da população – e também financiamento.

> **Algumas organizações importantes que sempre são boas fontes de informação**
>
> - Children and Adults with Attention-Deficit/Hyperactivity Disorder (CHADD): chadd.org
> - Attention Deficit Disorder Association (ADDA): add.org
> - ADD Resources: addresources.org
> - ADD WareHouse: addwarehouse.com
> - World Federation of ADHD: adhd-federation.org
> - ADDConsults: addconsults.com
> - Learning Disabilities Association of America (LDA): ldaamerica.org
> - National Attention Deficit Disorder Information and Support Service (ADDISS), Grã-Bretanha: addiss.co.uk
> - Canadian ADHD Resource Alliance: caddra.ca
> - Centre for ADHD Awareness, Canada (CADDAC): caddac.ca
> - Associação Brasileira do Déficit de Atenção (ABDA): tdah.org.br

- **A fonte está associada a um centro de pesquisa científica?** Fontes como o National Institute of Mental Health (NIMH) e importantes universidades de pesquisa não estão apenas divulgando evidências científicas; estão reunindo essas evidências. Isso as torna fonte *fundamental* de informações, o que significa que os dados não estão sujeitos a erros ou vieses, ou são extraídos do contexto por fontes *secundárias* e mais distantes que os adotaram para seus próprios propósitos (ainda que bem-intencionados).

> Não se esqueça de instruir qualquer pessoa que estiver em posição de ajudá-lo – o cônjuge, a família, os amigos. Uma base de conhecimento comum pode ajudar todos vocês a lidar mais efetivamente com o transtorno e a estabelecer objetivos e expectativas realistas.

Para encontrar informações confiáveis e atualizadas sobre os melhores tratamentos possíveis, pesquise na internet por **consensos ou diretrizes**, promulgadas por grandes e respeitadas associações, como a World Federation of ADHD, e **tratamentos baseados em evidências** – termo mais politicamente tendencioso e variável, mas uma tentativa de várias corporações de estabelecer critérios para tratamentos apoiados pela maior quantidade de evidências confiáveis de pesquisa.

Um **ensaio duplo-cego randomizado e controlado** é considerado a maneira mais confiável de se testar os efeitos de um tratamento – medicação, psicoterapia ou outro –, porque:

- Os sujeitos do estudo são divididos em dois grupos de forma **aleatória**, ou seja, ao acaso. Isso reduz a probabilidade de viés na escolha de quem obtém o tratamento ou o placebo. Dessa forma, os resultados têm maior probabilidade de serem provenientes do tratamento, se este for eficaz, do que de alguma outra variável ou fator de confusão.
- A amostra populacional é razoavelmente grande e recrutada de várias fontes, de modo que os resultados do estudo possam ser considerados representativos de um grande número de indivíduos.

- ✓ Os efeitos que podem ser observados para o tratamento estudado são **controlados**, de modo que um dos grupos receba apenas placebo (tratamento "falso", não ativo, como um comprimido de açúcar), para se ter um modo de comparar. (Quando os cientistas dão a todos os indivíduos do grupo um placebo, cerca de um terço deles dirá que tiveram o efeito que o tratamento ativo deveria produzir! Isso é chamado de **efeito placebo**.)
- ✓ O estudo é **duplo-cego**, o que significa que não há possibilidade de os pesquisadores projetarem seus próprios vieses em suas observações, porque nem eles nem os sujeitos do estudo sabem quem está recebendo o tratamento ativo e quem está recebendo o placebo.

Analise atentamente o conteúdo das declarações

- **A afirmação parece boa demais para ser verdade?** Provavelmente é. Se o TDAH fosse causado por hábitos alimentares facilmente modificáveis ou pudesse ser eliminado para sempre, devido a uma pílula ou a uma máquina, milhões de adultos e crianças ainda teriam essa condição?
- **Isso inclui fatos e números concretos?** Termos gerais como *a maioria, muitos, raramente, poucos, especialistas concordam, todos sabem, os médicos dizem e estudos clínicos* (um nome sofisticado usado em anúncios para "nós demos às pessoas, e elas disseram que funcionou bem") podem encobrir um vazio de dados reais da pesquisa. Se o material não apresenta números, fatos e nomes, as declarações provavelmente não têm base alguma.
- **As referências estão listadas?** Uma grande quantidade de referências nas quais as declarações são baseadas pode compensar a falta de dados no texto; algumas fontes confiáveis tentam tornar as mensagens básicas mais fáceis de se assimilar, acreditando que você possa procurar a pesquisa original. Faça uma verificação rápida dessas referências apenas para se certificar de que elas são reais, mesmo que você tenha decidido que a fonte é confiável e que os pontos gerais são tudo o que precisa.
- **Quantas evidências são apresentadas?** Os estudos de pesquisa foram repetidos por vários grupos com resultados similares? As evidências são principalmente "incidentais", significando que provêm de evidências clínicas (relatos de profissionais sobre suas observações dos pacientes)? É melhor quando se trata de estudos científicos, sendo os de mais alta qualidade e confiabilidade os "ensaios duplo-cegos controlados, randomizados"; mas tenha em mente que a pesquisa requer financiamento considerável, e muitos tratamentos importantes iniciam com milhares de evidências clínicas os apoiando antes de chegarem aos centros de pesquisa para confirmar suas descobertas. Também é útil saber o período durante o qual as mesmas evidências

continuam aparecendo no decorrer dos anos, e que estudos sobre a mesma população durante muitos anos – chamados de *estudos longitudinais* – são a única maneira de se ter certeza a respeito dos efeitos que um medicamento, ou outro tratamento, terá anos mais tarde, quer você tenha continuado a usá-lo, ou não.

Uma deturpação dos fatos

No início de 2008, fui entrevistado para um artigo do *The New York Times** que tratava sobre um estudo revolucionário conduzido pelo NIMH: a tecnologia de imagens cerebrais mostrava graficamente que as crianças com TDAH sofriam um atraso no desenvolvimento de partes do cérebro que afetam funções executivas, como atenção e memória. Enfim, tínhamos prova de uma base biológica para o TDAH. Certamente, aqueles que defenderam durante anos que o TDAH não existia seriam esclarecidos. Imagine a surpresa dos investigadores do NIMH e de muitos outros cientistas, como eu, quando, em vez disso, essa evidência foi apresentada como uma prova do contrário – que o TDAH era "simplesmente" um atraso, e que as crianças que apresentavam os sintomas eram normais e os superariam. Sabemos, por muitos estudos, que possivelmente apenas um terço das crianças que se enquadram no diagnóstico não mais se encaixam nele na idade adulta. **Quando você ler sobre as evidências de pesquisa, certifique-se de que tem conhecimento dos dados produzidos e das conclusões que os cientistas extraíram deles (p. ex., com o uso do Google Scholar). As conclusões extraídas por outros grupos, especialmente não cientistas, sobretudo quando discordam da análise dos investigadores, são questionáveis.**

* Aliyah Baruchin, "Attention Deficits That May Linger Well Past Childhood", The New York Times, 13 de março de 2008.

TERCEIRO PASSO

Mude o seu cérebro: medicamentos para controlar o TDAH

A seguir, citamos algumas boas razões para considerar o medicamento.

- O profissional que o avaliou concluiu que você tem TDAH moderado a grave.
- A pesquisa mostra que os medicamentos são o tratamento mais eficaz atualmente disponível para o TDAH, sendo pelo menos duas vezes mais efetivo do que os tratamentos sem medicamento, como aconselhamento ou terapia comportamental e melhora os sintomas de 70 a 95% dos adultos que fazem uso deles.
- Você tentou outras terapias, e seus sintomas ainda estão causando os mesmos problemas de sempre.
- Você precisa fazer muito trabalho sozinho e não pode depender de outras pessoas para estruturar rotineiramente sua vida profissional ou doméstica.
- Você está tendo dificuldades para ter um bom desempenho em meio a todas as distrações e as pressões do seu local de trabalho.
- As avaliações do seu trabalho por parte de seus supervisores têm sido cada vez mais negativas ou críticas, e você pressente que está prestes a ser dispensado ou demitido.
- Seu gerenciamento do tempo é muito pior do que o de seus colegas: você é cronicamente atrasado no cumprimento de prazos, perde muitos compromissos ou reuniões, parece não conseguir pagar suas contas até a data de vencimento e frequentemente chega atrasado ao trabalho.
- Você tem tentado repetidamente concluir seus estudos, mas nunca parece conseguir finalizar aqueles últimos créditos e os últimos projetos ou atender a outras exigências que permitiriam que você se formasse.
- Você está cansado de passar a metade de sua vida controlando os danos e quer parar de se sentir desmoralizado por não ter realizado grande parte do que esperava até agora.

- Você foi diagnosticado não apenas com TDAH mas também com ansiedade, depressão ou outra condição mental ou emocional.
- Seu cônjuge ou alguém que você está namorando está pensando em se separar devido aos seus sintomas de TDAH, aos seus problemas com o autocontrole emocional e ao impacto do transtorno em seu relacionamento.
- Outras pessoas dizem repetidamente que você está dirigindo mal ou se referem aos muitos riscos que você corre no trânsito. Talvez você esteja prestes a perder sua carteira de motorista em razão de várias multas que recebe por excesso de velocidade ou por estacionar em local proibido.
- Você tem muita dificuldade para administrar seu dinheiro e sabe que gasta demais ou usa seus cartões de crédito mais frequentemente do que realmente deseja.
- Você já percebeu que sua saúde não é tão boa quanto a das outras pessoas. Talvez você tenha hábitos prejudiciais dos quais gostaria de se livrar, como fumar, beber em excesso, alimentar-se mal ou não se exercitar suficientemente, mas não parece conseguir se livrar deles.

CAPÍTULO 12

POR QUE FAZ SENTIDO TENTAR O MEDICAMENTO*?

O medicamento funciona

Quando as pessoas perguntam por que deveriam tentar o medicamento como uma forma de controlar o seu TDAH, minha resposta sempre se resume ao seguinte: porque os medicamentos para o TDAH são os tratamentos mais eficazes atualmente disponíveis para controlar o seu TDAH. Ponto final.

Quando você encontra o medicamento certo para o seu caso, pode sentir melhorias substanciais em seus sintomas do TDAH. Uma vez que o tenha encontrado, você pode esperar melhorias significativas nos prejuízos causados por esses sintomas. Na verdade, a mudança positiva proporcionada pelos medicamentos para o transtorno provavelmente é inigualável em qualquer tratamento medicamentoso para outro transtorno na psiquiatria.

> Sabemos que os medicamentos para TDAH podem *normalizar* o comportamento de 50 a 65% das pessoas que têm TDAH e resultam em *melhorias substanciais*, se não em normalização, em outros 20 a 30% daquelas com o transtorno.

---

* Dr. Barkley trabalhou como consultor e palestrante para a Eli Lilly (Estados Unidos, Canadá, Espanha, Itália, Holanda, Suécia, Reino Unido e Alemanha), Shire Pharmaceuticals (atualmente, Takeada Pharmaceutical Co.; Estados Unidos), Novartis (Estados Unidos, Suíça e Alemanha), Ortho-McNeil (Estados Unidos), Janssen-Ortho (Canadá), Janssen-Cilag (Dinamarca, Países Baixos e América do Sul), Ironshore Pharmaceuticals and Development (Estados Unidos) e Medice Pharma Co. (Alemanha e Suíça).

POR QUE ESSES MEDICAMENTOS SÃO TÃO EFICAZES?

As pesquisas realizadas na última década mostraram que esses medicamentos realmente corrigem ou compensam os problemas neurológicos latentes no TDAH. No entanto, eles só funcionam temporariamente, enquanto estão em sua corrente sanguínea e em seu cérebro, o que significa que você deve prosseguir com o uso para continuar obtendo os seus benefícios.

> Menos de 10% das pessoas com TDAH *não* terão resposta positiva a pelo menos um ou mais dos medicamentos para o transtorno atualmente disponíveis nos Estados Unidos.

VEJA COMO OS MEDICAMENTOS PARA TDAH FUNCIONAM NEUROGENETICAMENTE

As imagens cerebrais, os eletroencefalogramas (EEGs) e vários outros métodos de testagem têm demonstrado que os cérebros das pessoas com TDAH são diferentes, sob vários aspectos importantes, em relação aos das outras pessoas.

- Algumas regiões do cérebro são estruturalmente diferentes, principalmente por serem menores do que nas pessoas que não têm TDAH: a região pré-frontal direita, associada à atenção e à inibição; a região estriada, associada à busca de comportamentos prazerosos ou compensadores; o córtex cingulado anterior, que ajuda com escolhas entre ações conflitantes e suas consequências, além de dominar ou autorregular as reações emocionais; e o cerebelo, associado ao momento e à oportunidade de praticar ações, bem como à fluidez e à graciosidade dessas ações, entre outras funções executivas. Em crianças e adolescentes com TDAH, essas regiões cerebrais estão 2 a 3 anos atrasadas em sua maturação.
- Estudos mostram que os feixes de fibras da substância branca no cérebro que conectam várias regiões cerebrais e coordenam suas funções são menos desenvolvidos, menos conectados e altamente variáveis em sua atividade. Isso é particularmente válido para os circuitos executivos frontal-estrial-cerebelar.
- As pessoas com TDAH têm menos atividade elétrica no cérebro, principalmente nessas regiões, e são menos reativas aos eventos, o que significa que elas não reagem tanto quanto as outras pessoas à estimulação em tais regiões.
- As crianças e os adolescentes com TDAH também têm menos atividade metabólica nas regiões frontais.
- Os cérebros das pessoas que têm TDAH parecem ser deficientes ou apresentam recaptação excessiva, de norepinefrina e dopamina em certas regiões relacionadas a atenção, inibição e funcionamento executivo. Outros neurotransmissores também podem estar envolvidos.

Os cientistas acreditam que as anormalidades estruturais no cérebro das pessoas que têm TDAH e sua baixa conectividade são a base do desenvolvimento desse transtorno; esse é o legado genético que ocasiona a maioria dos casos de TDAH e justifica por que ele aparece nos descendentes daqueles que têm TDAH. Em outros, o transtorno pode se originar de lesões nessas áreas do cérebro, como exposição a toxinas pré-natais, nascimento prematuro ou TCE repetido durante o desenvolvimento. Não sabemos como restaurar uma estrutura típica a esses cérebros, mas sabemos como corrigir o desequilíbrio neuroquímico e as irregularidades funcionais encontrados nas pessoas com TDAH, pelo menos temporariamente: com medicamento.

Quando os neurotransmissores dopamina e norepinefrina não estão disponíveis na mesma medida em que estão nos adultos típicos, as mensagens que essas substâncias químicas deveriam enviar para o cérebro não são transmitidas como deveriam. Sem a ajuda desses neurotransmissores, o cérebro não reage como esperado à estimulação (qualquer informação, como um evento, uma ideia ou uma emoção), e o controle do impulso também não funciona quando deveria. As lembranças do passado e as visões do futuro não são desencadeadas para manter o indivíduo mentalmente no rumo certo. E, mesmo quando o são, não conseguem ser mantidas por muito tempo, levando-o a esquecer o que planejava fazer. Os freios do controle motor não conseguem impedir a sua inquietação.

É por isso que os medicamentos para o TDAH funcionam (embora alguns operem em outros neurotransmissores). Ao fazer com que os neurônios emitam mais dessas substâncias, ou impedir os neurônios de as recaptarem quando forem liberadas, ou reduzir o "ruído" no sinal nervoso, os medicamentos aumentam a comunicação entre os neurônios nas regiões do cérebro ligadas ao TDAH. As três categorias básicas de medicamentos aprovados pela Food and Drug Administration (FDA) para o uso em adultos que têm TDAH – medicamentos estimulantes, não estimulantes e medicamentos anti-hipertensivos alfa-2 (agonistas alfa-adrenérgicos) – aumentam a capacidade de sua mente para reagir a qualquer coisa que esteja acontecendo em seu dia. Nem todos funcionam da mesma maneira, mas o resultado final é controlar de forma eficaz os sintomas do TDAH, na maioria dos casos.

A beleza do que sabemos sobre o modo como os medicamentos funcionam é que isso prova que eles não estão simplesmente mascarando ou encobrindo os sintomas do TDAH, e confirma nosso conhecimento sobre o funcionamento das regiões cerebrais envolvidas e sua conexão com esses sintomas. Eles não são "curativos", "cacetetes", "camisas de força químicas" ou simplesmente "paliativos", como alguns críticos da mídia popular têm afirmado. *Quando estão ativos em seu corpo, eles corrigem ou compensam o problema biológico que está na raiz do TDAH.*

Se você foi exposto a alegações de que esses medicamentos apenas encobrem o que está errado, pode hesitar em experimentá-los. Espero que este capítulo elimine suas preocupações. Optar por não usar medicamento para controlar o seu TDAH, por qualquer motivo, significa negar a si mesmo o tratamento mais eficaz atualmente disponível. É como um diabético optar por não usar insulina, e, em vez disso, tentar lidar com o diabetes apenas por meio de dieta e mais exercício. Talvez isso funcione, mas é menos provável que o faça e vai resultar em muito menos controle do transtorno do que se usar o medicamento para tratá-lo. Por que você negaria a si mesmo o equivalente da insulina para um diabético?

> Verifique as fontes listadas na página 268 para atualizações sobre como os medicamentos para o TDAH atuam no interior do cérebro e afetam o funcionamento dos neurônios. Estamos aprendendo mais todos os dias. Os estudos em genética molecular também ajudam a explicar e a prever as melhorias que você pode experienciar com esses medicamentos.

A eficácia do medicamento não significa que ele seja o único tratamento disponível. Se os seus sintomas são leves, você pode obter o que precisa com as estratégias e as ferramentas apresentadas no Quarto e Quinto Passos ou de uma forma especial de terapia cognitivo-comportamental (TCC) que foque em seus déficits na função executiva. O treinamento pode ser muito benéfico, e grupos de apoio podem lhe proporcionar ideias compartilhadas e inspiração, mas, se seus sintomas forem moderados a graves, o medicamento pode aliviar grande parte de suas dificuldades e lhe permitir obter muito mais da ajuda não medicamentosa disponível.

Além disso, se a avaliação revelou que você tem, além do TDAH, mais de um transtorno com o qual lidar, é possível que haja medicamentos que tratem todos os seus problemas, e dos quais pode extrair benefícios. Os estudos têm mostrado que, às vezes, a ansiedade e a depressão são causadas pelas dificuldades de viver com o TDAH e que, quando os sintomas desse transtorno são aliviados por meio do medicamento, a ansiedade e a depressão diminuem.

Como acontece com a maioria das condições, mentais ou físicas, os sintomas ocorrem ao longo de um contínuo do mais leve para o mais grave e, por isso, os critérios diagnósticos são importantes. Os profissionais de saúde mental não querem tratar as pessoas desnecessariamente. Se você tiver alguns sintomas, mas não o suficiente para atender aos critérios do DSM-5, e estiver com prejuízos em áreas impor-

---

Em meu livro *ADHD in Adults: What the Science Says*, eu e os coautores comparamos adultos com TDAH que foram diagnosticados quando crianças com aqueles que foram diagnosticados quando adultos. Analisamos os dados coletados em nosso estudo de Milwaukee, no Estado de Wisconsin (Estados Unidos), que acompanhou crianças desde o final da década de 1970 até a idade adulta no novo milênio, assim como os dados coletados em um estudo com adultos realizado no Centro Médico da Universidade de Massachusetts.

- Encontramos semelhanças consideráveis entre os dois grupos. As evidências mostraram que pelo menos metade das crianças diagnosticadas com TDAH ainda mantinha o diagnóstico do transtorno quando adultos.
- Aqueles diagnosticados quando adultos tendiam a apresentar menos prejuízos do que aqueles diagnosticados quando crianças.
- Mas 85% daqueles diagnosticados quando adultos tinham maior probabilidade de ter também outros transtornos, principalmente ansiedade e depressão. Por quê? Não sabemos ao certo, mas pode ser que a ansiedade e a depressão sejam o resultado de terem lutado durante anos contra os sintomas do TDAH sem tratamento.
- Aqueles diagnosticados quando crianças tiveram mais problemas com o desempenho educacional e ocupacional, e, em uma minoria substancial, com comportamento antissocial e uso de drogas. Mais uma vez, por quê? Talvez esses indivíduos tenham sido diagnosticados mais cedo na vida porque seus prejuízos eram mais perceptíveis,

> sugerindo que seus sintomas podem ter sido mais graves do que os sintomas daqueles que passaram por isso na idade adulta antes de serem diagnosticados.
>
> O que isso significa em relação ao medicamento para adultos com TDAH
>
> - *Se você foi diagnosticado recentemente*, pode precisar de outros medicamentos além daqueles para TDAH para garantir que obtenha ajuda para ansiedade ou depressão, juntamente com o TDAH.
> - *Se foi diagnosticado quando criança*, pode precisar de medicamento novamente se seus sintomas forem moderados a graves, e você estiver apresentando prejuízos em uma ou mais atividades importantes na vida.

tantes na vida, será dito que você tem TDAH *subclínico*, às vezes chamado de TDAH SOE (SOE = sem outra especificação nos critérios diagnósticos para o transtorno). *Nesse caso, provavelmente, não será prescrito medicamento,* mesmo que lhe tenha sido receitado medicamento para TDAH quando você era criança. Mesmo assim, se existirem prejuízos, solicite medicamento por mais que tenha apenas um ou dois sintomas do diagnóstico.

> "Eu mereço ter uma vida mais difícil do que outras pessoas, apenas pelo fato de ter nascido com uma predisposição biológica para o TDAH?"

Se sua atitude acerca de tentar o medicamento está ligada às emoções e à autoimagem, um terapeuta ou outro profissional pode ser capaz de ajudá-lo a examinar se essas questões devem influir em suas decisões de tratamento. Nesse meio tempo, continue a formular a si mesmo esta pergunta essencial:

Não conheço muitas pessoas cuja resposta seria "sim".

Se você nunca tomou medicamento para o TDAH, tem dúvidas sobre começar a tomá-lo?

- Talvez você tenha acabado de ser diagnosticado, e as opções de tratamento jamais haviam passado pela sua cabeça.
- Talvez o fato de receber uma prescrição tenha tornado o transtorno muito real para você, e ainda não se sente pronto para assumir o TDAH, conforme discutido no Capítulo 11.
- Você tem medo de se tornar "dependente" de um medicamento?
- Você concorda com a noção de que não lidar sozinho com seus sintomas é um sinal de fraqueza?

QUAIS SÃO AS MINHAS OPÇÕES DE MEDICAMENTO?

Muitas. Os medicamentos que têm se mostrado eficazes para tratar o TDAH se dividem em três grupos: os estimulantes (metilfenidato, anfetamina), os não estimulantes (atomoxetina e viloxazina) e os medicamentos anti-hipertensivos alfa-2 guanfacina XR (XR significa "liberação estendida", do inglês *extended release*) e clonidina XR. As informações a seguir devem ajudá-lo a entender as recomendações que seu médico pode fazer, bem como vão ajudá-lo a tomar as decisões de tratamento adequadas para você.

Você provavelmente tem muitas perguntas – sobre como tomar os medicamentos, sobre a segurança e a eficácia destes, sobre quais efeitos colaterais esperar, etc. Felizmente, milhares de adultos com TDAH antes de você fizeram as mesmas perguntas, e médicos e terapeutas do mundo todo tiveram décadas de experiência para respondê-las. Os Capítulos 13 e 14 – e o Capítulo 15, que informa o que esperar de um curso de tratamento do início ao fim – vão lhe proporcionar o benefício dessa experiência.

Um resumo das medicações atualmente disponíveis e aprovadas pela FDA para o TDAH em adultos, incluindo as formas como elas são apresentadas e quanto tempo duram seus efeitos depois que você toma uma dose, é apresentado na tabela a seguir. Esta é uma referência útil, à qual você pode recorrer repetidas vezes.

Minha posição sobre os medicamentos para o TDAH

- O TDAH é uma condição incapacitante que decorre de fatores neurológicos e genéticos e causa problemas em todas as áreas da vida. O uso de um medicamento para controlar um transtorno neurogenético é perfeitamente razoável, e não apenas um meio de encobrir as causas sociais ou pessoais "reais" de seus sintomas. O TDAH não surge a partir de fatores sociais ou de meras escolhas pessoais. Você merece colher os benefícios de quaisquer tratamentos que possam **comprovadamente** ajudar.
- Você não deve fazer uso de nenhum medicamento para o TDAH sem um diagnóstico consistente seguido de avaliação completa por um profissional de saúde mental qualificado.
- São muitos os mitos sobre os medicamentos para o TDAH. Quantidade não é igual a qualidade. Você pode e deve ser informado sobre fatos pelo seu médico e por outras fontes confiáveis (veja o Capítulo 11).
- Nenhuma prescrição é definitiva. Você pode experimentar medicamentos diferentes ou interromper totalmente o medicamento se ele se mostrar ineficaz ou produzir efeitos colaterais intoleráveis.
- O medicamento deve ser sempre prescrito como um esforço colaborativo entre você e seu médico.

Nome genérico (Nome comercial)	Duração da atividade	Apresentação do medicamento
MPH (Ritalina)[a]	3-4 horas	Comprimidos (5, 10 e 20 mg)
d-MPH (Focalin)[a]	3- 4 horas	Comprimidos (2,5; 5 e 10 mg; 2,5 mg de Focalin equivalem a 5 mg de Ritalina)
MPH (Methylin)[a]	3-4 horas	Comprimidos (5, 10 e 20 mg)
MPH SR (Ritalina SR)[a]	3-8 horas (variável)	Comprimidos (20 mg; a quantidade absorvida parece variar)
MPH (Metadate ER)[a]	3-8 horas (variável)	Comprimidos (10 e 20 mg; a quantidade absorvida parece variar)
MPH Methylin ER)[a]	8 horas	Comprimidos (10 e 20 mg); comprimidos mastigáveis (2,5; 5 e 10 mg); solução oral (5 mg/5 mL; 10 mg/5 mL)
MPH (Ritalina LA)[a]	8 horas	Cápsulas (20, 30 e 40 mg; podem ser administradas por dispersão)
MPH (Metadate CD)[a]	8 horas	Cápsulas (20 mg; podem ser administradas por dispersão)
MPH (Concerta)[a]	12 horas	Pílulas (18; 27; 36 e 54 mg)
d-MPH XR (Focalin XR)	12 horas	Cápsulas (10, 20 e 30 mg)
AMP[b] (Dexedrina)	4-5 horas	Comprimidos (5 mg)
AMP[b] (Dextrostat)	4-5 horas	Comprimidos (5 e 10 mg)
AMP[b] (Dexedrina Spansule)	8 horas	Cápsulas (5, 10 e 15 mg)
Sais mistos de anfetamina[b] (Adderall)	4-6 horas	Comprimidos (5; 7,5; 10; 12,5; 15; 20 e 30 mg)
Sais mistos de anfetamina[a,c] (Adderall XR)	No mínimo, 8 horas (mas parece durar muito mais tempo em alguns pacientes)	Cápsulas (5; 10; 15; 20; 25 e 30 mg; podem ser administradas por dispersão)
Dimesilato de lisdexanfetamina[c] (Vyvanse)	No mínimo, 8 horas (mas parece durar muito mais tempo em alguns pacientes)	Cápsulas (20; 30; 40; 50; 60 e 70 mg)

Nome genérico (Nome comercial)	Duração da atividade	Apresentação do medicamento
Atomoxetina[a,c] (Strattera)	8-10 horas ou mais (meia-vida de 5 horas no plasma, mas muito mais tempo no sistema nervoso central)	Cápsulas (10; 18; 25; 40; 60 e 80 mg)
Viloxazine (Qelbree)	No mínimo, 8-9 horas (meia-vida de 7 horas)	Cápsulas (100, 150 e 200 mg)
Clonidina XR (Kapvay)	24 horas	Comprimidos (1 mg)

Nota. FDA, Food and Drug Administration; MPH, metilfenidato; AMP, anfetamina.

[a] Aprovado para tratar o TDAH em pacientes a partir de 6 anos.
[b] Aprovado para tratar o TDAH em pacientes a partir de 3 anos.
[c] Especificamente para o tratamento do TDAH em adultos.

* N. de R. T.: Esta tabela apresenta os medicamentos e formulações disponíveis nos Estados Unidos e foi mantida para conhecimento do leitor. No Brasil, atualmente, estão disponíveis as seguintes apresentações:
- Estimulantes: MPH (Ritalina), comprimidos de 10 mg cada; MPH (Ritalina LA), comprimidos de 10, 20, 30 e 40 mg; MPH (Concerta), comprimidos de 18, 36 e 54 mg; dimesilato de lisdexanfetamina (Venvanse), cápsulas de 30, 50 e 70 mg.
- Não estimulantes: clonidina (de liberação imediata), disponível no Brasil na categoria de anti-hipertensivos, comprimidos de 0,1, 0,15 e 0,2 mg.

CAPÍTULO 13

ESTIMULANTES

Os estimulantes são os medicamentos para o TDAH sobre os quais provavelmente você mais ouviu falar. São os que estão no mercado há mais tempo e são usados tanto para crianças quanto para adultos. Se você foi diagnosticado com TDAH quando criança, um estimulante deve ter sido recomendado como parte de seu tratamento anos atrás. Os estimulantes também são os medicamentos mais controversos para o TDAH, pois, diferentemente dos não estimulantes, eles são classificados como medicamentos controlados (potencialmente aditivos) pela Drug Enforcement Administration.* Apesar dessa classificação, quando são ingeridos por via oral, conforme prescrito para o TDAH, o risco de adição é baixo a não significativo. No entanto, mitos e preocupações realistas aparecem regularmente na mídia e são constantemente divulgados pela internet. Este capítulo vai:

- separar o fato da ficção;
- apresentar uma ideia a respeito do quanto um estimulante pode ajudá-lo;
- responder às perguntas tipicamente levantadas sobre tais medicamentos por adultos com TDAH.

COMO OS ESTIMULANTES AJUDAM?

Dois tipos básicos de estimulantes são comercializados atualmente nos Estados Unidos: metilfenidato (MPH) e anfetamina (AMP). Entretanto, eles são oferecidos em

---

* N. de R.T. Agência que controla os medicamentos nos Estados Unidos. No Brasil, esses medicamentos são colocados em receituário especial: Receituário A (de cor amarela).

Estimulantes: prós e contras

- **Prós:** os estimulantes aumentam a inibição, a resistência à distração e a capacidade para sustentar a atenção enquanto mantêm na mente o que você deve estar fazendo ou planejando fazer. Eles aumentam a frequência e a coordenação motora, bem como o autocontrole emocional. Como resultado, os estimulantes reduzem o impacto adverso desses e de outros sintomas do TDAH em diversos domínios de nossas principais atividades na vida. Com as novas formulações de liberação prolongada (SR, do inglês *sustained-release*) dessas medicações, esses benefícios positivos podem durar 8 a 12 horas, diferentemente das formulações de liberação imediata típicas, de 3 a 5 horas.
- **Contras:** algumas pessoas têm problemas de insônia, perda de apetite e dores de estômago e de cabeça com esses medicamentos; outras sentem-se um pouco tensas, como se tivessem ingerido muita cafeína, por exemplo. Uma pequena porcentagem de casos relata aumento de ansiedade, tiques ou outros maneirismos nervosos, especialmente se estes eram problemas preexistentes antes do início do tratamento medicamentoso. Os medicamentos não podem ser tomados 24 horas por dia, e, por isso, podem deixar alguns períodos do dia sem cobertura ou com medicamento insuficiente para que este seja eficaz, como em horas tardias da noite, se o remédio foi tomado pela manhã.

uma variedade de sistemas de administração que determina quanto tempo permanecerão no corpo e controlando ativamente os sintomas do TDAH.

Os estimulantes ajudam a aliviar os sintomas do TDAH, aumentando a disponibilidade de neurotransmissores que enviam as mensagens de estimulação ao auto-

Nome genérico	Nome comercial	Nome genérico	Nome comercial
Metilfenidato	Ritalina*	Anfetamina	Dexedrina
	Focalin		Dextrostat
	Methylin		Adderall
	Metadata		Vyvanse
	Concerta*		

Nota. Um terceiro estimulante, pemolina (nome comercial: Cylert), esteve disponível durante quase 30 anos, mas foi retirado do mercado devido a risco raro, mas importante, de dano hepático.

* São os únicos disponíveis no Brasil.

controle para o cérebro, especialmente dopamina. Para estarem disponíveis como mensageiros, os neurotransmissores devem estar disponíveis nos espaços entre os neurônios. Pense neles como a água em um sistema de canais. As anfetaminas bombeiam principalmente a quantidade de dopamina (e, em menor extensão, a noradrenalina) produzida e emitida pelos neurônios, para que maior quantidade preencha esses espaços. Seu efeito no cérebro é como abrir um portão para deixar a água correr para o canal. O metilfenidato atua de forma diferente, sobretudo reduzindo a quantidade de dopamina que, após ser liberada, é recaptada pelo neurônio – ele mantém o bloqueio fechado para que o nível da água (neurotransmissor) permaneça alto depois de ela ser liberada.

> Por que um medicamento para o TDAH, como os estimulantes, não me deixaria ainda mais inquieto do que eu já sou?

O termo *estimulante* é capcioso. Medicamentos estimulantes como metilfenidato (Ritalina, etc.) tornam as pessoas que não têm TDAH mais alertas e despertas; elas estimulam a atividade nas regiões frontais do cérebro, melhorando a inibição, a atenção e outras funções executivas necessárias para a autorregulação típica. A razão de elas não tornarem as crianças e os adultos ainda mais inquietos do que já são devido ao TDAH é porque essas partes do cérebro são menos ativas ou menos reativas nas pessoas que têm TDAH. Não há norepinefrina e dopamina disponíveis para enviar sinais entre os neurônios e estimular a mente para fazer o que ela deve fazer – prestar atenção, ficar tranquila, olhar antes de saltar, e assim por diante.

Por que os estimulantes são frequentemente usados de forma abusiva? Naqueles que têm níveis de dopamina típicos no cérebro, a excitação proporcionada pelos estimulantes proporciona uma agradável sensação de "alerta". Mas isso não é tudo. Os estimulantes elevam a dopamina nas regiões do cérebro conhecidas por aumentar a probabilidade para adição (o centro da recompensa, ou *nucleus acumbens*) – algumas das mesmas regiões onde os medicamentos fazem muito bem às pessoas com TDAH. Algumas dessas regiões atuam como os centros de recompensa do cérebro, determinando o quão agradáveis ou reforçadores serão certos estímulos ou experiências. A elevação da atividade nesses centros pode resultar em sensações aumentadas de euforia, interesse ou outras experiências relacionadas à recompensa. Esses agradáveis estados alterados de consciência têm maior probabilidade de ocorrer quando os estimulantes são tomados de forma intravenosa ou aspirados como pó pelos seios nasais, permitindo que a substância entre e saia rapidamente dessas regiões do cérebro. É essa rápida alteração nas sensações conscientes que produz a euforia ou outras sensações agradáveis e parece determinar as propriedades aditivas de um medicamento.

> *Por que os adultos (ou as crianças) com TDAH não ficam viciados nos estimulantes?* Principalmente porque são tomados por via oral, sob a forma de comprimidos ou cápsulas, em doses relativamente baixas, e, assim, entram e saem do cérebro muito lentamente. A maioria das pessoas que abusa de estimulantes usa doses mais altas, os aspira ou os injeta em uma veia, por meio da sua diluição em uma solução, como o estimulante misturado com água. Por meio desses sistemas de liberação, as drogas atingem o cérebro imediatamente, com um golpe muito mais poderoso. Além disso, quando esses medicamentos são usados para tratar o TDAH, eles só estão trazendo os níveis de dopamina para o normal, não os elevando rapidamente muito acima dos níveis normais, como ocorre em alguém que está tentando fazer uso abusivo das substâncias por meio de uso intranasal ou intravenoso.

Embora os estimulantes também possam incitar o cérebro a fazer o que adultos típicos fazem, o grau de melhora é bem menos dramático do que naqueles que têm TDAH. Isso se deve mais provavelmente ao subfuncionamento marcante nessas regiões do cérebro com TDAH, o que não é evidente em um cérebro típico.

OS ESTIMULANTES SÃO SEGUROS?

Sim! Muito seguros, mas, obviamente, qualquer pessoa pode abusar dos estimulantes. Por isso, eles são classificados como substâncias controladas e *potencialmente aditivas*. Essa classificação impõe limites estritos às quantidades dessas substâncias que os fabricantes podem produzir a cada ano, de que forma elas podem ser prescritas e como as farmácias devem armazená-las e distribuí-las. Também implica a noção de que, se você decide experimentá-las, precisa assumir a responsabilidade de mantê-las em um lugar seguro, onde ninguém, exceto você, possa ter acesso a elas.

Mas e quanto ao perigo potencial para você? É possível que já tenha ouvido falar sobre alguns mitos a respeito dos estimulantes. Chegou o momento de esclarecê-los.

Os estimulantes conduzem ao abuso de outras substâncias?

Você pode ter escutado que esses medicamentos aumentam a sensibilidade a, ou o risco de, abuso de outras substâncias, especialmente outros estimulantes. A grande maioria das pesquisas não corrobora essa afirmação. Mais de 16 estudos examinaram essa questão; muitos deles, como um realizado por mim, acompanharam crianças com TDAH tratadas com estimulantes durante meses ou anos até a idade adulta. Eles não encontraram, nesses casos, nenhum aumento no risco de abuso posterior de substâncias. As evidências para as afirmações de que essas substâncias podem sensibilizar o cérebro, tornando a exposição posterior aos estimulantes mais poderosa e potencialmente viciante, vêm apenas de estudos realizados com animais, em que elas foram administradas intravenosamente, injetadas diretamente no cérebro ou dadas em doses muito mais elevadas do que é o caso quando se trata crianças ou adultos com TDAH. Portanto, as evidências até o momento não corroboram quaisquer afirmações de que o uso de estimulantes prescritos para o controle do TDAH contribua para o risco do abuso dessas ou de outras substâncias, agora ou mais tarde na vida.

Os estimulantes provocam infarto ou AVC?

Você pode ter escutado que essas substâncias podem aumentar o risco de morte súbita, geralmente por bloqueio cardíaco, e que pessoas que usam estimulantes, embora ainda mais raramente, podem sofrer um AVC. Mortes súbitas que ocorrem quando o coração para de bater foram atribuídas a outros fatores, como histórico de defeitos cardíacos estruturais, exercícios vigorosos logo antes da morte ou história familiar (genética) de morte súbita. Tais fatores, de modo isolado, podem ser responsáveis por morte súbita. Na verdade, as evidências atualmente disponíveis mostram que as pessoas que usam estimulantes têm probabilidade um pouco menor de sofrer morte súbita do que a população geral. A provável razão disso é que os médicos avaliam rotineiramente se o paciente tem problemas cardíacos antes de prescrever estimulantes, e não os utiliza em ninguém que tenha história familiar de morte súbita ou histórico pessoal de anormalidades cardíacas estruturais, arritmias graves, outros problemas cardíacos significativos ou até mesmo hipertensão arterial sistêmica (HAS). Isso significa que geralmente os médicos não prescrevem essas substâncias para aqueles que correm maior risco cardíaco com o uso de estimulantes. Esta poderia ser a razão de o risco terminar sendo *mais baixo* do que na população geral.

> Os estimulantes aumentam a frequência cardíaca e a pressão arterial, mas apenas tanto quanto subir meio lance de escadas. Não há evidências de que eles causem elevação da pressão arterial naqueles que já não manifestavam esse problema.

A pesquisa mostra que a morte súbita ocorre em 1 a 3 de cada 100 mil pessoas/ano que fazem uso de estimulantes para o TDAH, contra 1 a 7 de cada 100 mil pessoas/ano na população em geral. Portanto, o índice de morte súbita naqueles que tomam estimulantes não é significativamente maior do que aquele para a população em geral que não está fazendo uso de estimulantes. Algumas pesquisas, inclusive, mostraram que o índice é até um pouco mais baixo. Isso porque as pessoas às quais é indicado o uso de estimulantes fazem um exame físico e uma avaliação para possíveis problemas cardíacos antes de receberem prescrição de estimulantes. Quando problemas cardíacos são detectados, não lhes são prescritos estimulantes. Isso não ocorre com a população geral, que não é rotineiramente avaliada para problemas cardíacos.

> **Durante quanto tempo posso continuar a tomar um estimulante sem nenhum efeito negativo de longo prazo?**

Pelo que sabemos, você pode tomá-lo durante tantos anos quantos forem necessários para controlar seus sintomas e reduzir os prejuízos a eles relacionados.

> **Há alguma evidência científica sugerindo que a Ritalina ou outro estimulante seja inseguro durante a gestação?**

Há agora algumas evidências relacionadas aos efeitos de medicamentos para o TDAH em gestantes ou em seus bebês, mas nenhuma evidência de anormalidades importantes em bebês nascidos de mães que permaneceram usando seu medicamento para o TDAH. Algumas pesquisas mostram que pequenas quantidades de anfetamina podem entrar no leite materno e, assim, em seu recém-nascido, se a mãe estiver amamentando, mas não o suficiente para prejudicar o bebê. Isso não parece ocorrer com metilfenidato (Ritalina e similares), mas, como as evidências ainda são poucas, neste momento, todas as companhias farmacêuticas recomendam que, em caso de gravidez, as mulheres interrompam suas medicações para o TDAH. Tenha em mente que essa recomendação está baseada, até certo ponto, em companhias que desejam limitar sua responsabilidade, e não apenas nas evidências prevalentes.

Há inúmeros riscos com a interrupção do medicamento e o retorno do TDAH aos seus altos níveis não controlados, incluindo aumento no risco de lesões acidentais, acidentes de carro, abuso de outras substâncias, suicídio, morte precoce (devido a esses riscos) e excessos alimentares, além de maior perda do controle emocional e efeitos adversos na parentalidade. Esses riscos devem ser ponderados em relação a qualquer risco hipotético ao bebê, caso a mãe continue com o medicamento durante a gravidez.

QUAIS EFEITOS COLATERAIS POSSO ESPERAR?

Estes são os efeitos colaterais mais comuns que os adultos sentem quando usam um estimulante. Estão listados do mais comum para o menos comum.

- Insônia.
- Perda do apetite.
- Perda de peso.

- Dores de cabeça.
- Náusea, perturbações estomacais ou dores de estômago.
- Ansiedade.
- Irritabilidade.
- Tiques motores.
- Tensão muscular aumentada.

Você pode encontrar uma lista simples como essa na bula de seu medicamento. Isso não diz muito sobre o impacto que você pode realmente esperar dos estimulantes em sua vida diária. Esses relatos ilustram tanto o que você pode sentir quanto o que pode fazer para neutralizar quaisquer efeitos negativos:

> "Eu nunca havia recebido tratamento para meu TDAH, sempre acreditando que os sintomas eram, na verdade, apenas um reflexo de minhas próprias falhas pessoais ou falta de autodisciplina. Mas, quando meu médico prescreveu um estimulante para TDAH, os resultados me surpreenderam. Eu realmente conseguia me lembrar de muitas coisas que precisava fazer, sem perdê-las para as distrações mais próximas. Fui capaz de persistir no trabalho que geralmente achava tedioso por muito mais tempo do que antes, o que significa que fui muito mais produtiva em realizar as coisas, fazê-las mais rapidamente e de maneira mais eficiente, porque conseguia me concentrar melhor nas tarefas imediatas. Sei que parece estranho, mas eu realmente conseguia enxergar as coisas com mais clareza – não tanto as coisas que me cercavam, mas as ideias que eu guardava em minha mente a respeito do que queria fazer eram mais claras, menos confusas e desorganizadas, e mais prováveis de me levar a realizá-las."

> "Tive certa perda de apetite, principalmente nas refeições do almoço, mas estava pretendendo perder alguns quilos, então isso não era um grande problema. Eu também percebi que estava demorando um pouco mais para adormecer à noite, mas não tanto que me afetasse no dia seguinte. Em geral, tratar meu TDAH literalmente salvou meu emprego e meu casamento. Às vezes, ainda preciso de alguma ajuda na estruturação de meu trabalho no final do dia, especialmente quando o efeito do medicamento pode estar passando. Mas, no geral, esse tratamento me ajudou a mudar minha vida."

> "Tomei Ritalina no 2º e no 3º ano do ensino fundamental, e ela me deixava realmente inquieta e nervosa. Permaneci um longo tempo não querendo ir à escola. Fiquei um pouco mais calma quando o médico suspendeu o medicamento. No entanto, eu não queria ir à escola porque não conseguia ficar sentada e me concentrar! Ainda tenho ansiedade, por isso, não fiquei muito entusiasmada para tomar o Adderall, que minha médica me sugeriu recentemente. Mas ela prescreveu um medicamento para a ansiedade juntamente com o Adderall, e os dois funcionaram muito bem para mim."

> As pesquisas ainda reportam resultados contraditórios quanto a se os estimulantes pioram a ansiedade, mas um número suficiente de estudos mostrou que há motivos (embora mais com crianças do que com adultos, e mais com anfetaminas do que com metilfenidato) para se estar ciente desse possível efeito adverso. Se você estiver preocupado com a ansiedade, os não estimulantes podem ser uma escolha melhor (veja o Capítulo 14).

> Em casos raros, os estimulantes deixam as pessoas mais irritadas ou zangadas, geralmente no fim do dia, quando o efeito do medicamento está passando. Algumas pessoas relatam sentimentos de tristeza ou sensibilidade emocional que podem deixá-las propensas a chorar, mas esses efeitos são raros e se dissipam em poucas horas após a descontinuação do medicamento. A probabilidade de os estimulantes fazerem você se sentir dessa maneira pode depender de sua própria personalidade, de outros transtornos que possa ter além de seu TDAH e de quais de suas funções executivas foram mais afetadas pelo TDAH. Se você teve muita dificuldade para controlar suas emoções no passado, e não foi diagnosticado com um problema como depressão, além do TDAH, os estimulantes podem realmente melhorar o seu autocontrole emocional. A regulação emocional é uma das funções executivas debilitadas pelo TDAH e melhoradas pelo tratamento com medicamento.

"Sim, às vezes, realmente tenho dificuldade para adormecer à noite, mas bebo um copo de leite quente, e uma amiga me ensinou uma técnica de respiração profunda e relaxamento progressivo, o que, muitas vezes, ajuda. Além disso, perdi aqueles cinco quilos dos quais nunca conseguia me livrar: atualmente, nunca tenho vontade de almoçar, talvez porque, nesse horário, o estimulante esteja em sua atividade máxima em meu sistema, e acho que agora estou ingerindo o número certo de calorias."

"Quando meu irmão começou a tomar um estimulante, ele dizia que, de repente, estava batendo nas pessoas e perdia a paciência o tempo todo. Seu médico reduziu a dose e ele se sentiu melhor, embora não obtivesse, dessa maneira, a mesma quantidade de defesa contra os seus sintomas do TDAH. Mas, quando tomei o mesmo medicamento, me senti muito calma e consegui, pela primeira vez em muito tempo, controlar minhas emoções."

"Quando começaram a funcionar, esses medicamentos me faziam sentir como se todo o meu corpo estivesse tenso – como se eu pudesse estar apertando minha mandíbula e rangendo meus dentes – e eu estava sempre à beira de uma dor de cabeça. Às vezes, minhas costas também ficavam realmente tensas. Era como se eu tivesse tomado quatro xícaras de café, em vez de uma ou duas. Meu médico reduziu um pouco a minha dosagem, e agora vou à academia e me exercito, o que faz com que eu me sinta pelo menos mais relaxado antes de voltar para casa depois do trabalho. Minha esposa diz que não apenas emagreci, mas também estou mais musculoso."

Aumentos reais na tensão muscular não são efeitos colaterais comuns do tratamento com estimulantes. Mais frequentemente, esse é um sentimento subjetivo de tensão, mas mesmo assim é incomum. No entanto, algumas pessoas os sentem, sobretudo se estão tomando doses mais elevadas do que o comum. Isso é mais provável de acontecer com anfetamina do que com metilfenidato, a menos que você tenha história familiar de transtornos de tique ou você mesmo os tenha tido anteriormente, é improvável que os estimulantes lhe provoquem tiques motores. Se você tem histórico familiar ou pessoal de tiques, pode desenvolvê-los enquanto estiver tomando estimulantes. Até um terço daqueles que já tinham tiques viram piora, mas outro terço não teve aumento nos tiques, e um terço daqueles que tiveram um transtorno de tique anteriormente, na verdade, relataram alguma melhora. Portanto, uma história pessoal ou familiar de transtornos de tique não deve impedir de tentar um estimulante – você só precisa estar mais alerta quanto ao monitoramento da ocorrência de tiques para avaliar como a substância pode afetá-los.

> **Esse medicamento realmente ajuda em relação aos meus sintomas do TDAH, mas me deixa nauseada. O que posso fazer?**

Isso pode acontecer se você toma o medicamento com o estômago vazio; portanto, coma algo antes de ingeri-lo. Se o problema persistir, fale com seu médico a respeito da possibilidade de reduzir a dose, mudar o horário da ingestão ou mesmo trocar o medicamento.

> **Posso ingerir álcool ou outras substâncias tóxicas quando estou tomando um estimulante para o controle do TDAH?**

Sim, mas com moderação. As únicas substâncias tóxicas que você deve evitar, é claro, são outros estimulantes, como cocaína, metanfetamina, *crack* ou qualquer outro, mesmo que seja controlado, pois eles aumentam o efeito do primeiro estimulante em seu corpo. Entretanto, a cafeína e o álcool não interagem adversamente com os estimulantes. Já a nicotina pode agir como um estimulante, potencializando os efeitos dos medicamentos para o seu TDAH em sua frequência cardíaca e sua pressão arterial. Por favor, discuta isso com seu médico, se você for fumante.

QUAIS SÃO AS MINHAS OPÇÕES?

Sua escolha da formulação do medicamento dependerá, em grande parte, de questões como a duração de seu dia ativo e de quando você precisa estar no ápice de suas habilidades. Todos esses sistemas de liberação têm se comprovado seguros e eficazes em centenas de estudos.

Pró
Ativação rápida, curta duração da ação (quando a substância é necessária apenas por uma curta duração de tempo).

Contra
É preciso se lembrar de tomar a próxima dose várias vezes por dia – o que provavelmente não é um de seus pontos fortes.

Os estimulantes vêm sob diferentes formulações ou sistemas de liberação: pílulas (comprimidos), cápsulas, grânulos, de liberação lenta (adesivos) e pró-fármacos (cápsulas). Para crianças, também há formulações com ativação retardada, líquida e solução oral (gomosa).

Comprimidos

Essas são as versões originais desses medicamentos, e estão disponíveis há muitas décadas. As primeiras versões de AMP (anfetamina) foram desenvolvidas na década de 1930, enquanto a primeira versão do MPH (metilfenidato) foi criada nos anos 1950. Sob a forma de pílula, os medicamentos são rapidamente absorvidos, geralmente em 15 a 20 minutos após serem ingeridos por via oral. Podem também atingir seu nível máximo no sangue (e também no cérebro) entre 60 e 90 minutos, e podem controlar os sintomas de TDAH durante 3 a 5 horas. Esse é seu principal problema: se você quer controlar os sintomas do TDAH durante as típicas 14 a 16 horas do dia de um adulto, precisa tomar esses medicamentos 2 a 4 vezes ao dia, ou ainda mais frequentemente.

> **Procure estes nomes comerciais para estimulantes em forma de pílulas:**
> ✓ Ritalina (MPH, uma mistura de d-MPH e l-MPH);
> ✓ Focalin (apenas d-MPH);
> ✓ Dexedrina (d-AMP);
> ✓ Benzedrina (l-AMP);
> ✓ Adderall e Eveko são uma mistura das formulações ou sais de d- e l-AMP.

Cápsulas de liberação prolongada

Foi inventado um engenhoso sistema osmótico para a liberação dessas substâncias no corpo e para mantê-las mais tempo na corrente sanguínea. O nome comercial desse sistema é Concerta, e ele libera MPH. É um recipiente que parece uma cápsula com um pequeno orifício em uma de suas extremidades longas feito a *laser*, e, dentro dele, há duas câmaras: uma contém um sedimento pastoso de MPH, e a outra câmara é vazia. Há também uma formulação do MPH em pó que reveste o exterior da cápsula. Agora vem a par-

Prós
- ✔ 8 a 12 horas de controle dos sintomas com apenas uma dose.
- ✔ É, possivelmente, a melhor formulação de liberação periódica do metilfenidato, se você precisa estar no auge de seu desempenho à tarde.

Contras
- ✔ A pílula-padrão pode precisar ser acrescentada para estender o controle do sintoma ao dia inteiro de um adulto.
- ✔ Não é fácil ajustar a dose, devido aos tamanhos limitados da cápsula.

te boa: quando você engole a cápsula, o pó começa imediatamente a atuar como se estivesse em forma de pílula. Isso leva um medicamento rapidamente para dentro da corrente sanguínea e proporciona à cápsula tempo suficiente para começar a absorver água de seu estômago (e, posteriormente, de seus intestinos). A água é absorvida por meio da parede da cápsula em um contínuo, fluindo para essa câmara vazia. Quando essa câmara enche, ela faz pressão contra a câmara que contém a pasta de MPH e expulsa esta pelo orifício da cápsula de modo contínuo durante 8 a 12 horas ou mais. O resultado é que muitas pessoas, especialmente as crianças, só precisam tomar uma cápsula por dia, e não as usuais duas ou três (ou mais) que precisariam ingerir se fizessem uso das pílulas comuns.

As cápsulas vêm em diferentes quantidades do medicamento, é claro, e por isso seu médico pode ajustar a dose para adequá-la às suas necessidades e suas respostas individuais. No entanto, um problema é que alguns adultos em particular podem precisar de um curso mais longo de medicamento por dia do que aquele que a cápsula proporciona. Para lidar com essa questão, alguns médicos prescrevem a forma de pílula de liberação imediata de MPH ou de AMP próximo ao fim do dia para proporcionar 3 a 5 horas extras de tratamento com medicamento, quando o Concerta pode estar perdendo seu controle benéfico dos sintomas do TDAH. Mesmo assim, você precisa admirar a engenhosidade humana que levou à descoberta desse sistema de liberação.

Os grânulos

Mais ou menos na mesma época em que o sistema de liberação osmótico foi inventado, os engenheiros modificaram um método que usa comprimidos com grânulos de liberação prolongada (liberando a substância conforme as necessidades do paciente) para manter a medicação no corpo e na corrente sanguínea mais tempo do que as pílulas. Esse método foi usado durante anos com alguns medicamentos antitérmicos, mas teve de ser modificado de várias maneiras para o uso com MPH e AMP. Agora, temos comprimidos de liberação prolongada para esses dois estimulantes. Pequenos grânulos do medicamento são revestidos de tal maneira que alguns se dissolvem imediatamente após serem engolidos, enquanto outros se dissolvem uma, duas, três ou mais horas depois, para que a substância possa ser absorvida mais gradualmente

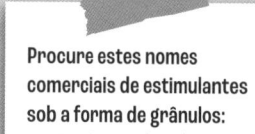

Procure estes nomes comerciais de estimulantes sob a forma de grânulos:
- ✔ Ritalina LA (MPH);
- ✔ Focalin XR (d-MPH);
- ✔ Metadate CD (MPH);
- ✔ Adderall XR (AMP);

na corrente sanguínea, durante 8 a 10 horas, para a maioria das pessoas. Esse engenhoso sistema de liberação tem a vantagem adicional de que qualquer pessoa que simplesmente não consiga ou não queira engolir a cápsula que contém esses grânulos pode abri-la (separá-la), derramar seu conteúdo em uma colher de sopa de iogurte ou outro alimento e engoli-la dessa maneira. Isso não altera a maneira como a substância vai atuar no corpo.

Além disso, há diferentes formatos (doses) dessas cápsulas para permitir que seu médico ajuste a dose ao nível ideal para você. Como o método osmótico, os grânulos de liberação prolongada, às vezes, precisam ser suplementados no fim do dia com uma versão de pílula comum ou de liberação imediata da mesma substância, caso você necessite de um controle de sintomas mais prolongado do que esses sistemas podem proporcionar nas horas da noite. Algumas pesquisas mostram que o sistema de grânulos proporciona controle um pouco melhor dos sintomas do TDAH pela manhã do que nas horas da tarde, enquanto o sistema osmótico proporciona controle um pouco melhor à tarde do que nas horas da manhã.

Prós
- Ótimo para aqueles que não conseguem (ou não querem) engolir uma cápsula.
- Pode ser ideal para você, caso precise estar no auge de sua atividade pela manhã.

Contra
A pílula pode ser necessária para estender o controle dos sintomas até a noite.

Adesivos

A invenção seguinte de um sistema de liberação para os estimulantes foi aprovada pela FDA em 2007. Trata-se de um adesivo revestido que é aplicado diretamente na pele, como atrás de seu ombro ou nas nádegas. O adesivo, que é apresentado com o nome comercial de Daytrana, contém MPH. Quando aplicado dessa maneira, o MPH é absorvido pela pele e entra na corrente sanguínea por esse meio. Enquanto você usar o adesivo, o MPH estará sendo liberado para sua corrente sanguínea, durante quantas horas do dia forem necessárias. Do mesmo modo que as outras formulações do medicamento, o adesivo vem em diferentes doses para você usar a quantidade mais adequada às suas necessidades.

Pró-fármaco

Em 2008, outro sistema de liberação recebeu aprovação da FDA para ser usado por adultos com

Prós
- Controle dos sintomas durante quantas horas do dia você necessitar.
- Dispensa a ingestão.

Contras
- Precisa ser removido várias horas antes de dormir, a fim de evitar insônia.
- Provoca erupções na pele, no local do adesivo, em 15 a 20% das pessoas.

TDAH, e recebeu o nome comercial de Venvanse no Brasil (uma anfetamina, ou AMP). Esse é mais um exemplo da engenhosidade humana.

Um dos problemas das pílulas de liberação imediata, bem como dos sistemas de grânulos, é que eles têm potencial para ocasionar abuso, geralmente por meio de moagem e inalação do pó das pílulas ou dos grânulos, ou pela mistura do pó com água e sua injeção intravenosa. Esse problema levou uma pequena companhia de biotecnologia a inventar um método pelo qual a anfetamina não pode ser ativada, a menos que esteja no estômago ou nos intestinos humanos. Isso foi alcançado por meio da união de um composto de lisina à dextroanfetamina d-AMP. Essa união de uma substância ativa com outro composto que altera seu padrão de ativação típico cria um tipo de medicamento chamado pela FDA de *pró-fármaco*. Uma vez que o pró-fármaco é ingerido, uma substância química que surge naturalmente no estômago e nos intestinos (e, provavelmente, no sangue, no revestimento intestinal) separa a lisina da d-AMP, permitindo que esta funcione. Tipicamente, os efeitos da d-AMP duram de 10 a 14 horas.

Prós
- Pouco ou nenhum potencial de abuso.
- Controle dos sintomas durante todo o dia.

Contra
Pode durar mais tempo do que o desejado, quando é necessária apenas uma curta duração.

O que o futuro reserva

Embora ainda não aprovado para o TDAH em adultos, um novo sistema de liberação foi disponibilizado em junho de 2019 para uso por crianças e adolescentes com TDAH. Ele usa o metilfenidato, mas se liga a um sistema único de liberação, que cria um retardo na ativação do medicamento (seu nome comercial é Jornay PM). As crianças tomam a medicação às 21 horas, e a substância é ativada confiavelmente cerca de 9 horas depois. Esse sistema foi inventado para contornar o fato de que outras formas de estimulantes podem deixar as crianças sem o medicamento em uma das horas mais estressantes do dia, tanto para os pais quanto para a criança, que é o começo da manhã nos dias de escola. A companhia pretende lançar uma versão desse sistema de liberação retardada para anfetamina e espera obter aprovação da FDA dos dois medicamentos para uso com adultos que têm TDAH.

Outras empresas estão experimentando uma combinação de um estimulante (anfetamina) e um inibidor da recaptação da norepinefrina (IRN) similar à atomoxetina, para ver se conseguem obter maior controle de um leque mais amplo dos sintomas do TDAH do que ocorre com cada tipo de substância isoladamente. Ainda, outros estão estudando medicações IRN mais específicas quanto à sua eficácia para TDAH. Também espero ver muito mais medicamentos sendo desenvolvidos para focar em aspectos do funcionamento do cérebro afetados negativamente pelos genes que agora estão sendo identificados como contribuintes para o TDAH.

> Os genéricos podem ser realmente tão diferentes quanto pareciam em meu caso? A farmácia que utilizo passou a comercializar as versões genéricas da Ritalina, e o novo genérico não funciona tão bem. Meu médico achou melhor eu usar o medicamento original, mas será que realmente preciso gastar esse dinheiro extra?

Seu médico estava certo em acreditar que pode haver uma diferença significativa. Os medicamentos genéricos parecem não ser fabricados com o mesmo grau de rigor que os medicamentos originais. Os genéricos têm sido associados a muitos relatos de maior variabilidade no controle dos sintomas no dia a dia e menos sucesso geral no manejo dos sintomas. Se isso ocorrer, peça para voltar a utilizar o medicamento original.

> Devo mudar o medicamento cada vez que surge um novo, mesmo que aquele que utilizo pareça estar funcionando bem? Se eu não experimentar os novos medicamentos, cuja propaganda promete ótimos novos benefícios, estarei sendo prejudicado?

Geralmente, não é uma boa ideia iniciar o uso do medicamento mais recente se aquele que você utiliza atualmente está controlando bem seus sintomas do TDAH. Entretanto, se os efeitos colaterais forem incômodos e seu médico acreditar que essa troca tem menos probabilidade de causar problemas, pode valer a pena mudar de medicamento ou de sistema de liberação. Por exemplo, alguns adultos relatam que o início mais rápido e mais subjetivamente detectável da ação do Adderall XR pode estar associado a sensações de tensão interna aumentada. A mudança para o Venvanse facilitou um início e um término mais suaves dos efeitos de seu medicamento. Ambos são anfetaminas, mas o sistema de liberação do Venvanse parece fazer a diferença na rapidez com que a dose é liberada.

> O que faço se me esquecer de tomar meu medicamento?

Contanto que não tenha passado de 13 ou 14 horas, você provavelmente pode tomar o medicamento sem muito impacto no seu sono. Caso tenha se esquecido de tomá-lo por um dia, tome-o no dia seguinte. Parece não haver problemas com a cessação abrupta dos estimulantes, muito provavelmente porque, na maioria dos casos, eles deixam de atuar em seu corpo dentro de 24 horas, quando tomados segundo a prescrição.

> **É possível desenvolver tolerância aos medicamentos estimulantes? Em caso afirmativo, como posso evitar isso, ou como posso lidar com isso, caso aconteça?**

A tolerância física real parece improvável com os medicamentos atuais para o TDAH, mas alguns indivíduos relatam que seu medicamento parece menos eficaz cerca de três a seis meses após o início do tratamento. Isso geralmente requer o ajuste da dose ou, às vezes, a mudança para outro sistema de liberação ou um medicamento diferente. Clinicamente, é possível vermos as pessoas se queixarem de que seu medicamento não está funcionando tão bem como antes, mas informações adicionais mostram que elas estão passando por um período incomumente estressante ou difícil em sua vida, que pode exacerbar seus sintomas do TDAH e tornar mais difícil que sua dose usual lhes proporcione o tratamento adequado. Essas pessoas podem precisar mudar temporariamente sua dose ou tratar a fonte do estresse nesses períodos.

Algumas pessoas ajustam sua visão de si mesmas quando estão sob medicamento e acabam se concentrando tanto nos aspectos em que não têm tido melhora que começam a acreditar que a substância não está funcionando. Elas podem precisar interromper o medicamento por alguns dias para se lembrar dos efeitos positivos que este tem sobre elas – ou descobrir se, de fato, o tratamento com essa substância *não* está funcionando.

CAPÍTULO 14

NÃO ESTIMULANTES

Quando os médicos e os pesquisadores falam sobre "os não estimulantes" para o TDAH, normalmente, eles estão falando sobre a atomoxetina ou o medicamento anti-hipertensivo alfa-2, a guanfacina XR. Nos Estados Unidos, a atomoxetina é vendida sob o nome comercial de Strattera, e a guanfacina XR, com o nome de Intuniv.

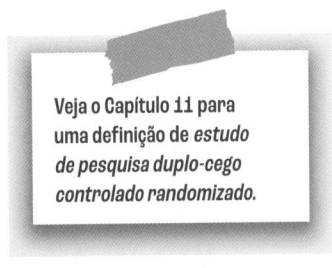

Em 2003, a FDA aprovou a atomoxetina para o tratamento do TDAH em crianças, adolescentes e adultos. Este foi o primeiro (e ainda é o único) não estimulante aprovado para o tratamento do TDAH em adultos. Na época, foi a primeira substância nova aprovada para o TDAH em mais de 25 anos. A atomoxetina foi estudada mais do que qualquer outra substância para o TDAH antes de receber a aprovação da FDA, com estudos duplo-cegos randomizados envolvendo mais de 6 mil pacientes no mundo todo. Embora os estimulantes venham sendo usados há muito mais tempo para o TDAH, não há dúvida de que a segurança e a eficácia da atomoxetina foram bem pesquisadas.

> Veja o Capítulo 11 para uma definição de *estudo de pesquisa duplo-cego controlado randomizado.*

ATOMOXETINA (STRATTERA)

É interessante que a atomoxetina foi explorada durante anos como possível antidepressivo. Quando seu fabricante abandonou essa direção (por razões que desconhecemos), a empresa deixou a substância de lado, mas, muito mais tarde, passou a encará-la como tratamento para o TDAH. A substância impede que a norepinefrina seja reabsorvida pelos neurônios quando liberada, deixando, assim, mais substância fora da célula para atuar sobre outros neurônios próximos. Isso a torna propícia para o tratamento de um transtorno marcado por escassez desse neurotransmissor. No

Capítulo 13, você leu que os estimulantes visam, principalmente, à dopamina. O fato de a atomoxetina objetivar sobretudo à norepinefrina significa que ela tem efeito diferente sobre os sintomas do TDAH. Mesmo assim, algumas pesquisas sugerem que ela também pode melhorar indiretamente o funcionamento da dopamina. Então, para algumas pessoas, ela pode funcionar melhor do que os estimulantes, dependendo de onde estão os déficits neurológicos de seu TDAH específico. Todos nós somos biologicamente únicos, especialmente na organização e no funcionamento do cérebro.

> **Qual é a eficácia da atomoxetina em comparação aos estimulantes?**
>
> ✓ Em média, cerca de 75% das pessoas obtêm efeitos positivos dos estimulantes ou dos não estimulantes.
> ✓ Alguns estudos sugerem que, embora 50% das pessoas reajam positivamente a ambos os tipos de medicamento, 25% podem responder melhor a um estimulante do que à atomoxetina, enquanto os 25% restantes podem responder melhor à atomoxetina do que a um dos estimulantes.

A atomoxetina pode ser tomada uma ou duas vezes ao dia, dependendo da dosagem, mas a maioria dos adultos toma a atomoxetina uma vez por dia. Seus efeitos duram a maior parte do dia, portanto, não há necessidade de uma formulação de liberação prolongada para obter cobertura diária, como acontece com os estimulantes. Grande parte das pessoas começa tomando o medicamento pela manhã, mas, caso sinta sonolência ou cansaço significativos que duram mais do que algumas semanas, pode ser melhor tomá-lo à noite ou dividir a dose em duas vezes ao dia. No entanto, pode demorar mais tempo do que com os estimulantes para seu médico chegar à dosagem certa para você, e seu corpo levará mais tempo para se ajustar aos efeitos colaterais de substâncias como a atomoxetina do que àqueles dos estimulantes. Por isso, seu médico provavelmente vai querer deixá-lo por um período um pouco mais longo com determinada dose de atomoxetina antes de ajustá-la, em comparação ao que faria no caso de um estimulante.

> **Ouvi dizer que essa substância demora mais tempo para agir do que os estimulantes. Isso é verdade? Em caso afirmativo, quanto tempo leva?**

Sim. A atomoxetina pode demorar de 2 a 4 semanas de ajuste gradual da dose antes de seu médico encontrar o melhor nível para você. A dose é ajustada mais devagar, principalmente porque fazer uso de um medicamento como este, que aumenta a norepinefrina, pode resultar em efeitos colaterais incômodos, como náusea e sonolência, se as doses forem elevadas demais ou ministradas muito rapidamente. Outra substância que atua como a atomoxetina (viloxazine, ou Qelbree) foi aprovada pela FDA em abril de 2021 para uso com crianças, e pode levar menos tempo para o

> **POR QUE RARAMENTE SE ABUSA DA ATOMOXETINA... E O QUE ISSO SIGNIFICA PARA VOCÊ?**
>
> Algumas pesquisas mostram que, ao bloquear a recaptação da norepinefrina, a atomoxetina também aumenta a quantidade de dopamina fora dos neurônios. Mas isso *acontece somente em algumas partes do cérebro, como no córtex frontal*. Isso significa que a substância pode tratar dos déficits produzidos pelo TDAH no cérebro relacionados à dopamina *sem* afetar os centros de gratificação cerebral possivelmente relacionados à adição ou ao abuso de substâncias. Como a atomoxetina não tem o mesmo efeito estimulante do metilfenidato e da anfetamina, a substância tem pouca influência para incitar o abuso. Na verdade, a pesquisa mostra que a substância não tem mais preferência pelos indivíduos adictos do que outras medicações psiquiátricas, como os antidepressivos, o que não quer dizer muita coisa. Por esse motivo, ela é chamada de "não estimulante", e, portanto, não é uma substância controlada nos Estados Unidos.
>
> O que isso significa para você?
>
> - Ela é muito mais conveniente para ser prescrita várias vezes. Seu médico pode prescrevê-la por telefone, o que não pode ser feito com os estimulantes.
> - Você não precisa tomar as mesmas precauções para manter a medicação inacessível a todos que o cercam.
> - Esse pode ser o tratamento de escolha para você, caso tenha lutado contra o abuso de substâncias. (Na verdade, um estudo de etilistas com TDAH mostrou que a atomoxetina melhorou o TDAH e, ao mesmo tempo, reduziu a ingestão pesada de álcool.)

ajuste até uma dose ideal. Ela poderá ser aprovada para adultos em breve, portanto, recomendo que os adultos que estão começando a usar a atomoxetina sejam pacientes. Você lida com o TDAH, então algumas semanas para obter bom controle de seus sintomas é um preço pequeno a pagar pelas vantagens que esse medicamento pode proporcionar.

A atomoxetina é segura?

- Ela certamente é segura em termos de potencial abuso – não tem nenhum.
- Complicações hepáticas ocorrem uma vez em cada 1 milhão de pessoas tratadas – 1 a 4 casos em 4,5 milhões tratados até esta data (não ficou claro que a substância tenha causado o problema nos quatro casos; evidências mais recentes envolvem apenas um caso de inflamação do fígado). Esse efeito colateral extremamente incomum parece

> Não tome atomoxetina simultaneamente com algum inibidor da monoamina oxidase (IMAO). Essa combinação pode ter efeitos adversos potencialmente fatais.

- resultar de uma reação autoimune muito rara à atomoxetina, em que o sistema imunológico do corpo ataca e inflama as camadas externas do fígado. Por medida de segurança, as pessoas com história de dano hepático ou outros problemas no fígado podem desejar evitar o uso desse medicamento.
- A bula da atomoxetina adverte para um possível aumento de risco de ideação suicida em decorrência de seu uso, mas não de *tentativas* de suicídio. É importante observar que esse risco não foi encontrado para adolescentes ou adultos. Mesmo para crianças, ele permanece questionável, porque os métodos pelos quais as informações foram coletadas nos estudos clínicos iniciais não foram totalmente confiáveis, e o problema foi observado em apenas um dos 23 *sites* envolvidos no estudo.
- A atomoxetina também pode aumentar sua frequência cardíaca e sua pressão arterial, embora ainda menos do que os estimulantes.

Os efeitos colaterais mais comuns da atomoxetina são:

- náusea ou vômito;
- boca seca;
- tontura ou vertigem;
- sonolência;
- constipação;
- sudorese;
- redução da libido (desejo sexual) ou disfunção erétil;
- insônia (bem menos comum do que com os estimulantes);
- irritabilidade (rara; semelhante à que ocorre com os estimulantes – algumas pessoas, de fato, relatam melhora em seu humor ou no autocontrole emocional quando estão tomando esse medicamento).

> Não consegui suportar a insônia causada pelo primeiro estimulante que experimentei. Meu médico tentou me receitar outros estimulantes, e tive os mesmos problemas. Mas também não estou tendo tanta melhora em meu TDAH com o Strattera. O que mais posso fazer?

Essa é uma situação muito improvável, mas certamente pode ocorrer. Experimente algumas opções que não os medicamentos apresentados no Quarto e Quinto Passos, assim como terapia para o TDAH, para descobrir se algum desses procedimentos funciona para você. Alguns médicos estão combinando atomoxetina com um estimulante, usando doses mais baixas de cada um, em casos como esse. Discuta essas combinações com seu médico se achar que elas podem ser benéficas para você.

Conclusão? Alguns estudos sugerem que a atomoxetina pode não produzir tanta melhora nos sintomas do TDAH quanto os estimulantes. Mas você pode descobrir que obtém melhora suficiente para controlar seus sintomas e, ao mesmo tempo, evitar os desconfortáveis efeitos colaterais que podem estar associados aos estimulantes.

A atomoxetina pode ser uma escolha melhor do que os estimulantes se...

- você tiver TDAH leve a moderado e não precisa de substâncias mais potentes, como a AMP;
- você experimentou estimulantes sem muita melhora em seus sintomas;
- você encontrou efeitos colaterais nos estimulantes, principalmente insônia, intoleráveis (a atomoxetina não causa problemas de sono);
- você ou alguém em sua família tem história de abuso de substâncias;
- você precisa dos efeitos terapêuticos durante todo o dia;
- você sofre de ansiedade, depressão, tiques, maneirismos ou obsessões e compulsões. A atomoxetina não piora esses problemas; em alguns casos, os tiques ou a ansiedade podem realmente melhorar.

> **Posso abrir a cápsula para misturá-la com alimentos ou ajustar minha dose?**

Não. A atomoxetina tem algumas propriedades de tipo ácido que podem queimar os olhos se você ficar com um pouco do medicamento (pó) nos dedos e esfregar os olhos. Para ajustar sua dose, seu médico pode combinar várias dosagens das cápsulas para tratar melhor o seu TDAH.

GUANFACINA XR (INTUNIV)

Este medicamento está baseado em uma substância bem conhecida, usada para controlar a HAS em adultos (guanfacina HCL), que agora vem em um novo sistema de liberação prolongada formulado para uso no controle do TDAH. Para obter o benefício do sistema de liberação prolongada, você deve engolir o comprimido inteiro, não triturado. A substância atua razoavelmente bem no controle dos sintomas do TDAH em alguns pacientes, mas parece não ser tão eficiente quanto os estimulantes (metilfenidato ou anfetamina), e talvez seja um pouco menos eficaz do que o não estimulante atomoxetina. Diferentemente dos estimulantes, que são eliminados do corpo diariamente, a guanfacina XR permanece no corpo por mais de 24 horas antes de ser metabolizada e eliminada.

O medicamento funciona por uma rota totalmente diferente no cérebro do que os outros medicamentos para TDAH. Esses alteram a quantidade de neurotransmissores disponíveis no cérebro nas sinapses ou na lacuna entre as células nervosas, conforme discutido anteriormente. A guanfacina XR atinge seus efeitos pelo ajuste fino da transmissão de sinais por meio das células nervosas. Cada célula nervosa tem pequenas portas ou aberturas (como esfíncteres ou válvulas) ao longo do seu canal principal, ou axônio. Estas são chamadas de portas alfa 2, e, quanto mais abertas elas são, mais os sinais nervosos dessa célula podem ser interrompidos ou enfraquecidos. A guanfacina XR fecha essas portas, fortalecendo os sinais à medida que se movem ao longo do axônio, o que facilita a comunicação de cada célula com as células nervosas adjacentes, resultando em melhor funcionamento.

Mas como esse medicamento é um anti-hipertensivo, um dos seus efeitos colaterais é uma redução na pressão arterial que pode levar a uma sensação subjetiva de tontura e, em casos raros, desmaio. Assim como outros medicamentos para pressão arterial, esse pode causar sonolência ou sedação, e, comparado a um estimulante, pode levar mais tempo para ajustar a dosagem e encontrar a quantidade certa para obter bom controle dos sintomas do TDAH. Os efeitos colaterais mais comuns da guanfacina XR são:

- tontura ou sonolência, sobretudo ao iniciar o medicamento;
- dor de cabeça;
- irritabilidade;
- pressão arterial baixa;
- náusea;
- dor de estômago;
- boca seca;
- constipação;
- redução do apetite;
- pressão arterial muito baixa (raro);
- frequência cardíaca lenta (raro);
- desmaio (raro).

Os efeitos colaterais podem diminuir com o tempo, enquanto a substância está sendo tomada. Como a atomoxetina, essa substância não tem efeito significativo nos centros de recompensa no cérebro e, portanto, não tem potencial significativo para abuso como os estimulantes podem ter. Muitas vezes, ela é encarada como medicamento de terceira linha para controle do TDAH, uma vez que é menos eficaz do que os estimulantes e é preciso ter mais paciência enquanto é ajustada a dose para atingir os resultados ideais. Outra substância semelhante e aprovada pela FDA para crianças é a clonidina XR. Em breve, ela poderá ser aprovada para adultos.

BUPROPIONA (WELLBUTRIN)

A bupropiona (nome comercial: Wellbutrin)* é um medicamento desenvolvido como antidepressivo, às vezes, usado para tratar adultos com TDAH, principalmente

---

* N. de R.T.: No Brasil, há outros nomes comerciais dessa substância.

se tiverem ansiedade ou depressão associadas ao transtorno. Não é aprovada pela FDA para esse uso específico e não foi estudada tão extensivamente quanto a atomoxetina para tratar o TDAH. Entretanto, os estudos de pesquisa disponíveis indicam benefícios significativos no manejo dos sintomas do TDAH, e a falta de aprovação pela FDA não impede que os médicos a prescrevam para os casos em que se comprove que esse medicamento seja melhor escolha do que os estimulantes ou a atomoxetina – geralmente, quando você foi diagnosticado com ansiedade ou depressão, além do TDAH. A bupropiona aumenta a norepinefrina no cérebro da mesma maneira que a atomoxetina, mas também afeta outros neurotransmissores, como a dopamina, o que pode estar beneficiando o manejo do TDAH, e a serotonina, o que significa que pode produzir efeitos colaterais diferentes de outros medicamentos aprovados para o TDAH que não impactam essa substância. Se seu único diagnóstico for o TDAH, é melhor utilizar um estimulante ou a atomoxetina.

> Fazer uso de um medicamento para tratar uma condição para a qual a FDA não a aprovou é denominado "uso extraoficial", e pode ser perfeitamente seguro (até mesmo a melhor escolha). Mas sempre peça a seu médico para lhe explicar os prós e os contras, e por que uma substância é preferível às outras alternativas.

Outros não estimulantes podem ser prescritos, mas não necessariamente para o TDAH, pois nenhum deles é particularmente eficaz na melhora dos sintomas do transtorno. Entretanto, os medicamentos para o TDAH, muitas vezes, são combinados com substâncias usadas para tratar outras condições, como antidepressivos, ansiolíticos, anti-hipertensivos e até mesmo estabilizadores de humor ou antipsicóticos.

O antinarcoléptico modafinila (nome comercial: Provigil) tem mostrado alguma promessa inicial como tratamento para os sintomas do TDAH em crianças, mas mesmo esses resultados nem sempre foram replicados em outros estudos. Também não há, até esta data, pesquisa sobre o uso dessa substância para adultos com TDAH. O medicamento aumenta o estado de alerta e a vigília, e, às vezes, tem sido usado para tratar apneia do sono (suspensão da respiração durante o sono), mas não recebeu aprovação da FDA para o tratamento do TDAH até o momento, pois ocorreu um caso raro de reação cutânea alérgica severa no estudo inicial submetido à FDA como parte do seu processo de aprovação; a FDA requereu que a substância fosse mais estudada para avaliar alguns raros efeitos colaterais, antes de dar sua aprovação. No entanto, até o momento, não parece provável que o fabricante invista mais tempo e dinheiro nesse processo de aprovação.

CAPÍTULO 15

O QUE ESPERAR DO TRATAMENTO

Os medicamentos para o TDAH, sobretudo os estimulantes e a atomoxetina, estão entre os mais seguros, mais eficazes e mais bem estudados entre todos aqueles usados para tratar condições psiquiátricas. Você tem uma boa chance – até 80% – de se adaptar a um curso de tratamento que vai modificar sua vida, mas pode demorar um pouco. Algumas tentativas em consultas com seu médico podem ser necessárias para elaborar o regime mais adequado. Veja como você e seu médico chegarão lá.

FAÇA UM EXAME FÍSICO E ENTREVISTA

Você pode já ter seguido essas etapas durante sua avaliação diagnóstica. Entretanto, se você foi diagnosticado há algum tempo e só está considerando o medicamento agora, seu médico provavelmente vai querer cobrir esse campo de novo. Convém certificar-se de que nenhum novo fator que poderia afetar um curso de medicamento tenha entrado no quadro.

Seu médico vai realizar um exame físico com atenção especial para:

- sua frequência cardíaca;
- sua pressão arterial;
- outros medicamentos que você esteja tomando.

Descarte problemas cardíacos: se você leu os Capítulos 13 e 14, sabe que é importante identificar

> Uma vez iniciado o medicamento, informe imediatamente seu médico se sentiu algum problema importante de funcionamento cardíaco – palpitações, frequência cardíaca acelerada, dor no peito, vertigem ou desmaio.

quaisquer problemas cardíacos (em você ou em sua história familiar) antes de decidir sobre um estimulante e, provavelmente, até mesmo um não estimulante. Alguns médicos podem solicitar eletrocardiograma (ECG), e, embora esse exame geralmente não seja necessário, é uma precaução que não custa caro e não é má ideia, se você não o faz há muito tempo.

Identifique possíveis interações da medicação: apesar de essas substâncias serem seguras em combinação com a maioria dos outros medicamentos, você quer garantir que não vai acabar tomando dois estimulantes ao mesmo tempo ou que não está considerando a atomoxetina se estiver tomando um IMAO. Se você fuma, discuta isso com seu médico, caso ele esteja planejando lhe prescrever um estimulante. A nicotina também pode agir como estimulante, e a combinação dos dois pode aumentar a frequência cardíaca e a pressão arterial ou causar outros efeitos colaterais estimulantes.

ENCONTRE EXATAMENTE O MEDICAMENTO CERTO

Você tem cerca de 75% de chance de reagir a qualquer medicamento para o TDAH que seja experimentado primeiro. Não se surpreenda se, de repente, você sentir que é capaz de funcionar normalmente, talvez pela primeira vez em sua vida. Mas, se isso não acontecer, não desanime. Ainda há centenas de outros medicamentos, formulações e dosagens disponíveis para experimentar que ainda podem funcionar para você. Em geral, você tem 80 a 90% de chance de reagir positivamente a um dos vários medicamentos para o TDAH que se encontram disponíveis no mercado neste momento.

Como o médico vai decidir o que tentar primeiro?

> Elaborar o melhor plano de tratamento possível é tanto uma arte quanto uma ciência. Tente ser paciente durante o processo: é você quem tem tudo a ganhar com isso!

Estimulante ou não estimulante?

Essa dúvida é enfrentada por todos os médicos, em todos os casos de TDAH em adultos. Alguns iniciam com um medicamento que já vêm usando com sucesso em muitos de seus pacientes. Outros começam com o que estão acostumados a usar como substância de primeira escolha. Outros, ainda, escolhem o que seus colegas já estão usando extensivamente, sobretudo se têm menos experiência do que eles.

A maioria dos médicos provavelmente vai tentar um estimulante primeiro, se você não parece ter outro transtorno além do TDAH, ou se é urgente ou uma prioridade obter um controle relativamente rápido de seu TDAH (p. ex., está prestes a ser demitido se seu trabalho não melhorar, seu cônjuge ou parceiro(a) planeja deixá-lo se as coisas não mudarem rapidamente em seu relacionamento, está prestes a ser reprovado na faculdade, etc.). A formulação escolhida para uma primeira tentativa pode ser determinada pelos prós e contras listados no Capítulo 13. Entretanto, eu e meus colegas acreditamos que um médico pode descobrir o que é melhor para *você* usando

> Se você acha que não está se beneficiando de um medicamento que está tomando, certifique-se de pedir a opinião de alguém com quem mora ou que seja próximo de algum modo. Às vezes, as mudanças pelas quais você está passando podem ser mais facilmente observadas por outras pessoas.

mais do que diretrizes padronizadas. A lista a seguir lhe dará uma ideia sobre se um estimulante ou não estimulante, como a atomoxetina, pode ser o melhor para você. Você também pode enviar esta lista ao seu médico para ele considerá-la.

Quanto mais respostas "sim" você tiver assinalado, mais eu acreditarei que você deve considerar a atomoxetina ou outro não estimulante antes de um estimulante. Seu médico também pode considerar associar ambos – usando doses mais baixas de cada um – para lhe proporcionar uma cobertura melhor (mais ampla) de suas várias aflições, ao mesmo tempo em que limita a ocorrência dos efeitos colaterais típicos de cada um.

Chegando à dosagem certa

A dose necessária para tratar o TDAH com sucesso varia de pessoa para pessoa. Alguns adultos requerem doses muito pequenas, iguais às usadas para as crianças, enquanto outros precisam de doses muito mais elevadas, bem acima da média. Espere que seu médico intervenha com várias doses, iniciando com uma dose baixa e aumentando a cada semana até você ter uma boa resposta, ou os efeitos colaterais sejam tão desagradáveis que partir para uma dose ainda mais elevada não seja mais uma boa opção.

Mas seja paciente. Às vezes, pode demorar 2 a 3 semanas ou até 1 a 2 meses para encontrar a melhor dose para sua situação.

Se o primeiro medicamento não funcionar para você ou não funcionar tão bem quanto seu médico gostaria, várias outras opções podem ser as corretas para você.

Digamos que você experimente um sistema de liberação com MPH, como Ritalina LA ou Focalin XR (grânulos de liberação prolongada), sem muito sucesso. O problema pode ser o sistema de liberação, não o medicamento específico. Mudar para Concerta (sistema osmótico) ou para os adesivos Daytrana pode funcionar. Se isso não der certo, mude para um sistema de liberação com AMP, como Adderall XR ou Venvanse, ou para o não estimulante atomoxetina (Strattera). Se esses medicamentos não funcionarem para você, uma tentativa com guanfacina XR pode ser indicada. Um médico só deve recorrer a uma substância não autorizada e usar medicamento não aprovado pela FDA para o seu TDAH se você não mostrar resposta positiva a nenhuma das substâncias citadas ou se tiver outra condição que necessite ser tratada primeiro. Nesse caso, bupropiona pode ser uma opção para controlar o seu TDAH.

> Seu médico deve sempre tratar primeiro a condição mais prejudicial ou com risco de vida. Se, por exemplo, você tiver transtorno bipolar ou depressão grave, a primeira tentativa de medicamento deverá ser para essa condição, antes de dar início a uma medicação para o TDAH.

Sim	Não	Questão a considerar
☐	☐	1. Você já teve alguma reação adversa ou insatisfatória aos estimulantes?
☐	☐	2. Você *nunca* teve uma reação adversa ou insatisfatória a um agente noradrenérgico?
☐	☐	3. Uma reação imediata ao medicamento *não* é necessária para o controle urgente de seu TDAH?
☐	☐	4. Você tem problemas com ansiedade ou depressão, além do TDAH?
☐	☐	5. Você tem algum transtorno de tique ou síndrome de Tourette?
☐	☐	6. Você sofre excessivamente de insônia ou tem dificuldade para dormir?
☐	☐	7. Você tem problemas significativos com impulsividade emocional, raiva ou conflitos com outras pessoas no início da manhã?
☐	☐	8. Você tem alguma preocupação no que diz respeito ao uso de um estimulante controlado (possivelmente em razão de publicidade negativa ou por potencial abuso dos estimulantes)?
☐	☐	9. Você vai encontrar conflito ou hostilidade por parte de seus familiares se usar um estimulante?
☐	☐	10. Você ou seus médicos estão preocupados com as dificuldades logísticas maiores com o uso de um estimulante (visitas frequentes ao consultório, monitoramento constante e elevados custos médicos associados)?
☐	☐	11. Você é um estudante universitário para quem o abuso recreacional, o furto ou a diversão podem ser um problema potencial?
☐	☐	12. Você tem histórico de abuso de substâncias?
☐	☐	13. Alguém que mora com você, como um membro de sua família imediata, tem um histórico desse tipo?
☐	☐	14. Você já sofreu de insônia aguda no passado por tomar um estimulante?
☐	☐	15. Você já experienciou irritabilidade, raiva ou outros problemas comportamentais significativos pela manhã enquanto usava um estimulante?
☐	☐	16. Você já experienciou embotamento afetivo ou restrição anormal de expressão emocional (apatia) devido ao uso de um estimulante?
___	___	**Total:** contagem total da quantidade assinalada de "sim" e "não".

> - Há muito boas chances de que o primeiro medicamento que você experimente funcione
> - Você tem apenas 10 a 25% de possibilidade de não reagir ao primeiro medicamento testado.
> - Você tem apenas 3 a 10% de possibilidade de não conseguir tolerar o medicamento.

MONITORANDO O TRATAMENTO

Os medicamentos elaborados para tratar o TDAH têm como objetivo os problemas específicos do cérebro, discutidos no Segundo Passo. Quando você encontrar o medicamento certo para o seu caso, vai perceber que:

- está mais produtivo no trabalho;
- está mais persistente nas tarefas que precisa realizar;
- consegue trabalhar melhor independentemente dos outros;
- seu controle de impulsos melhorou;
- está mais criterioso em relação ao que está fazendo;
- consegue organizar melhor seus pensamentos;
- está mais fácil conduzir as conversas;
- seu gerenciamento do tempo parece estar melhor;
- consegue persistir em tarefas tediosas, como escrever cartas ou relatórios de negócios sem muito esforço;
- está cumprindo as promessas;
- suas emoções estão mais controladas.

No início de seu tratamento medicamentoso, seu médico provavelmente vai querer vê-lo, ou pelo menos falar com você semanalmente, para ajustar a dosagem quando necessário, até que seus sintomas estejam controlados o máximo possível. Depois disso, você terá de entrar em contato com o médico mensalmente, caso esteja usando um estimulante. Normalmente, essa receita deve ser utilizada no período de um mês, e não pode ser preenchida fora do estado ou do país em que foi prescrita. A atomoxetina não é um medicamento controlado, e poderá ser adquirida várias vezes antes de ser requerida uma nova receita.* O mesmo vale para a guanfacina XR.

Quando tiver encontrado a dose que funciona para você, seu médico provavelmente precisará vê-lo para exames rotineiros de acompanhamento a cada 3 a 6 meses. Descobrimos que, muitas vezes, as pessoas precisam de ajustes adicionais da dosagem após os primeiros 3 a 6 meses de uso do medicamento, sempre que houver ganho ou perda de peso incomum ou quando suas circunstâncias de vida tiverem mudado drasticamente, assim como o controle de seus sintomas. Por exemplo, retor-

---

* N. de R.T.: O caso não se aplica ao Brasil, pelo menos até o momento.

nar à universidade em tempo integral pode aumentar sua necessidade de habilidades de gerenciamento do tempo, auto-organização e automotivação, necessitando de um aumento em sua dose, pelo menos nos dias em que você tiver aula ou estiver estudando. Ou, se você for um vendedor de computadores, pode achar que precisa apenas de pequenas doses para controlar o seu TDAH nos dias em que estiver visitando muitos clientes em uma região, mais medicamento nos dias em que houver pilhas de serviço burocrático para fazer, ou, ainda, se obteve uma promoção para gerente de vendas do distrito. No entanto, geralmente, sem uma mudança marcante nas circunstâncias ou em seu peso, uma vez que uma dose foi estabelecida para alguns meses, ela normalmente pode permanecer estável por muitos meses depois.

Para ajudá-lo a monitorar quaisquer alterações em seus sintomas, você pode considerar o uso da Escala de Acompanhamento dos Sintomas do TDAH, apresentada no final deste capítulo. Ela pode fornecer ao seu médico informações mais precisas sobre o desempenho do medicamento na melhora dos seus sintomas e se há necessidade de aumentar sua dose adicional. A Escala também pode ajudá-lo a lembrar de transmitir ao seu médico informações bem mais específicas do que você poderia se lembrar sem registrá-las.

Quando o medicamento deve ser descontinuado? Os médicos geralmente recomendam que os adultos façam uso de seu medicamento durante sete dias por semana, o ano todo, porque os danos que o TDAH pode produzir ocorrem não apenas no trabalho ou nos estudos, mas em muitas outras áreas da vida, como ao dirigir veículos, criar os filhos, gerenciar as responsabilidades domésticas, lidar com dinheiro e se relacionar socialmente; todas essas funções podem se beneficiar dos medicamentos para o TDAH e podem ser afetadas negativamente se o medicamento for interrompido. Enquanto você estiver sentindo dificuldades em quaisquer dessas áreas, o medicamento deve ser continuado.

Entretanto, é possível que haja momentos em que parar o uso do medicamento pode fazer sentido, pelo menos temporariamente. Em minha experiência clínica, alguns adultos têm percebido que o medicamento que estavam usando restringia muito suas emoções e até mesmo sua criatividade. Embora isso não seja comum e não tenha sido documentado nos estudos de pesquisa, tais indivíduos estavam em situações de emprego específicas, em que suas queixas faziam algum sentido.

Uma dessas pessoas era poeta. Ela usava seu medicamento na maior parte dos dias por causa das responsabilidades que tinha ao administrar uma família, pagar suas contas, dirigir e realizar outras atividades domésticas, mas descobriu que ficava bem menos criativa como poeta nos dias que reservava para escrever. Por isso, ela interrompia o medicamento apenas nesses dias, e, em seu caso, esse arranjo funcionou. A poesia não é nada sem sua emoção, imagens e metáforas, e ela descobriu que sua emoção era muito restringida por seu medicamento.

Outro paciente era um músico talentoso que tocava em uma orquestra sinfônica. Como a poeta, ele descobriu que o medicamento era muito útil nos dias em que não tocava o seu violoncelo e apenas realizava suas tarefas domésticas rotineiras, pagando contas ou lendo. Contudo, quando era preciso fazer apresentações com a orquestra e estar muito mais conectado e expressivo no teor emocional de sua música – as qualidades que faziam dele um musicista tão bem-sucedido –, ele interrompia seu medicamento.

> **?** A eficácia do medicamento pode ser influenciada por alguma mudança importante no corpo, como significativo ganho ou perda de peso, ou mudanças hormonais (perimenopausa/menopausa)?

Algumas pessoas, principalmente crianças em fase de crescimento, descobrem que, com o passar do tempo, sua dose deve ser ajustada. Isso acontece provavelmente em razão de ganho de peso e outras mudanças que ocorrem com o amadurecimento. É pouco provável que essas questões sejam significativas nos adultos, mas alguns têm relatado mudanças na eficácia de seu medicamento relacionadas a mudanças de peso. Portanto, as doses podem precisar ser ajustadas de tempos em tempos, embora menos frequentemente do que nas crianças. Não temos evidências sobre o impacto da perimenopausa ou mesmo dos ciclos menstruais mensais na eficácia do medicamento, embora realmente piorem os sintomas do TDAH em algumas mulheres e, por isso, essa é uma questão que atualmente permanece sem resposta.

Nem sempre o problema é apenas o TDAH

Tenha em mente que nenhum medicamento para o TDAH vai resolver milagrosamente todos os seus problemas. Dificuldades no trabalho, nos relacionamentos e em outras áreas da vida não são todas causadas pelo TDAH. Portanto, naturalmente, o medicamento para o TDAH não vai eliminá-las pelo simples fato de estar funcionando. Infelizmente, pode ser complicado descobrir que problemas permanentes em sua vida precisam ser tratados por alguma outra via.

> Sua namorada está sempre brava com você porque ainda se esquece de ligar para ela quando prometeu? Ou porque vocês dois são incompatíveis?
>
> Você não conseguiu a promoção porque não sabe o que dizer e não dizer ao seu chefe? Ou porque não adquiriu as habilidades necessárias para o próximo nível do emprego?
>
> Você está sendo pressionado por uma empresa de cobrança porque não paga suas contas em dia (ou simplesmente não as paga)? Ou porque não tem dinheiro suficiente para as dívidas que assumiu, ou talvez porque eles simplesmente o confundiram com outra pessoa?

Em muitos casos, o primeiro problema em cada situação mencionada pode muito bem ser uma consequência de a pessoa ser portadora do TDAH, mas o segundo, não – e não seria esperado que isso mudasse como um resultado do uso de um medicamento para o TDAH. Muitas pessoas com TDAH acham mais fácil encontrar as respostas para essas questões quando o medicamento está ajudando-as a pensar com mais clareza. Para algumas, isso requer prática. Viver com TDAH não tratado durante um longo tempo pode deixá-lo com um histórico de erros que você não precisava ter cometido. Esses erros podem levar outras pessoas a esperarem de você um mau comportamento e decisões equivocadas, o que, por sua vez, pode torná-lo ressentido e defensivo. Mesmo agora, que consegue funcionar melhor, você pode ter dificuldades para encarar com objetividade o que está causando seus problemas. As outras pessoas veem o que elas esperam com base em seu passado, e não na maneira como você está no presente? Todas as críticas que você recebeu ao longo dos anos fez com que você esperasse ser considerado culpado, enxergando intenção maliciosa onde não existe? O TDAH pode deixá-lo com uma pilha de atitudes não produtivas e hábitos negativos que são difíceis de mudar. Por isso, muitos adultos com TDAH procuram terapeutas, conselheiros ou treinadores de desenvolvimento pessoal para ajudá-los a recomeçar.

AJUDANDO O MEDICAMENTO

Os terapeutas e treinadores de desenvolvimento pessoal podem ser de grande ajuda para muitos adultos com TDAH que já tenham iniciado um curso de medicamento eficaz. Contudo, por favor, entenda que não há evidência científica de que esse tipo de tratamento funcione, mas é algo que pode ajudá-lo a preencher as carências deixadas quando o medicamento simplesmente não seja suficiente para lidar com todos os aspectos de seu TDAH ou em períodos do dia em que os medicamentos simplesmente não podem ser usados.

Muitas estratégias e ferramentas para lidar com quaisquer sintomas e prejuízos remanescentes nas várias áreas em que você opera estão à sua disposição. Consultar um psicólogo ou terapeuta é uma forma de explorá-las, e outra é ler o restante deste livro. O Quarto e o Quinto Passos apresentam uma série de técnicas para melhorar sua vida cotidiana. Todas elas são baseadas na minha teoria de que o TDAH é um transtorno do autocontrole, uma condição que o deixa sem noção do tempo, e também são baseadas no princípio de que o TDAH não é uma questão de não saber o que fazer, mas de não fazer o que você sabe quando precisa fazê-lo. Adicione essas técnicas ao medicamento e você estará no caminho para uma vida melhor.

> Os recursos apresentados no final deste livro listam organizações e grupos de apoio que podem ajudá-lo a adquirir as habilidades necessárias para a vida cotidiana e fontes de encaminhamento para terapeutas e treinadores de motivação e desenvolvimento pessoal.

ESCALA DE ACOMPANHAMENTO DOS SINTOMAS DO TDAH

Nome: _____ Data: _____

Instruções para a Parte I

Este formulário foi elaborado para obter sua opinião sobre a frequência com que você demonstra os comportamentos a seguir. Por favor, circule o número ao lado de cada item que descreva quantas vezes esse comportamento tem ocorrido durante o período indicado a seguir. Assinale (✓) em um desses períodos de tempo para indicar qual deles você está considerando ao preencher este formulário. Depois, compartilhe este formulário com seu médico para lhe dar informações mais completas sobre o seu nível de TDAH antes de começar a tomar o medicamento ou durante a fase inicial do tratamento, quando já estiver fazendo uso dele.

_____ Durante os últimos seis meses (basal).

_____ Desde o início do medicamento.

_____ Desde que a dose do medicamento foi modificada.

_____ Desde que o medicamento foi interrompido.

Sintomas	Nunca ou raramente	Às vezes	Frequentemente	Muito frequentemente
1. Falho em prestar atenção aos detalhes ou cometo erros por descuido em meu trabalho.	0	1	2	3
2. Fico tamborilando com minhas mãos ou meus pés, ou me contorço na cadeira quando preciso permanecer sentado.	0	1	2	3
3. Tenho dificuldade para manter a atenção nas tarefas ou nas atividades de lazer.	0	1	2	3
4. Levanto-me da minha cadeira em situações em que se espera que eu permaneça sentado.	0	1	2	3

→

Sintomas	Nunca ou raramente	Às vezes	Frequentemente	Muito frequentemente
5. Não escuto quando falam diretamente comigo.	0	1	2	3
6. Inquietação.	0	1	2	3
7. Não sigo as instruções e não consigo terminar tarefas.	0	1	2	3
8. Tenho dificuldade para me envolver em atividades de lazer ou fazer coisas divertidas tranquilamente.	0	1	2	3
9. Tenho dificuldade para organizar tarefas e atividades.	0	1	2	3
10. Pareço me sentir como se necessitasse estar "em movimento" ou fosse "movido por um motor".	0	1	2	3
11. Evito, não gosto ou sou relutante em me envolver em um trabalho que requeira esforço mental sustentado.	0	1	2	3
12. Falo excessivamente.	0	1	2	3
13. Perco coisas necessárias para as tarefas ou as atividades.	0	1	2	3
14. Solto as respostas antes de as perguntas terem sido completadas.	0	1	2	3
15. Distraio-me facilmente.	0	1	2	3
16. Tenho dificuldade para esperar minha vez.	0	1	2	3
17. Sou esquecido nas atividades diárias.	0	1	2	3
18. Interrompo as outras pessoas ou interfiro no que elas estão fazendo.	0	1	2	3

Instruções para a Parte II

Em que extensão os problemas que você assinalou anteriormente interferem em sua capacidade para funcionar em cada uma dessas áreas de atividades?

Atividades	Nunca ou raramente	Às vezes	Frequentemente	Muito frequentemente
Em minha casa ou com minha família.	0	1	2	3
Nas relações sociais com as outras pessoas.	0	1	2	3
Em minhas atividades na comunidade.	0	1	2	3
Na escola ou em outros ambientes de aprendizagem (se estou envolvido em um ambiente educacional).	0	1	2	3
Em esportes, clubes ou outras organizações.	0	1	2	3
Na condução de veículos.	0	1	2	3
No lazer ou em atividades recreativas.	0	1	2	3
No gerenciamento do meu dinheiro e das minhas finanças.	0	1	2	3
Em meus relacionamentos amorosos ou conjugais.	0	1	2	3
Na criação de meus filhos.	0	1	2	3
Em meu gerenciamento das tarefas diárias ou outras responsabilidades.	0	1	2	3

QUARTO PASSO

Mude a sua vida: regras cotidianas para o sucesso

O TDAH pode fazer você sentir como se estivesse em uma esteira. Seus sintomas tornam muito mais difícil para você do que para os outros atender às demandas da vida adulta. Algumas tarefas não são concluídas no prazo; outras lhe escapam dia após dia, não importa o quanto se esforce para cumpri-las. Você pode acabar exausto no final do dia e ainda sentir como se não tivesse chegado a lugar algum.

Felizmente, o medicamento que normaliza os sintomas de muitas pessoas pode nivelar seu campo de ação. Na verdade, como já dito anteriormente, muitos adultos com TDAH que conheci declararam que o medicamento eficaz modificou por completo sua vida. Se você se sente dessa maneira após ter trabalhado com seu médico para encontrar o medicamento correto para o seu caso, pode estar tentado a fechar este livro agora.

Sinta-se livre para fazê-lo. Deixe o livro de lado e dê prosseguimento ao resto de sua vida.

Mas mantenha o livro em um lugar onde possa encontrá-lo facilmente. Espero que você volte a ele em breve, porque o Quarto Passo pode lhe proporcionar uma vantagem valiosa.

- *Os princípios que você aprenderá no Quarto Passo vão potencializar seu tratamento, da mesma forma que a dieta e os exercícios potencializam a insulina para os diabéticos. Mesmo com o medicamento eficaz, você pode sentir alguns sintomas residuais; as regras a seguir podem realizar a "limpeza".*
- *As oito regras para o sucesso cotidiano vão lhe proporcionar um respaldo para os períodos particularmente difíceis. Uma crise importante na vida, uma doença*

física ou qualquer outro evento estressante podem alterar temporariamente a eficácia de seu medicamento. Ter à mão um "kit de emergência" pode mantê-lo em um caminho bem-sucedido nessas situações.

- *Se, por algum motivo, seu medicamento se tornar menos eficaz, as regras contidas no Quarto Passo poderão substituí-lo, enquanto você e seu médico descobrem um novo regime de medicamento. Mais uma vez, é sempre conveniente ter um "plano B".*
- As regras possibilitam romper com velhos hábitos arraigados trazidos pelos sintomas do TDAH. Mesmo que o medicamento o ajude a superar os déficits do TDAH, os velhos hábitos podem permanecer. Essas regras vão lembrá-lo de que há uma forma diferente de conduzir seus afazeres diários para você continuar tendo uma boa qualidade de vida sem demora.

Lembre-se de que, no Capítulo 11, eu disse que você pode fazer muitas coisas para moldar seu ambiente e torná-lo adequado às suas necessidades. O Quarto Passo vai apresentá-lo a alguns princípios básicos que vão ajudá-lo a fazer isso em sua vida cotidiana. Mude a situação o suficiente e você reduzirá a posição de desvantagem ou incapacidade a que estará sujeito dentro dela.

> **Os transtornos pertencem às pessoas. As desvantagens pertencem às situações.**

Cada uma das oito regras para o sucesso é baseada nos sintomas do TDAH e nas suas raízes no cérebro. Siga-as, e você poderá combater diretamente as tendências criadas pelo seu cérebro com TDAH sobre as quais você leu no Segundo Passo. Durante todo o Quarto Passo, vou ajudá-lo a ligar os pontos entre as maiores dificuldades que o TDAH lhe causa (identificadas no Segundo Passo) e as regras que serão mais importantes para você aprender e seguir. Use essas regras sempre que quiser ter sucesso:

- quando precisar que as coisas sejam feitas;
- quando for importante não cometer erros;
- quando precisar chegar no horário;
- quando quiser continuar aprendendo com o passado para se preparar para o futuro;
- quando quiser atingir seus objetivos para poder terminar o dia sabendo que pode estar cansado, mas pelo menos tem algo a mostrar!

CAPÍTULO 16

REGRA 1: PARE A AÇÃO!

> ☑ O que a Regra 1 pode fazer por você: ganhar algum tempo antes de agir.

Se você é um adulto com TDAH, a Regra 1 é destinada a você. Simples assim.

Os problemas com o autocontrole que estão no centro do TDAH começam com a dificuldade para resistir aos impulsos. Seu chefe propõe que você dobre suas metas de vendas para o ano, e, antes que você possa morder a língua, você dá uma gargalhada e diz: "Está ficando louco?". Quando vê o novo ornamento no jardim do seu vizinho, você diz a ele que aquilo faz sua casa parecer um motel barato, e agora ele não está falando com você – de novo. Você vê um maravilhoso par de sapatos na vitrine de uma loja e corre para comprá-lo, embora cada tostão do salário que tem no bolso já esteja comprometido.

Ao não parar antes de agir, você não dá a si mesmo um tempo para pensar. Esse pensamento inclui usar seu pensamento retrospectivo e sua previsão para se dar conta da situação, lembrar o que aconteceu antes e considerar o que deve fazer a seguir. Ele também inclui dar um tempo para falar consigo mesmo sobre a situação, usando a voz de sua mente para ponderar como lidar com a situação.

Felizmente, você não está totalmente desprovido de freios mentais. Mas, mesmo com todo o benefício de qualquer medicamento que esteja usando, aprender a parar de reagir rapidamente aos eventos que o cercam com decisões, comentários e ações impulsivas vai exigir prática. Lembre-se de que as

> Volte aos Capítulos 6 e 7 para ver quais *insights* lhe vêm à mente sobre onde e como sua impulsividade tem prejudicado você.

funções executivas lhe dão a capacidade de exercer o autocontrole. Cabe a você fazer um esforço consciente para usar essa capacidade.

Comece assimilando *onde* é mais provável que você se comporte impulsivamente e em que isso pode ser mais prejudicial para você. Há momentos e lugares em que não há problema em ser impulsivo, falante, espontâneo ou imprevisível – ou onde seja pelo menos improvável que isso lhe custe muito caro (como em uma grande festa ou em uma casa noturna barulhenta). Mas há momentos e lugares em que você já sabe que se comportar dessa maneira pode lhe acarretar grandes problemas (no trabalho, na faculdade, nos relacionamentos íntimos).

DESCUBRA ONDE A IMPULSIVIDADE MAIS O PREJUDICA

Não se limite a adivinhar a resposta. Se precisar, faça uma lista dessas situações custosas de sua experiência passada. Peça a seu cônjuge, seu parceiro, um bom amigo ou um irmão para ajudá-lo a identificar seus pontos problemáticos. Escreva-os ou peça à outra pessoa para fazê-lo para você, para que tenha um lembrete de onde ficar alerta e onde praticar mais o "parar a ação".

Estratégia: *realize uma ação simples para evitar a urgência de agir.*

Antes que você entre em uma das situações que acabou de identificar, na próxima vez que a ocasião surgir, quero que você pratique parar durante alguns segundos para dar ao seu pensamento uma chance de entrar em ação *realizando uma das seguintes ações simples*.

- Inspire lentamente, expire lentamente, faça uma expressão pensativa e diga a si mesmo: "Bem, deixe-me pensar sobre isso".
- Diga simplesmente: "Hummmm, deixe-me ver agora", pensativamente, depois de inspirar e expirar.
- Coloque a mão sobre sua boca durante alguns segundos.
- Ou simplesmente coloque sua mão no queixo, como em uma postura pensativa, como um lembrete para manter sua boca fechada e não dizer a primeira coisa que lhe vier à mente.

Qualquer pequena ação vai funcionar. No Capítulo 9, mencionei um adulto que mentalmente tranca sua boca com uma chave invisível para evitar falar. Uma vez que você tenha enraizado o hábito de usar ações públicas e externas para ganhar tempo, pode passar a usar gestos mentais como esse. Por enquanto, tente uma versão mais pública do truque da fechadura: coloque uma das mãos nas costas ou no bolso e realize um movimento de giro da chave.

Para ganhar mais alguns segundos, repita o que a outra pessoa acabou de lhe dizer:

- "Oh, você quer saber sobre..."
- "Você está me pedindo para..."
- "O que você quer que seja feito é..."
- "Você acha que..."

ONDE A IMPULSIVIDADE É UM GRANDE PROBLEMA PARA VOCÊ?

No trabalho?

Onde e quando?
_____
_____
_____
_____

Nos relacionamentos afetivos?

O que normalmente acontece?
_____
_____
_____
_____

Nas conversas?

Com quem – um amigo, parceiro, cônjuge ou outro ente querido?
_____
_____
_____
_____

Quando você faz compras com um cartão de crédito?

Quais lojas (ou *sites*) e itens você acha irresistíveis?
_____
_____
_____
_____

Quando você está dirigindo um veículo?

Sempre ou apenas em alguns itinerários ou em algumas situações?
_____
_____
_____
_____

Outro?
_____
_____
_____
_____

Mais uma vez, estes são apenas exemplos. Escolha uma frase que seja fácil de lembrar, que saia facilmente de sua boca e que, por isso, é provável que a utilize.

O fundamental é não dizer ou fazer qualquer outra coisa nos primeiros segundos. Observe que eu não disse para você não fazer *nada*. Sem dúvida, já lhe disseram muitas vezes para parar e pensar, mas ninguém jamais lhe disse como pode conter um desejo incrivelmente forte de agir ou falar e simplesmente ficar parado, sem fazer nada, quando cada molécula de seu corpo está o incitando a fazer algo. A razão pela qual esse pequeno truque funciona é que ele lhe dá algo para fazer enquanto você está ganhando tempo para pensar, o que o TDAH geralmente lhe nega.

Prática: tente praticar fazer isso frequentemente, todos os dias, muitas vezes ao dia, mesmo quando estiver sozinho. Esse comportamento vem naturalmente para aqueles sem TDAH porque o sistema motor do cérebro deles não é tão rápido quanto o seu. Isso pode ser inconsciente para eles, mas deve ser muito, muito consciente para você – pelo menos no início. Quanto mais você praticar, mais rápido se tornará um hábito inconsciente. Será difícil, mas, acredite, vai valer a pena! Você vai tentar fazer isso com tanta frequência que as pessoas podem olhar para você e achar engraçado: por que este sujeito sempre coloca a mão sobre a boca? Por que esta mulher constantemente repete o que acabei de dizer? Tente não se preocupar com isso; é melhor do que receber uma reação zangada, chocada ou indignada. Se estiver tendo problemas para desenvolver uma insensibilidade para as reações dos outros em relação a você, verifique a Regra 8.

Estratégia: *pense em alguém que fale devagar e desempenhe esse papel quando estiver conversando.*

Você tem de parar de representar o Tigrão e se tornar o Ursinho Pooh. Pare de ser um Robin Williams em alguma cena acelerada de comédia e comece a ser mais ponderado, como Tom Hanks ou Will Rogers. Vá devagar. Mesmo que demore algum tempo extra para proferir uma sentença, isso vai lhe proporcionar aquele cenário em seu tempo mental para carregar a imagem mental de sua experiência passada e fazer com que a câmera o exiba em sua tela mental. Pratique falar devagar diante do espelho, veja a si mesmo como seu personagem que fala devagar. Falar mais devagar dará aos seus lobos frontais uma chance de obter uma trava, de se segurar em vez de ser levado pela maré incessante de seus impulsos.

Seguir a Regra 1 vai ajudá-lo a ganhar tempo para permitir que seu cenário mental particular se prepare e lhe mostre algum vídeo de suas experiências passadas que possa estar ligado à situação presente. Tendo se dado esse tempo, você deve agora conscientemente tentar pensar sobre a situação. Pensar, aqui, significa visualizar as experiências relevantes de seu passado para descobrir o que elas têm a lhe dizer. A próxima regra vai ajudá-lo a fazer isso.

CAPÍTULO 17

REGRA 2: OLHE PARA O PASSADO... E DEPOIS PARA O FUTURO

> ☑ O que a Regra 2 pode fazer por você: ajudá-lo a ver o que vem a seguir.

Quando surge um problema durante o dia, você fica totalmente desconcertado com o que pode acontecer e o que fazer? Você se pune constantemente por cometer o mesmo erro repetidas vezes? A Regra 2 é para você.

Você já sabe que o olho da sua mente (a memória de trabalho não verbal) não é tão poderoso quanto o das pessoas que não têm TDAH. Isso torna realmente desafiador ativar suas imagens mentais relacionadas à visão retrospectiva e à antevisão antes de agir. Você já consegue muito bem olhar para trás em sua vida, e até mesmo olhar para frente para saber o que sua experiência pode lhe dizer que vai acontecer, *mas só depois que você já agiu e a poeira baixou*. A boa notícia aqui é que ser capaz de exercitar a visão retrospectiva vai lhe dizer que você realmente tem essa capacidade; já a má notícia é que só exercer a visão retrospectiva depois do fato ocorrido, em geral, leva diretamente a se punir por ter feito ou dito a coisa errada. Mais que a crítica dos outros, a autorrecriminação poderá lhe deixar diretamente arrasado, e você pode achar cada vez mais difícil se reerguer.

> Volte ao Capítulo 9 para relembrar as dificuldades específicas com o olho da mente que lhe soaram familiares quando você leu a seção sobre a memória de trabalho não verbal.

Quanto à antevisão, ser capaz de extrair da experiência passada o que pode acontecer no futuro é ótimo – contanto que você consiga fazê-lo imediatamente, nas situações em que precise dessa previsão. Uma decisão que você tomou na semana passada para fazer algo de maneira diferente pode evaporar antes de você ter oportunidade de seguir adiante. Você precisa de uma forma de se certificar de que aquilo que aprendeu no passado permanecerá acessível quando for necessário.

IDENTIFIQUE ONDE ESTÃO SEUS PONTOS FRACOS NA MEMÓRIA DE TRABALHO NÃO VERBAL

Descubra onde você tem mais dificuldade para olhar para o futuro; esses são os locais em que você mais vai querer praticar vendo o passado.

Estratégia: *use um dispositivo visual imaginário para ligar o olho de sua mente.*

Aprender a parar a ação dá a você aquele espaço mental para ativar o olho da mente. Mas o olho da sua mente é tão frágil que a próxima coisa irrelevante que acontece ao seu redor pode interromper aquilo sobre o que você estava tentando pensar. De repente, sua mente foi desviada para qualquer tangente que a distração lhe tenha sugerido, então, o que precisa fazer é evocar mentalmente algum dispositivo visual que, em geral, julga atrativo. Sua grande TV de tela plana? Seu jogo de computador favorito? Uma minicâmera no seu celular? Logo após interromper a ação, clique nesse dispositivo. Você pode até usar um movimento físico sub-reptício para ativá-lo diretamente quando estiver dizendo "Hummmmm" ou logo após ter usado a mesma mão para fazer o movimento de fechar com chave.

Agora tente focar sua mente e literalmente ver na tela desse dispositivo qualquer luz que seu passado possa lançar sobre essa situação específica. Visualize o que aconteceu da última vez que esteve em uma situação como essa. Seja criativo. Veja o passado se desenrolando em toda a sua ação detalhada e colorida, como se estivesse filmando ou reproduzindo o que passou no espaço em que está.

Prática: quanto mais você fizer isso, mais habitual e automático isso vai se tornar, e mais "vídeos" diferentes vão surgir em sua mente a partir de seu banco da memória para guiar seu futuro. Você será capaz de pensar: "Uau, da última vez que interrom-

---

Você bate em todos os problemas com um "martelo", pois todos são como "pregos"?

Os adultos com TDAH não compilaram um grande estoque de experiências passadas para serem lembradas; por isso, as diferenças sutis entre os problemas e a necessidade de diferentes ferramentas para resolvê-los, muitas vezes, os desconcerta.

Aprender algo novo exige que você passe por um longo e lento processo de tentativa e erro?

Se você não consegue evocar facilmente as imagens mentais, deve continuar tentando uma coisa após a outra.

Você tem dificuldade para economizar dinheiro, persistir em uma dieta ou aperfeiçoar uma habilidade atlética?

Adiar a recompensa é difícil quando você não consegue evocar a imagem mental do prêmio que está por vir.

pi uma reunião com uma piada, todos riram *de mim*, não da piada". Ou: "Me senti realmente culpada quando cheguei em casa com aqueles sapatos e descobri que meu filho precisava de alguns livros caros para a escola e eu não tinha dinheiro para comprá-los". Não se limite a praticar projetar o olho da mente em uma tela de TV ou em um monitor de computador apenas em suas situações de maior risco. Para consolidar o hábito, faça isso também onde for mais fácil – onde os riscos forem menores, não há pressão e é mais fácil para parar a ação e dar a oportunidade a si mesmo.

Estratégia: *use auxílios visuais tangíveis para dar uma ajuda extra ao olho da sua mente.*

Há mais sobre esse tópico na Regra 4. Mas digamos que haja um cenário específico, em que o olho da sua mente fica cego, e você já esteja cansado de se culpar por não perceber o que deveria ter feito. Tire uma foto, recorte de uma revista ou desenhe algo que represente o "não faça". Aja da mesma forma para algo que represente o "faça". Coloque essas imagens onde você possa vê-las com frequência, reforçando os circuitos mentais que conectam o que você quer com uma ação do passado que colocou algo fora do seu alcance. A mulher cuja derrocada foram os sapatos caros colocou do lado de dentro da porta de seu armário o anúncio de um sapato de marca junto com um xerox de sua conta bancária mostrando saldo negativo. Do outro lado, colocou a foto de seu filho e a imagem que recortou de uma revista de um diploma do ensino médio. Ver essas imagens todos os dias a ajudava para que elas surgissem em sua cabeça quando ela passava por sua loja de sapatos preferida.

O olho da sua mente (memória de trabalho não verbal) pode ser mais fraco e menos eficiente do que o das outras pessoas. Mas você tem também uma voz da mente. E ela pode servir para melhorar o que está tentando visualizar em sua mente. Leia a Regra 3.

CAPÍTULO 18

REGRA 3: EXPRESSE O PASSADO... E DEPOIS O FUTURO

> ☑ O que a Regra 3 pode fazer por você: ajudá-lo a analisar a situação antes de decidir o que fazer. Ajudá-lo a desenvolver regras que você possa usar para as mesmas situações no futuro.

Você enxerga o que está por vir e ainda persiste na reação automática? Você sente como se continuasse tendo de aprender repetidamente as mesmas lições? A Regra 3 é para você.

A memória de trabalho não verbal – o olho da mente – não é suficiente para a maioria de nós, se quisermos operar com sucesso no mundo adulto. Não precisamos apenas ver o que aconteceu na última vez que tomamos determinada atitude mas também precisamos ser capazes de analisar cada situação que se apresenta diante de nós e pesar os prós e os contras das diferentes reações. Digamos que você saiba que deixar escapar sua opinião no meio da última reunião foi um erro. Quando seu chefe lhe apresenta um novo plano, que você acha equivocado para a reunião da semana, você simplesmente se fecha? Escreve suas ideias em um comunicado que dirige a ele mais tarde? Recruta alguns aliados e se junta a eles para falarem juntos com seu chefe sobre suas dúvidas? Apresenta um plano alternativo?

Precisamos ser capazes de aprimorar as regras e as diretrizes a partir do que vivenciamos para podermos responder e planejar cada vez mais com o passar do tempo. Esperar até depois de uma reunião para expressar uma opinião que pode não ser bem recebida é um exemplo de uma regra que você pode adotar no local de trabalho. Saber quem são seus aliados entre os colegas de trabalho pode ser uma boa diretriz para progredir em seu emprego e em sua carreira.

O principal ingrediente nesses processos mentais é a *linguagem*. Quando aprendemos a parar a ação e, então, enxergar o passado para podermos prever o futuro, a única maneira de aprender com as imagens mentais é usar palavras para descrevê-

-las. Falar consigo mesmo é fundamental para a resolução de problemas e essencial para o planejamento, inclusive crítico para o entendimento das regras da sociedade. Na verdade, a memória de trabalho verbal fraca é uma das razões de não ser incomum aos adultos com TDAH acumularem um registro criminal, muitas vezes, devido a contravenções. Não é a malevolência que provoca a violação da lei, mas um fracasso fundamental em aplicar e seguir as regras em momentos importantes na vida, geralmente em razão da impulsividade. A menos que você converse consigo mesmo sobre suas opções, pode ser muito fácil decidir, por exemplo, que não há problema em furtar algo que chamou sua atenção em uma loja porque você provavelmente não será visto ou poderá devolvê-lo mais tarde.

Entender o que o TDAH faz com suas funções executivas pode realmente ajudá-lo a compensar seus déficits. Sim, a voz de sua mente (memória de trabalho verbal) é mais fraca e menos eficaz do que a das pessoas que não têm TDAH. Em contrapartida, se você praticá-la e fortalecê-la, poderá usar sua memória de trabalho verbal aprimorada para compensar uma memória de trabalho *não* verbal fraca – e vice-versa. Converse consigo mesmo sobre as imagens mentais que você pode evocar e fortaleça essas memórias visuais para uso posterior. Enriqueça seu banco visual de memórias e terá mais informações para analisar logicamente com a voz da sua mente. O resultado? Você melhora suas chances de tomar decisões melhores e mais sutis.

IDENTIFIQUE AS ÁREAS MAIS PROBLEMÁTICAS DA SUA MEMÓRIA DE TRABALHO VERBAL

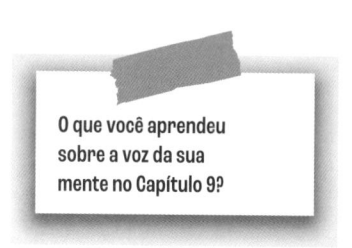

> O que você aprendeu sobre a voz da sua mente no Capítulo 9?

Desenvolver habilidades da memória de trabalho verbal é uma conquista relativamente sofisticada. Para começar a praticar, tente chegar a um objetivo modesto que você não conseguiu atingir devido à sua memória de trabalho verbal fraca. Por exemplo, você pode realmente querer administrar seus próprios investimentos, mas pode fazer sentido começar com um plano de poupança simples que exija o depósito de uma pequena quantidade de dinheiro em uma conta toda semana. Mesmo um objetivo aparentemente simples é muito mais difícil de atingir de forma consistente do que você imagina antes de começar.

Estratégia: *Torne-se seu próprio entrevistador.*

Não se limite a enxergar apenas as imagens mentais em sua mente:

- Discuta-as consigo mesmo.
- Rotule-as.
- Descreva exatamente o que você está vendo em sua mente.
- Em seguida, extraia alguma regra ou princípio dessa revisão que lhe diga o que você quer fazer da próxima vez que enfrentar essa situação.

> Essa voz na sua cabeça não está ali só para lhe fazer companhia. Ela é um dispositivo para ajudar no seu autocontrole.

Literalmente, imagine-se segurando um microfone e entrevistando a si mesmo na TV. Descreva verbalmente a situação em que se encontra. Faça a si mesmo perguntas importantes. Seja duro com você como se fosse o jornalista mais intratável. Faça a si mesmo perguntas como as seguintes:

- "O que está acontecendo aqui?"
- "Eu já estive antes em uma situação como esta?"
- "O que é igual e o que é diferente?"
- "O que eu fiz da última vez?"
- "Essa é uma opção neste momento?"
- "Há escolhas melhores?"
- "Se eu decidir fazer X, o que vai acontecer?"
- "Eu vi X (uma pessoa bem-sucedida que você admira) fazer isso? Se não, o que X fez em situações semelhantes?"
- "Se minhas decisões forem ruins, como vou me sentir amanhã?"

Você tem dificuldade para interpretar as emoções das outras pessoas?

Com determinadas pessoas e em situações específicas, ou o tempo todo?

_____
_____
_____
_____

Você acha muito difícil entender e seguir regras?

Onde e quando?

_____
_____
_____
_____

Você tem dificuldade para entender e reter o que leu?

_____
_____
_____
_____

Você decide iniciar uma dieta, um plano de poupança ou outro programa e, então, desiste dele quase imediatamente?

_____
_____
_____
_____

> Mesmo que esteja cercado de outras pessoas, pode fingir que está usando um dispositivo de viva-voz, conversando em seu celular. Você vai se misturar com todo mundo imediatamente.

Estratégia: *Narre em voz alta o que está acontecendo.*

Como você sabe, as crianças narram suas brincadeiras o tempo todo. Como adultos, supõe-se que deveríamos ter aprendido a fazer esses comentários de forma privada e interna. Infelizmente, o TDAH tem outras ideias. Então, vamos voltar ao que funcionou bem quando éramos crianças. Vá em frente e descreva o que está acontecendo com você em uma linguagem rica e viva, *em voz alta*. Você não precisa *gritar*; apenas falar em *voz alta*. As palavras vocalizadas externamente, mesmo quando apenas sussurradas, são mais poderosas no controle e na orientação do nosso comportamento do que as palavras que podemos dizer em nossa mente. Você pode se sentir mais confortável fazendo isso quando está sozinho. Certamente, não vai querer fazê-lo onde possa incomodar alguém, mas é possível escolher situações em que você pode praticar isso sem medo da reação de outras pessoas.

- Quando você estiver trabalhando em um projeto em casa e tentando decidir se deve continuar com ele ou abandoná-lo em prol de algo mais divertido.
- Quando você estiver tentando seguir as regras da estrada, enquanto dirige sozinho no carro.
- Em uma corrida ou caminhada pelo parque, quando estiver planejando o que vai fazer no restante do seu dia.

Aproveite a solidão como uma oportunidade para se acostumar a verbalizar onde você está, o que está fazendo, o que pode fazer em seguida e o que pode acontecer. Enquanto estiver realizando uma tarefa, dê a si mesmo instruções sobre como persistir nela, fazê-la com cuidado, completar cada etapa e concluir o projeto. Você verá que é muito mais provável que visualize a tarefa até o fim do que se apenas tiver pensado nessas ideias em sua cabeça.

O olho da sua mente e a voz da sua mente não são tão fortes quanto os das outras pessoas. Você pode estimulá-los seguindo as Regras 1 a 3. Mas há ainda mais que você pode fazer para ajudar a si mesmo: veja a Regra 4.

CAPÍTULO 19

REGRA 4: EXTERIORIZE AS INFORMAÇÕES FUNDAMENTAIS

> ☑ O que a Regra 4 pode fazer por você: dar-lhe algo em que confiar, além da sua própria memória.

Você é esquecido e disperso? As pessoas o tratam como se você fosse irresponsável e inconfiável? Você está começando a concordar que não tem autodisciplina ou persistência? Se você é um adulto que tem TDAH, provavelmente respondeu sim a todas essas perguntas. Definitivamente, a Regra 4 é mais destinada a você.

Mesmo com o TDAH roubando parte do poder de suas funções executivas, você pode desenvolvê-las para seu maior potencial. Por isso, faz sentido seguir as Regras 1 a 3. Quanto mais você praticar as estratégias dos últimos três capítulos, mais desenvolverá essas habilidades, apesar de ter um déficit inato. Entretanto, isso não significa que deva parar por aí. Você merece toda a ajuda que puder obter para nivelar esse campo de ação.

É impossível enfatizar o quanto é importante você aproveitar as muitas maneiras pelas quais pode estimular sua memória interna com dicas externas. As crianças que têm TDAH obtêm esse tipo de ajuda na escola quando o professor fornece lembretes periódicos para permanecerem concentrados na tarefa. Os pais montam quadros com estrelas para motivar as crianças a manter os esforços que estão fazendo com relação às tarefas ou às lições de casa. Os pais também usam quadros com figuras que detalham graficamente as etapas em rotinas, como vestir-se para ir à escola, para que uma criança que se perde ou se distrai no meio do processo tenha algo para consultar e se manter no caminho certo.

Você consegue pensar em alguma razão pela qual não deve ter o mesmo tipo de ajuda?

A diferença, em seu caso, evidentemente, é que você, em geral, está sozinho nesse momento. Você pode conseguir a ajuda de um cônjuge ou de uma pessoa que more com você até certo ponto, mas, na maioria das vezes, cabe a você criar e usar lembretes externos. A boa notícia é que isso pode ser divertido. Você pode usar a criatividade concedida a muitas pessoas, inclusive, àquelas com TDAH.

ONDE VOCÊ AINDA TEM MUITAS DIFICULDADES... NÃO IMPORTANDO QUANTO ESFORÇO MENTAL VOCÊ INVISTA?

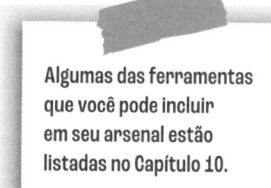

Algumas das ferramentas que você pode incluir em seu arsenal estão listadas no Capítulo 10.

Realmente, não importa se sua dificuldade é para parar a ação, enxergar o passado ou expressar verbalmente o que passou. As estratégias para exteriorizar as informações podem ser aplicadas a qualquer tipo de lembrete que você precise. Você pode – e deve – usar recursos externos o tempo todo. Muitas das ferramentas que são perfeitas para emitir os lembretes são totalmente portáteis e adaptáveis, o que significa que não há limites para como e onde você pode tirar proveito delas. Além disso, isso vai ajudá-lo a saber quais áreas parecem ser particularmente resistentes à sua memória, para que você possa enfrentá-las e se poupar da frustração de contínuas deficiências.

Você ainda tem muita dificuldade para ficar em silêncio em ocasiões nas quais isso seria o melhor a fazer?

Quando e onde?

_____
_____
_____
_____

Você se esquece de reunir as ferramentas e os materiais para as tarefas que precisa realizar?

No trabalho ou em outros lugares?

_____
_____
_____
_____

Sua lista mental de tarefas inclui itens que são transferidos de um dia para o outro, nunca sendo verificados?

Quais tipos de tarefas?

_____
_____
_____
_____

> **Você sente que está frequentemente à mercê de suas emoções?**
>
> Quais emoções são um problema específico para você (raiva, frustração, culpa, vergonha, etc.)?
>
> _____
> _____
> _____
> _____
>
> **Você tem menos controle em algumas situações ou com determinadas pessoas do que com outras?**
>
> _____
> _____
> _____
> _____

Estes são apenas alguns problemas que podem ser resolvidos com a ajuda de informações exteriorizadas. Pense nos "erros" e nos "fracassos" dos quais você mais se arrepende – é a partir daí que você pode aplicar imediatamente uma das seguintes estratégias.

Estratégia: *Coloque dicas físicas à vista em situações problemáticas.*

Essas dicas podem assumir muitas formas. Eis alguns exemplos ajustados a determinadas situações problemáticas.

- Um cartaz posicionado sobre o monitor do seu computador ou na sua mesa, no seu campo visual, para lembrar de não começar a navegar na internet em vez de fazer seu trabalho. Ou experimente colocar uma foto de seu chefe com a seguinte ordem escrita: "Vá trabalhar!". Ou, faça como Homer Simpson, em um memorável episódio, quando expôs a foto de sua filha, Lisa, com a frase "Faça isso por ela".
- Um bilhete para si mesmo mantido no mesmo bolso que contém sua carteira, para que, quando for puxá-la para comprar algo, puxe também esse lembrete – e pergunte a si mesmo se realmente precisa fazer aquela compra. Melhor ainda, faça uma nota adesiva e cole no cartão de crédito.
- Uma nota na tela do seu celular perguntando se a ligação que você está prestes a fazer pode esperar até mais tarde, depois que tiver concluído qualquer tarefa que esteja fazendo.
- Uma foto do troféu de tênis (ou de qualquer prêmio) que você deseje ganhar para continuar praticando.
- Um símbolo, como uma placa de "pare", que possa ser colocado em qualquer lugar para lembrá-lo de parar a ação antes de tomar qualquer decisão.

> Sua dica física deve ficar à vista, exatamente no lugar onde você precisa do lembrete.

- Uma lista de regras para escrever um relatório complicado que você precisa fazer no trabalho a cada duas semanas.

As dicas físicas são seus substitutos para uma memória de trabalho instável. Algo externo, diante de você, é um lembrete muito mais poderoso do que uma imagem ou palavra mantida em sua mente. Da próxima vez que você entrar na situação para a qual criou uma dica, esta chamará sua atenção e o lembrará do que pretendia fazer naquela situação.

Por exemplo, você come impulsivamente e deseja perder peso? Coloque em sua geladeira uma foto de um atleta, de um artista de cinema ou de você mesmo quando era mais jovem e mais magro. Você também pode colar uma placa de "pare" na porta da geladeira, dizendo "Mantenha distância", acompanhada talvez por uma foto de um policial que você encontrou em um jornal ou revista e recortou para fixar ao lado da placa.

> Uma dica externa não apenas o ajuda a parar o que estava impulsivamente prestes a fazer mas também lhe diz o que fazer em vez disso, e até por que você estava tentando mudar para melhor.

Estratégia: *Faça uma lista dos passos ou dos procedimentos que deseja seguir na próxima vez que se deparar com uma tarefa problemática.*

Listas de tarefas são usadas por todos, com ou sem TDAH, *porque elas funcionam muito bem.* Se você terminou seu dia desanimado porque muitos dos objetivos que definiu foram abandonados, uma lista de tarefas pode ser uma dádiva dos céus. Se você a colocar em um lugar onde não possa deixar de vê-la, ela vai lembrá-lo do que precisa ser feito imediatamente, ou em seguida, quando desviar sua atenção para algo mais divertido ou pelo simples fato de que aquilo entrou em seu campo de visão e foi difícil ignorá-lo. Não há nada igual à sensação de riscar aquele último compromisso ou tarefa no fim do dia. *Agora* você pode se divertir!

> Tentei usar listas de tarefas, mas acho que simplesmente me empolguei tanto escrevendo a lista quanto me entusiasmo com outras coisas nas quais me envolvo. Eu não sabia quando parar e já havia escrito três páginas de coisas a fazer em um único dia. Parece que, enquanto escrevia, não conseguia perceber que estava sendo insanamente irrealista sobre a quantidade de coisas que eu poderia fazer em um único dia. Como posso me conter e elaborar uma lista razoável de tarefas?

Tenho uma ideia. Se você tem um cônjuge solidário, um mentor no trabalho, um irmão ou irmã, ou alguém que more com você que esteja disposto a ocasionalmente ajudá-lo, peça para analisar sua lista. Lembre-se de que um de seus maiores problemas é a ausência de noção do tempo. Isso pode tornar muito difícil descobrir quanto tempo cada item da sua lista deve levar (sem falar em como planejar seu tempo enquanto você está preparando essa lista!). Muitos adultos que não têm TDAH têm uma boa ideia de quanto tempo geralmente levam para realizar as tarefas domésticas. Um mentor ou chefe no trabalho vai saber quanto tempo as tarefas profissionais requerem para sua realização. E você poderá começar a desenvolver uma percepção de quanto tempo a mais do que a média das pessoas você poderá precisar para realizar determinadas tarefas, dependendo das suas habilidades nessa área, do interesse que tem na tarefa, de quais são as distrações que geralmente se apresentam e de qual é a amplitude de sua atenção.

Isso desencadeia uma segunda ideia para você não se descontrolar ao fazer sua lista: use um diário. Se mantiver o registro de quanto tempo demora para realizar algumas tarefas, vai começar a conhecer a si mesmo e seus hábitos o suficiente para administrar melhor o seu tempo. Veja a estratégia a seguir.

Estratégia: *Carregue um diário com você o tempo todo.*

Como já foi observado, um diário pode ajudá-lo a registrar as especificidades de algumas tarefas e o que é necessário para que elas sejam realizadas. Mas, em geral, ele pode servir como um registro do que você precisa fazer. Uma das maiores dificuldades que você pode ter com a memória de trabalho é lembrar do que outras pessoas lhe disseram ser importante. Com que frequência você desapontou a si mesmo ou a outra pessoa por se esquecer de:

- uma data?
- um compromisso?
- uma promessa?
- um encontro?
- um prazo?

Seja no trabalho, nas relações sociais ou em casa com sua família, a capacidade de lembrar do que você disse que faria é fundamental para sua integridade e sua imagem perante os olhos dos outros. Isso é especialmente verdadeiro em relação às promessas que faz às outras pessoas. Tenho certeza de que você sabe que é mais rotineiro esquecer esse tipo de informação do que lembrá-la. Também tenho certeza de que você sabe como paga caro por esses lapsos – no trabalho, em casa e em outros lugares. Os adultos com TDAH que conheço relatam que o fato de serem encarados como mais esquecidos e irresponsáveis do que os outros adultos – por serem incapazes de manter e cumprir promessas e compromissos da maneira como se espera que os adultos façam, geralmente são considerados menos confiáveis – lhes provoca mais vergonha e sofrimento do que qualquer outro prejuízo que o TDAH tenha produzido neles.

> Se você carrega uma bolsa, coloque seu diário em uma repartição externa onde você possa vê-lo e pegá-lo com facilidade: é muito melhor do que colocá-lo dentro do compartimento principal fechado com zíper, em que ter de tatear para encontrá-lo pode impedi-lo de anotar importantes informações.

Você não precisa se resignar a esse destino. Comece a levar consigo um diário, como já observado no Capítulo 10. Pode ser uma pequena caderneta, um diário compacto ou qualquer coisa na qual você possa escrever, incluindo os dispositivos eletrônicos mencionados no Capítulo 10. O importante é que você o leve com você o tempo todo.

Assim como você coloca sua carteira no bolso de trás da calça ou dentro da bolsa, você deve ter um pequeno diário ou um celular o tempo todo com você para fazer anotações!

Hoje, antes que você tenha a chance de esquecer, comece a usar seu diário: escreva nele qualquer coisa que alguém lhe disser que você precisa fazer, qualquer promessa que fizer, qualquer compromisso que tenha marcado com outras pessoas, datas, prazos, reuniões ou outras instruções urgentes – *qualquer coisa e tudo o que possa ser importante você se lembrar.*

Não se considere totalmente vestido pela manhã até colocar em seu bolso ou em sua bolsa esse diário e um lápis ou caneta ou outro dispositivo para fazer anotações.

Não use seu diário apenas para escrever. Consulte-o com frequência, de hora em hora, se necessário, para manter o propósito de honrar seus compromissos, concluir as tarefas, cumprir as promessas feitas a outras pessoas e cumprir seus prazos. Defina o alarme do seu celular para tocar a cada 15 a 30 minutos para lembrá-lo de verificar esse diário. Se você é um adulto com TDAH, esse diário deve acompanhá-lo o tempo todo, a menos que uma situação exija que você esteja nu. Mesmo assim, ele deve estar próximo, fácil de alcançar, se você precisar se lembrar de qualquer coisa durante esse período.

> Celulares ou dispositivos de registro digital parecem sempre presentes e podem parecer uma escolha óbvia para seu diário. Mas descobri que as pessoas têm maior probabilidade de usar e se lembrar de ler um pequeno diário de bolso, enquanto, muitas vezes, perdem seu pequeno aparelho digital ou simplesmente se esquecem de reproduzir novamente para ouvir o que disseram antes.

> Um diário é valioso: é sua memória de trabalho externa.

Como já mencionado, os adultos com TDAH relatam que é terrivelmente deprimente serem encarados como não confiáveis e imaturos. Não demora muito para concordarem com a avaliação das outras pessoas e encararem a si mesmos como desprovidos de persistência, autodisciplina e força de vontade. Para ajudar a controlar seus déficits das funções executivas, siga as próximas regras.

CAPÍTULO 20

REGRA 5: CONTEMPLE O FUTURO

> ☑ O que a Regra 5 pode fazer por você: mantê-lo motivado para atingir seus objetivos.

Se o propósito das tarefas que precisa realizar parece desinteressante e abstrato, deixando-lhe sem inspiração para se concentrar, a Regra 5 é para você.

Uma das principais consequências do que chamo de cegueira temporal do TDAH é a dificuldade de evocar o passado para que você possa aplicar o que se lembra no futuro. Por isso, as Regras 2 e 3 são tão importantes: elas o ajudam a aprender com suas memórias, para que você esteja mais apto para lidar com situações similares no futuro. Contudo, o TDAH também o deixa com grandes lacunas entre o *presente* e o futuro: se ninguém está balançando uma cenoura bem na frente de seu rosto, você pode precisar de muita persuasão para continuar indo em direção ao seu destino.

Às vezes, a autoconversa que você aprendeu na Regra 3 o mantém em movimento. Dizer a si mesmo que *precisa* realizar certo trabalho, dizer a si mesmo *como* fazê-lo, lembrar-se dos *passos* que precisa dar ao longo do caminho e se convencer a prestar atenção no *tempo* são ações que podem funcionar em muitas situações. Outro método que pode mantê-lo concentrado em uma tarefa é alertar a si mesmo sobre o que vai acontecer se você *não* fizer o que deve fazer. Essa forma de "afirmar o passado" pode incluir lembrar a si mesmo de que teve de pagar muito mais caro pelo livro didático do seu filho quando não pôde comprá-lo mais cedo porque gastou o dinheiro em outra coisa. Pode significar listar os empregos que perdeu porque não conseguiu cumprir os prazos estabelecidos. Pode significar dizer a si mesmo que seu marido não falou com você durante uma semana depois que você deu uma desculpa para sair mais cedo da festa de aniversário do pai dele porque estava entediada.

Infelizmente, para os adultos (e as crianças) com TDAH, a ameaça de consequências negativas não é o incentivo mais potente. E, mesmo que fosse, nem tudo vem com uma consequência óbvia, direta ou terrível em razão de seu descumprimento. Porque, no que se refere a muitos objetivos dos adultos, você simplesmente deve fazer o que precisa fazer porque isso tem de ser feito, e fazê-lo é a coisa certa a fazer. Muitos adultos na população geral também acham esse motivador intrínseco bastante desmotivador.

Muitas pessoas que não têm TDAH recorrem aos mesmos tipos de incentivos descritos neste livro, pelo menos para algumas tarefas que elas realmente não querem realizar. No entanto, com o TDAH incluído nessa confusão, esses incentivos tornam-se essenciais. Eis porque:

- O TDAH pode dificultar a compreensão do imperativo moral que está por trás de realizar uma tarefa pelo simples fato de realizá-la, assim, é improvável que esse imperativo moral se torne, de fato, um fator motivador.
- O TDAH pode transformar o desinteressante em mortalmente tedioso, fazendo você sentir como se fosse explodir de inquietação se não conseguir se livrar de uma tarefa que não é divertida.
- O TDAH pode impossibilitá-lo de ver que aquilo que você faz é capaz de não ter apenas uma consequência ruim, mas duas ou três, cada uma delas podendo conduzir a seus próprios seis resultados indesejados, e cada um deles, respectivamente, pode produzir mais 12, e assim por diante.
- A falta de noção do tempo pode impedi-lo de perceber que todas essas consequências podem ocorrer muito mais rapidamente do que você imagina, antes que tenha a chance de tomar uma atitude e deter a avalanche.

DESCUBRA EM QUAIS ÁREAS VOCÊ ESTÁ MENOS MOTIVADO PARA FAZER AS COISAS

O TDAH dificulta permanecer motivado para concluir tarefas por todas as razões listadas, mas há outra razão pela qual várias responsabilidades parecem tão pouco atrativas, tão monótonas e abstratas em seu propósito: não há emoção ligada à sua realização. A emoção é um motivador extremamente poderoso. Na verdade, nossas emoções são a verdadeira fonte da nossa automotivação.

Em qual área você acha mais difícil permanecer motivado?
Na escola? _____
No trabalho? _____
Nas tarefas domésticas? _____
Nas atividades comunitárias? _____
Nos relacionamentos? (Quais?) _____

Quais itens ficam obsoletos na sua lista de tarefas por você não se sentir motivado para terminá-los?
_____
_____

> Cientistas que estudam as emoções humanas concluíram que uma função essencial da emoção é nos impelir ou nos motivar a agir. Embora as emoções sejam complexas, algumas delas geralmente conduzem a alguns tipos de ações. Aqui estão alguns exemplos:
>
> - O medo conduz à "luta ou fuga" – atacando a fonte do perigo ou fugindo dela.
> - A raiva nos conduz diretamente ao erro.
> - A alegria e o prazer conduzem ao estímulo para continuarmos fazendo o que estamos fazendo.
> - A vergonha nos dissuade de repetir o ato vergonhoso.

Visualize → verbalize → sinta.

Até mesmo nossa autoconversa muitas vezes se baseia mais na emoção do que podemos perceber. Considere novamente como nos alertamos sobre as consequências negativas de não concluir uma tarefa: não são apenas os aspectos práticos dessas consequências que consideramos indesejáveis. Certamente, ter de gastar mais dinheiro do que o necessário em um livro didático prejudica sua conta bancária. Perder empregos também prejudica sua conta bancária. E receber o tratamento silencioso do seu cônjuge atrapalha sua rotina diária. Mas o que realmente pode nos levar a prestar atenção aos avisos que damos a nós mesmos é nossa memória a respeito de como nos *sentimos* sobre essas consequências. Deixar seu filho sem um livro didático de que ele precisa até que tenha dinheiro suficiente para comprá-lo pode fazer você sentir vergonha. Ser demitido repetidamente é muito humilhante e devastador para sua autoestima. E ser evitado pela pessoa que você mais ama magoa e pode deixá-lo com raiva.

Para algumas pessoas, a lembrança desses sentimentos desconfortáveis é o suficiente para motivá-las a fazer o que precisam fazer para evitar um desempenho repetido. Por isso, você precisa usar *suas imagens visuais desses eventos passados e de suas emoções para ajudá-lo a desencadear a motivação necessária para fazer as coisas.*

Entretanto, como você viu anteriormente, para a maioria das pessoas, recordar ou antecipar as consequências negativas de não fazer algo não é um motivador tão poderoso para a maioria das pessoas quanto focar nas consequências positivas potenciais de fazê-lo. Concentrar-se no negativo pode até mesmo deixá-lo deprimido, em comparação com os sentimentos de edificação, rejuvenescimento e inspiração que você pode obter ao imaginar o quanto vai se sentir ótimo ao cumprir o seu objetivo.

Estratégia: *Peça a si mesmo para responder sem rodeios: "Como vou me sentir quando conseguir fazer isso?"*

Fazer um esforço consciente para realmente sentir como será quando concluir uma tarefa urgente ou atingir seu próximo objetivo é seu próximo passo, depois de ver e expressar o passado para prever o futuro. Pergunte a si mesmo: "Como vou me sentir quando conseguir fazer isso?", e então se concentre nessa sensação emocional. Que sensação poderia ser essa?

- Orgulho?
- Autossatisfação?
- A felicidade que você espera ao concluir esse projeto?
- A sensação de realização que você pode experimentar?
- O prazer ou a felicidade das outras pessoas com quem você compartilhou esse objetivo ou para quem está realizando esse trabalho?

Seja qual for a emoção, esforce-se bastante para senti-la neste exato momento, neste exato lugar, enquanto contempla seus objetivos. Então, durante todo o seu trabalho ou enquanto busca atingir esse objetivo ou concluir esse projeto, continue fazendo isso. Repetidamente, todos os dias ou toda vez em que estiver nessa situação, trabalhando em prol desse objetivo ou destino, aumente seus esforços para realmente sentir como será quando você chegar lá.

> Sinta esse futuro, e continue o sentindo, o caminho todo, até chegar lá!

Todo comportamento direcionado para o futuro precisa de um motivo, e todos os motivos (motivações) são consequência de suas emoções. Suas emoções imaginadas, trazidas à tona com muito esforço consciente, podem ser o combustível que direciona suas atividades, estimulando você em direção ao seu destino como um míssil teleguiado. As pessoas sem TDAH também se impelem imaginando como será chegar ao destino desejado. A diferença é que elas geralmente podem fazer isso sem pensar ou sem esforço, porque sua noção do tempo e sua memória de trabalho visual são fortes o bastante para permitir facilmente essa previsão. Para você, no entanto, isso deve ser um esforço deliberado e consciente.

Dê um impulso a essa técnica recortando fotos das recompensas que você espera ganhar pelo que está fazendo e coloque-as ao seu redor enquanto estiver trabalhando. Elas vão aumentar a potência de suas próprias imagens e, assim, tornar mais vívidas as emoções que você está antecipando.

Portanto, trabalhe na visualização, na verbalização e, depois, na sensação não apenas do objetivo e dos passos que precisa dar para atingi-lo mas também em como você vai se sentir quando finalmente alcançá-lo. Toda vez que você se sentar para continuar a trabalhar em um projeto, tarefa ou objetivo, uma das coisas que precisa fazer é *sentir* esse resultado futuro.

No Capítulo 9, sugeri que a evocação de imagens mentais das realizações passadas pode aliviar o estresse e a ansiedade quando você está sob pressão, proporcionando uma sensação de calma e motivação. Se você tem dificuldade para imaginar como vai se sentir quando tiver concluído um trabalho, comece lembrando de uma tarefa similar que *conseguiu* concluir. Este é um exemplo perfeito de como cada método que você usa para compensar um déficit de função executiva causado pelo TDAH estimula sua capacidade para usar outra estratégia compensatória. Portanto, essa é mais uma razão para praticar a Regra 2: quanto mais imagens mentais de sucessos passados você tiver reunido, mais fácil será imaginar os sentimentos positivos que terá quando concluir a tarefa que está realizando neste momento.

Uma boa razão para praticar a Regra 5 é que ela vai preencher sua fonte emocional interna. A mesma cegueira do tempo que o impede de ter um armazenamento mental das memórias visuais ou verbais tão grande quanto o daqueles que não têm TDAH também faz com que você tenha menos memórias emocionais palpáveis, vibrantes, potentes ou motivadoras. Não que você não sinta as emoções que os outros sentem; mas pode não ter suas experiências emocionais armazenadas em sua mente na mesma proporção. Ou elas podem não ser tão facilmente recuperáveis quanto para as pessoas que não estão lidando com o TDAH.

Essa estratégia, como aquelas das outras regras do Quarto Passo, facilita a realização do que você quer agora, neste exato momento. Mas, quanto mais praticá-la, mais memórias e habilidades construirá, fazendo com que seja cada vez mais fácil fazer isso no futuro. Então "comece tendo o fim em mente", como diz Stephen Covey em seu sucesso de vendas *The 7 Habits of Highly Effective People*. Visualizar o objetivo e sentir aquela sensação de realização, alívio, orgulho e sucesso que você terá, sem falar em ver as recompensas que pode ganhar, pode ajudá-lo a encher aquele reservatório motivacional que você precisa para enfrentar o trabalho que deve realizar.

Entretanto, enquanto isso, você tem mais estratégias à sua disposição; siga para a Regra 6.

CAPÍTULO 21

REGRA 6: FRACIONE O FUTURO... E FAÇA VALER A PENA

☑ O que a Regra 6 pode fazer por você: trazer o futuro para um horizonte bem mais próximo.

Se as fotos, as palavras e os sentimentos são muito fugazes para mantê-lo no caminho certo, a Regra 6 é para você. Na verdade, descobrimos que praticamente todas as pessoas que têm TDAH se beneficiam da aplicação da Regra 6. Sua dificuldade em manter a atenção e em enxergar além do presente momento faz com que seja muito difícil evocar toda a motivação de que precisa internamente. É necessária uma pequena ajuda de fora. Felizmente, as possibilidades de obtê-la são numerosas e muito fáceis de acessar. É tudo uma questão de trazer aquele horizonte tão distante para um foco mais próximo. Mas, antes, veja se consegue perceber por que o futuro sempre parece tão distante.

O QUE FAZ OS SEUS DESTINOS PARECEREM TÃO DISTANTES?

O TDAH pode fazer o futuro parecer irremediavelmente distante. Um objetivo que exija um investimento significativo de tempo, que incorpore períodos de espera ou que deva ser construído em uma sequência de passos pode parecer tão ilusório que você se sentirá oprimido. Quando isso acontece, muitos adultos com TDAH cedem à tentação de encontrar uma rota de fuga. Talvez você literalmente fuja, sumindo no trabalho ou pedindo uma licença médica. Talvez mude seu foco de descobrir como realizar o trabalho para descobrir como transferir a responsabilidade para outra pessoa. Talvez você tenha aprendido a agir como o "palhaço" da classe, ou pode ter criado outras cortinas de fumaça para esconder a verdade de que não fez progresso e não tem ideia de como começar a avançar. A sensação de desamparo faz com que alguns adultos com TDAH voltem a se apoiar em um auxiliar disposto a protegê-los, compensando sua deficiência. É claro que nenhuma dessas táticas o ajuda a fazer o que precisa que seja feito, e nenhuma delas o protege para sempre de as outras pessoas descobrirem que não cumpriu com suas obrigações. É melhor descobrir onde você está mais frustrado e usar motivadores externos apropriados para essas situações.

Você entra em pânico ou simplesmente fica paralisado quando alguém lhe dá um prazo tão longo que você não consegue sequer imaginar tão adiante?

Em que área da sua vida isso normalmente acontece?
_____
_____

Projetos complexos o oprimem?

Com que tipos de projetos você geralmente precisa lidar?
_____
_____

Você tem muita dificuldade para trabalhar sem supervisão ou coleguismo?

Onde e quando?
_____
_____

Estas são apenas algumas perguntas simples para fazer você pensar quando se sentir impedido de avançar em um projeto ou objetivo. Ler sobre as estratégias adequadas para proporcionar motivação externa a si mesmo pode trazer mais exemplos.

Estratégia: *Fracione as tarefas ou os objetivos de longo prazo em unidades ou cotas de trabalho muito, muito menores.*

É muito fácil perder a visão do ponto final de um projeto. Se até mesmo um prazo de fim do dia parece remoto para você, convém usar essa estratégia para a maioria dos objetivos de trabalho e para alguns objetivos domésticos. Se você tem um grande projeto – como limpar todos os armários da sua casa ou preparar o orçamento do próximo ano para seu departamento no trabalho –, essa estratégia será ainda mais crucial, e você vai precisar fragmentar ainda mais o projeto. Na verdade, quanto mais tempo um projeto demorar para ser concluído, mais etapas ele provavelmente envolverá. Quanto mais distante estiver o prazo, mais essencial será fragmentar o projeto, e você precisará tornar menores os blocos de trabalho ou outras ações necessárias.

✓ *Se um projeto deve ser realizado antes do fim do dia, fracione-o em blocos de trabalho de uma hora ou, melhor ainda, em blocos de meia hora. Anote o que você precisa que seja feito em cada período de tempo e, depois, passe um marcador de texto sobre a etapa em que está trabalhando no momento, para manter sua atenção concentrada nela, não nas outras.*

✔ *Se você tem um projeto que deve ser realizado até o fim da semana, primeiro descubra quanto precisa ser feito a cada dia.* Algo como limpar os armários requer um fracionamento tão óbvio quanto atribuir um dia a cada armário. Se for algo mais complexo, em que as tarefas dependam uma da outra, é possível que precise trabalhar um pouco mais para descobrir a sequência de etapas apropriada. Se você estiver no trabalho, peça ao seu chefe ou mentor para ajudá-lo. Use os relatórios de outras pessoas que fizeram o mesmo trabalho no passado; os arquivos do escritório, eletrônicos ou em papel, devem ajudar. Fale com colegas simpáticos que precisaram concluir projetos similares e veja se a divisão deles pode funcionar para você.

Depois, analise o objetivo de cada dia e divida-o em segmentos de uma hora ou meia hora. Ou se, como muitas vezes acontece no trabalho, você precisa intercalar esse projeto com outros, reserve um período de tempo para se dedicar a este, escreva em sua agenda ou no calendário sobre sua mesa e, depois, quando chegar o momento, fragmente esse período em segmentos de tempo ainda menores, durante os quais você vai completar cada uma das etapas de determinada tarefa.

Um clássico exemplo disso ocorreu durante as Olimpíadas de Verão de 2016, quando Michael Phelps, um adulto com TDAH, foi apresentado na TV, e os comentaristas estavam dando uma série de informações sobre ele. Eles apresentaram sua programação diária, que era dividida em unidades de 15 minutos, desde o momento em que acordava, pela manhã, até a hora de dormir. Essa programação continha não apenas seus treinos planejados para o dia mas também quanto tempo ele teria para fazer suas refeições, cochilar e se dedicar às suas atividades de lazer preferidas.

Você não precisa necessariamente planejar seu dia a esse ponto, mas ajudaria planejar seu tempo no trabalho, como Michael faz, para ajudá-lo a se manter concentrado em seus objetivos e suas atribuições. Então, assinale previamente em sua agenda a maneira como planeja passar cada hora daquele dia de trabalho. Em seguida, divida essa hora em unidades de 15 minutos, atribuindo a cada uma delas uma microtarefa que você espera fazer e que seja parte do projeto maior daquela unidade. Fazer isso ajuda a desmembrar o que pode parecer um projeto infinitamente longo em uma série de pequenos períodos de tempo e realização que transcorrem rapidamente.

✔ *Mantenha em mente que os intervalos entre esses blocos de tempo são tão importantes quanto os períodos produtivos.* Não fique constrangido em pensar em si da mesma forma que pensaria em um jovem estudante com TDAH: você não esperaria que uma criança chegasse em casa, após a escola, e resolvesse 30 problemas de matemática de uma só vez (nem um bom professor esperaria isso na sala de aula). Peça à criança para resolver apenas cinco e, quando esses cinco estiverem resolvidos, deixe a criança com TDAH fazer uma pausa por um ou dois minutos. Depois, dê-lhe apenas mais cinco. Cinco de cada vez não é demais, mesmo para alguém com TDAH, mas 30 podem ser. Faça apenas cinco partes de cada vez, fazendo isso seis vezes seguidas com curtos intervalos entre elas, e logo você terá seus 30 problemas resolvidos. Conheço muitos atletas profissionais com TDAH que usam essa tática enquanto fazem seus exercícios ou levantamento de peso. Em vez de dizer que fazem supino com um determinado peso 30 vezes, eles especificam 10, dizem "Isso foi fácil", e

> **Faça um cartaz e posicione-o sobre sua mesa ou área de trabalho: VAMOS LÁ, DE GRÃO EM GRÃO!**

imediatamente fazem mais 10, e assim por diante. Todos nós damos "passos de bebê" rumo a um objetivo difícil. Por que você seria diferente?

Estratégia: *Torne-se responsável perante alguém.*

> Tornar-se responsável também provoca a motivação interna das emoções. Desapontar alguém não é bom; receber admiração é ótimo.

Essa estratégia duplica seus motivadores externos. Você não está apenas fragmentando um projeto complexo ou extenso em tarefas menores, mas agora está trazendo outra pessoa para a tarefa, alguém que vai saber se você está fazendo o que se propôs a fazer. Temos uma probabilidade muito maior de atingir os objetivos que estabelecemos para nós mesmos se dissermos para outra pessoa o que iremos fazer e como planejamos fazê-lo (geralmente, fragmentando-o), e, então, informamos àquela pessoa quando atingirmos cada objetivo menor. A maioria de nós dá muita importância ao que os outros pensam a nosso respeito, e esse julgamento social adiciona ainda mais combustível motivacional ao nosso fogo interior para fazer as coisas.

> Torne-se responsável perante alguém para atingir cada pequeno subobjetivo e também o objetivo final do projeto.

- No trabalho, assuma o compromisso perante um colega colaborativo, supervisor ou mentor.
- Em casa, use um parceiro, cônjuge, colega de quarto ou vizinho como apoiador.

Recompense aquele que colabora com você. Na estratégia final da Regra 6, você vai aprender como é importante recompensar a si mesmo como um incentivo para continuar trabalhando e atingir seus objetivos. Bem, isso também vale para a pessoa que você está pedindo para ajudá-lo a se manter no caminho certo. Agradeça e recompense essa pessoa para que ela não se sinta sobrecarregada nesse processo. Uma pessoa que colabora com você e se sente apreciada pode ficar satisfeita em ajudá-lo a atingir seus objetivos, e também é provável que ela queira continuar sendo sua treinadora e mentora.

Estratégia: *Dê a si mesmo pequenas recompensas à medida que atingir cada pequeno objetivo.*

Quando planejamos programas para crianças com TDAH, invariavelmente lhes damos pontos, créditos de jogo, fichas de pôquer ou alguma outra recompensa por realizar as pequenas cotas de trabalho antes discutidas. Isso, juntamente com elogios e aprovação, ajuda-as a se motivarem e permanecerem dessa forma para terminar tarefas de trabalho demoradas. O mesmo se aplica aos adultos, exceto pelo fato de que não há um professor para distribuir os pontos ou as recompensas. É você quem precisa fazer isso para si mesmo.

Todos nós fazemos isso. Enquanto escrevia este capítulo, disse a mim mesmo que, se escrevesse durante 30 a 60 minutos e concluísse cinco páginas, eu prepararia um café para mim. Depois, se escrevesse mais cinco páginas ou mais, pegaria meu baixo, que guardo em meu escritório, e tocaria (mais uma vez) um tom das notas de uma canção de rock dos anos 1960 que estou tentando dominar, mas apenas durante alguns minutos, e uma vez a canção até o fim. Se eu escrevesse mais cinco páginas, pegaria um chocolate ou uma lata de refrigerante. Ou apenas tiraria um minuto para apreciar a bela vista da janela do meu escritório, de um riacho e um pântano atrás da minha casa.

Use qualquer coisa que o anime; a lição aqui é a mesma: dê a si mesmo pequenas recompensas por conseguir realizar suas pequenas cotas, e então, um tijolo de cada vez, você ficará impressionado com a quantidade de trabalho que será realizada a longo prazo. Foi assim que escrevi este livro – um tijolo de cada vez. Ou, como diz Anne Lamott em seu livro sobre a escrita, *Palavra por palavra*: seu irmão precisava escrever uma redação sobre pássaros e não conseguia iniciá-la, então seu pai disse a ele para escrever apenas algumas frases sobre um pássaro e depois falar com ele a respeito, e assim ele continuou até a redação estar terminada. Então, meu amigo, encare as tarefas como um pássaro de cada vez. Pare brevemente para observar seu sucesso e o recompense ao fim de cada pássaro.

> **Maneiras de agradecer a seu mentor/treinador:**
> - Convide-o para almoçar a cada duas semanas.
> - Dê-lhe um presente simbólico de vez em quando.
> - Ofereça-lhe um pequeno vale-presente de uma loja que ele/ela aprecie.
> - Traga-lhe seu café ou chá favorito pela manhã ou refrigerante à tarde.

Quais pequenas recompensas você pode facilmente dar a si mesmo?
No trabalho: _____
Em casa: _____
Em outros lugares: _____

Juntando tudo: muito bem, então você dividiu seu trabalho em pequenas cotas, fragmentando-o todo. Tão importante quanto usar cotas menores para conseguir que cotas maiores sejam realizadas é o que você faz quando cada cota ou fragmento é concluído. Faça pelo menos estas quatro coisas.

1. Parabenize-se.
2. Faça uma pequena pausa (alguns minutos).
3. Se alguém estiver disponível, conte o que você conseguiu fazer.
4. Dê a si mesmo uma recompensa ou o prazer de algum privilégio ou atividade que você goste, mas faça isso com moderação e durante pouco tempo.

Essas estratégias vão ajudá-lo a se motivar para conseguir realizar as coisas que anteriormente não conseguia terminar ou alcançar aqueles objetivos de vida de longo prazo que você realmente deseja atingir, mas nunca parecia conseguir começar ou concluir. Todas são maneiras de você se motivar artificialmente. Quando a visualização, a descrição e a sensação das emoções associadas à conclusão de uma tarefa não forem suficientes para manter seu foco...

- Fragmente-a.
- Divulgue o objetivo e as cotas menores.
- Faça pequenos intervalos.
- Recompense-se após a conclusão de cada cota.

A Regra 7 vai lhe dar mais ideias para transformar o estímulo do mundo externo em sua motivação interna.

CAPÍTULO 22

REGRA 7: TORNE OS PROBLEMAS EXTERNOS, FÍSICOS E MANUAIS

> ☑ O que a Regra 7 pode fazer por você: simplificar a resolução de problemas.

Se normalmente fica perdido em todas as possibilidades quando tenta resolver mentalmente um problema, a Regra 7 é para você. Como suas habilidades na memória de trabalho não verbal e verbal são enfraquecidas pelo TDAH, você provavelmente acha difícil manter todos os fatos relevantes em sua mente quando está diante de um problema a ser resolvido. Pesar os prós e os contras, listar as ferramentas ou os materiais que precisa, analisar os méritos de várias abordagens, descobrir as relações risco-benefício – todas essas operações são difíceis de realizar estritamente em sua cabeça. Não que você seja incapaz de realizar análise lógica ou lhe falte inteligência – longe disso. Mas você precisa fazer com que o processo tangível e externo transcorra de maneira suave e satisfatória. Em essência, você precisa ser capaz de usar seus sentidos para lubrificar as engrenagens de sua mente.

- Você precisa de auxílios visuais para poder analisar todos os fatos e as questões que estão à sua frente.
- Você precisa ser capaz de manipular fisicamente as informações para torná-las reais e gerenciáveis.
- Você precisa tornar o problema externo para que a solução não dependa tanto da sua memória de trabalho – e, portanto, suas emoções não irrompam pela frustração de tentar fazer tudo isso em sua cabeça.

SAIBA ONDE SURGEM OS PROBLEMAS MAIS COMPLICADOS OU URGENTES EM SUA VIDA

Esta é uma avaliação difícil de se fazer. O que é mais difícil para você: os problemas abstratos que surgem no trabalho ou as questões carregadas de emoção com as quais precisa lidar em casa? Resolver problemas para si mesmo ou resolvê-los para os outros? Ter de pensar rapidamente ou ter de trabalhar de modo sistemático com opções complicadas? Saber em quais domínios você fica mais paralisado pelos problemas vai auxiliá-lo a desenvolver as ajudas externas com maior probabilidade de facilitar sua vida.

Qual é o seu grau de sucesso ao resolver problemas no trabalho?
Quais problemas são mais difíceis para você: orçamento, relacionamento com os colegas, trabalho em equipe, lidar com os supervisores, ou outras questões?
_____
_____

Qual é o seu grau de sucesso ao resolver problemas em casa?
Com seu cônjuge/parceiro? _____
Com seus filhos? _____
Com seus irmãos? _____
Com seus pais? _____

Qual é o seu grau de sucesso ao resolver problemas em sua vida social?
Em sua vida amorosa? _____
Com os amigos? _____
Com os vizinhos e em grupos comunitários? _____

Qual é o seu grau de sucesso ao resolver problemas práticos?
Consertar coisas (em casa, no carro, etc.)? _____
Compras (lidar com os funcionários de lojas, etc.)? ____
Com fornecedores (companhias de serviço público, bancos, etc.)? ____

SAIBA QUE TIPOS DE AJUDAS EXTERNAS MAIS O AUXILIAM

A maioria das pessoas tem alguma percepção a respeito de onde estão suas potencialidades perceptivas. Para aqueles com TDAH, que precisam se basear comparativamente mais em seus sentidos para auxiliar seu pensamento, é importante saber:

> **Que tipo de aprendiz você acha que é?**
> Visual (precisa ver o material exposto antes de compreendê-lo)? _____
> Auditivo (precisa ouvi-lo para que ele faça mais sentido)? _____
> Tátil (precisa tocá-lo para ter uma noção completa dele)? _____
> Cinestésico (aprende melhor por meio do movimento em uma atividade física)? _____

> Nossos estudos têm mostrado que a dificuldade para resolver problemas mentalmente continua afetando as pessoas com TDAH à medida que envelhecem, embora de maneiras diferentes. As crianças pequenas podem ter problemas com a aritmética mental, não sendo capazes de citar de trás para frente uma sequência de dígitos lidos em voz alta. Quando ficam mais velhas, não conseguem reter na mente todas as partes de uma história (personagens, lugares, datas, ações, etc.) tão bem como os outros adultos, quando solicitados a explicar a história de maneira concisa ou escrever uma redação analisando a história de algum modo. Nossa pesquisa atual mostra que esse problema também afeta muito os adultos com TDAH.

Você lembra de como se sentia ao tentar resolver problemas mentalmente quando era criança? Mesmo os problemas aritméticos mentais mais fáceis eram praticamente impossíveis de você resolver? Se foi assim, provavelmente você também se lembra de como foi desmoralizante lhe negarem o uso de contas ou fichas porque o saber educacional convencional dizia que, na sua idade, você deveria ser capaz de resolvê-los sem eles.

Muitas pessoas com TDAH têm lembranças ruins de experiências desse tipo. Felizmente, você agora é um adulto, e ninguém pode lhe dizer quais ferramentas deve usar para resolver os problemas que surgirem em seu caminho. Você tem dezenas delas à sua disposição. Se elas o ajudarem a descobrir onde gastar seu salário, como falar com seu chefe sobre um aumento quando os recursos da empresa estão escassos, como fazer uma monografia ou trabalho de pesquisa dentro do prazo, como evitar que os filhos briguem ou qual projeto de reforma da casa abordar primeiro, é sua *obrigação* utilizá-las.

Todos nós deveríamos desenvolver a memória de trabalho verbal e não verbal durante a infância para podermos reter e evocar imagens mentais, e, assim, colocar em palavras o que vivenciamos. Mais adiante, em nosso desenvolvimento, deveríamos ser capazes de separar essas representações mentais, manipulá-las, mudá-las de lugar e recombiná-las de várias maneiras. Fazer isso é fundamental para:

- produzir diversas opções;
- resolver problemas;
- inventar várias maneiras de fazer ou explicar as coisas;
- em sentido amplo, desenvolver planos para o futuro.

Infelizmente, os problemas que o TDAH causa no cérebro impedem que desenvolvamos normalmente essas funções executivas. Então, como podemos compensar isso? Tente o seguinte.

Estratégia: *Sempre que puder, use ferramentas físicas, externas, para resolver problemas.*

Guardar muitas informações em sua mente e manipulá-las de várias maneiras sem perder nenhuma de vista é uma habilidade bastante sofisticada, que requer uma grande quantidade de esforço, energia e concentração. Peça a qualquer adulto que esteja tentando descobrir como extrair um pouco mais de renda do mesmo antigo salário para pagar um aparelho dentário ou um novo carro, que ao mesmo tempo atue como árbitro em uma briga entre os filhos e tente colocar o jantar na mesa – tudo isso após um dia de trabalho de 10 horas. A exaustão tem uma forma de tornar quase impossível a resolução de um problema mental. Conheço muitos adultos que aproveitam seu computador para fazer listas, ou usam anotações em notas adesivas ou ímãs que possam ser mudados de lugar em um quadro, fitas de áudio, dispositivos gráficos e outras ferramentas para extrair os dados de suas mentes já confusas e colocá-los em algum outro lugar onde possam vê-los, senti-los, ouvi-los ou manipulá-los. Eles usam qualquer coisa que possa lhes proporcionar uma nova visão do problema em questão.

Você pode fazer o mesmo. Afinal, provavelmente tem as mesmas exigências a respeito de suas habilidades de resolução de problemas, *além* da interferência do TDAH para lidar. Use toda a ajuda que puder obter.

Quando tiver todos os dados pertinentes ao problema separados – no papel, usando objetos, ou representados graficamente de alguma outra maneira –, poderá mover todo esse material fisicamente representado com suas mãos, seus olhos, seus ouvidos, até mesmo com seu corpo, para ver se uma solução se revela. Se for um problema verbal, use papel, fichas de 7,5 cm x 12,5 cm, ou mesmo um computador.

Pense nisso como a versão "avançada" da Regra 2, que mostra que a exteriorização de algo de que você precisasse lembrar poderia ser feita por meio da escrita, da afixação de um cartaz ou pela criação de algum outro recurso. Aqui, na Regra 7, você estende um pouco mais a ideia, externalizando tudo o que precisa considerar para resolver um problema. Fazer isso pode ser tão simples quanto rabiscar em um pedaço de papel ou esboçar várias partes do problema à medida que pensa nelas. Há muitas maneiras de tornar físicos os problemas que você está tentando resolver. Os decoradores fazem miniaturas bidimensionais de móveis e trabalham com várias disposições do aposento em uma peça de plástico no formato do cômodo, da casa ou do escritório. Você agora consegue comprar programas de computador que lhe permitem fazer a mesma coisa. Os engenheiros e os arquitetos usam simuladores nos computadores para projetar estradas, pontes, automóveis ou novos produtos químicos, e para resolver todo tipo de problema. Os paisagistas fazem o mesmo com adereços em miniatura ou em programas de simulação em computador. Carpinteiros, encanadores, assentadores de azulejos e tijolos, e pessoas que exercem outros tipos de atividades manipulam manualmente as peças do problema a ser resolvido para realizar seu trabalho. Afinal, não é para isso que servem os projetos, além de nos instruir na construção de algo? Podemos lidar melhor com um modelo do projeto físico do que com ele em nossa mente.

Por exemplo, um adulto com TDAH que conheço estava construindo uma casa. Ele sabia que a cozinha era essencial e precisava ser planejada adequadamente, pois ele e sua parceira provavelmente a usariam. Então, ele pegou antigas caixas de mudança e, com essas caixas, literalmente construiu uma maquete da cozinha e seus armários. Depois, circulou pela cozinha, simulando ações como cozinhar, descarregar os mantimentos, ir até a geladeira e encher a lavadora de louça. Isso permitiu que ele fizesse reajustes essenciais na sua planta para acomodar melhor as formas de como eles usam sua cozinha.

Se você tem TDAH, tem mais chances de melhorar na resolução de vários problemas ou na realização de várias tarefas mentais se conseguir tirá-las de você, fragmentadas em peças ou de alguma outra forma física com a qual possa trabalhar manual, além de mentalmente. Experimente. E, se aqueles ao seu redor erguerem as sobrancelhas quando o virem "se divertindo" com esses "brinquedinhos", invoque a Regra 8.

CAPÍTULO 23

REGRA 8: TENHA SENSO DE HUMOR!

> ☑ O que a Regra 8 pode fazer por você: ajudá-lo a aceitar suas imperfeições e seguir em frente com sua vida.

Se ainda está tendo problemas para assumir o seu TDAH, a Regra 8 é para você. Nada como um pouco de humor autodepreciativo para nos ajudar a aceitar nossas imperfeições, superar qualquer autoconsciência a respeito delas e ir em frente com a ocupação – e o prazer – de viver.

Todos os capítulos anteriores deste livro são uma evidência de como o TDAH pode ser um problema sério. Você sabe que vai cometer erros, provavelmente mais do que a maioria das pessoas. Ter TDAH certamente não é culpa sua. Então, o que pode fazer a respeito? Além de tudo o que aprendeu até agora, experimente o seguinte:

> O TDAH pode ser sério, mas você nem sempre precisa ser.

Estratégia: *Aprenda a dizer, com um sorriso: "Bem, este é o meu TDAH falando [ou agindo] de novo. Sinto muito por isso. Falha minha. Então, da próxima vez, preciso tentar fazer alguma coisa a esse respeito."*

Quando você diz isso, fez quatro coisas muito importantes em uma situação social:

- Assumiu o erro.
- Explicou como ele pode ter acontecido.
- Pediu desculpas e não se justificou responsabilizando outras pessoas.
- Prometeu tentar fazer melhor da próxima vez.

É impressionante o que se pode fazer com algumas frases curtas. Faça essas quatro coisas e você manterá sua autoestima, seus amigos e seus entes queridos. Renegue sua conduta decorrente do TDAH, responsabilize os outros, encontre justificativas e não faça nenhum esforço para tentar melhorar e estará socialmente em apuros.

Como dissemos no Segundo Passo, conheça seu TDAH, assuma-o e, depois, lide com ele. Você precisa ter essas atitudes se quiser ter qualquer chance de dominar seu TDAH. Não negue suas imperfeições. Conheça-as, assuma-as, admita facilmente sua existência e lide com elas. Isso demanda tempo, mas, agora, elas não são mais um grande problema – e provavelmente não serão de novo.

Ainda lembro de amigos de 42 anos com quem trabalhei como estagiário em Psicologia – e eles certamente ainda se lembram de mim –, do conjunto xadrez preto e branco que usei uma vez em uma clínica, em nossa faculdade de Medicina. E todos ainda rimos até as lágrimas quando relembramos do meu traje "da moda", porque ainda acrescentei a ele um cinto e sapatos brancos.

Minha ex-esposa vai lhe contar repetidamente, com pequeno incentivo, que, certa vez, eu dei uma cambalhota em uma grande banheira de hidromassagem em um *spa*, diante de muitas jovens atraentes, quando tentei entrar na banheira sem usar o corrimão ou a escada. Demais para uma coordenação elegante. E não lhe pergunte sobre todos os sinais vermelhos que ultrapassei devido ao daltonismo, quando tais sinais estavam diante de arbustos verdes. E o que dizer de todas as falas em público, fotos em jornais, vídeos profissionais, programas de TV e outras aparições públicas em que estive envolvido que mostram meu rosto cada vez mais calvo e grisalho, minhas rugas e aquelas coroas de ouro que brilham nas fotos devido ao flash da câmera quando sou surpreendido rindo? Eu assumo cada uma dessas imperfeições e mais algumas. E daí? Para falar a verdade, gosto de quem sou, quero fazer parte da vida, tenho objetivos a atingir e pretendo viver tão intensamente quanto o tempo e a oportunidade me permitirem. Você deve fazer o mesmo. Como certa vez me disse um adulto com TDAH: "Quero ir para o túmulo tranquilo, sabendo que vivi uma vida significativa, em vez de seguir com desleixo em direção ao meu destino final".

Queremos que você assuma a mesma atitude em relação ao seu TDAH: você tem esse déficit, por isso, pode e deve assumi-lo. E, sempre que for apropriado, rir dele. Pode ser apropriado rir de si mesmo, justificando-se com os outros. É quase sempre apropriado rir privadamente de si mesmo. Se você encarar o TDAH como uma incapacidade grave e generalizada, ela o será, e essa será a maneira como os outros a tratarão – e provavelmente não vão querer passar muito tempo com você. No entanto, se você encará-la com senso de humor, eles farão o mesmo, e poderá rir com eles a respeito dela (e também de suas imperfeições!). É provável que eles acabem querendo passar mais tempo com você como amigo.

Porém, o mais importante de tudo é que você conseguirá conviver consigo mesmo – com todas as suas imperfeições e suas lutas para lidar com uma condição que não é fácil. O tratamento não vai curar o transtorno ou mesmo lidar com todos os seus aspectos, portanto, o mais provável é que o TDAH permaneça com você pelo resto de sua vida. Assim, acostume-se com ele e ria dele de vez em quando. Como ótimos exemplos, encontre o trabalho artístico de Dani Donovan sobre o TDAH e os vídeos de Jessica McCabe e Rock Green sobre o humor no TDAH, ambos disponíveis na internet (em inglês), incluindo o vídeo original de Rick, *ADHA and Loving It*, sobre TDAH e casamento.

Para ajudá-lo a se lembrar dessas oito regras do cotidiano, reproduza e imprima esta página e prenda estas regras no espelho do banheiro. Eu fiz isso durante anos com os *7 Habits of Highly Effective People*, de Stephen Covey. Conheço muitas outras pessoas que fizeram o mesmo até que os memorizaram e conseguiram facilmente recitar esses fantásticos princípios para conduzir uma vida integralmente produtiva, eficiente e significativa. Portanto, coloque essas oito regras onde você puder vê-las todos os dias, mantendo também uma segunda cópia em sua mesa de trabalho, outra em sua agenda, outra presa ao lado do monitor de seu computador, e cópias espalhadas em outros locais que você possa olhar repetidamente todos os dias.

Regra 1: Pare a ação! *Ganhe algum tempo antes de agir.*

Regra 2: Olhe para o passado... e depois para o futuro. *Veja o que está por vir.*

Regra 3: Expresse o passado... e depois o futuro. *Analise antes de decidir; desenvolva regras para o futuro.*

Regra 4: Exteriorize as informações fundamentais. *Confie em algo além da sua própria memória.*

Regra 5: Considere o futuro. *Permaneça motivado para atingir seus objetivos.*

Regra 6: Divida o futuro... e faça valer a pena. *Traga o futuro para bem mais perto de você.*

Regra 7: Torne os problemas externos, físicos e manuais. *Simplifique a resolução dos problemas.*

Regra 8: Tenha senso de humor. *Aceite suas imperfeições e siga em frente com sua vida.*

QUINTO PASSO

Mude a sua situação: controlando o TDAH em áreas específicas da sua vida

Dê uma olhada rápida no gráfico a seguir. Ele mostra que os adultos com TDAH relataram ser prejudicados em todas as áreas da vida, muito mais do que os adultos sem TDAH. Essas descobertas provavelmente não são surpresa para você. O autocontrole e uma noção do tempo são fundamentais para tudo o que você faz, aonde quer que vá. Quando eles são prejudicados pelo TDAH, você sente isso em todos os aspectos de seu cotidiano.

Para você, algumas atividades e situações podem ser mais difíceis do que outras. Se for assim, você pode querer iniciar o Quinto Passo lendo os capítulos sobre os domínios em que você tem as maiores dificuldades relacionadas ao TDAH, ou passar os olhos nos capítulos para ver o que eles têm a lhe oferecer. Você encontrará muitas ideias práticas para lidar com as demandas específicas de ambientes específicos, todas fluindo a partir das regras do Quarto Passo e visando aos déficits específicos associados ao TDAH.

Domínios da deficiência

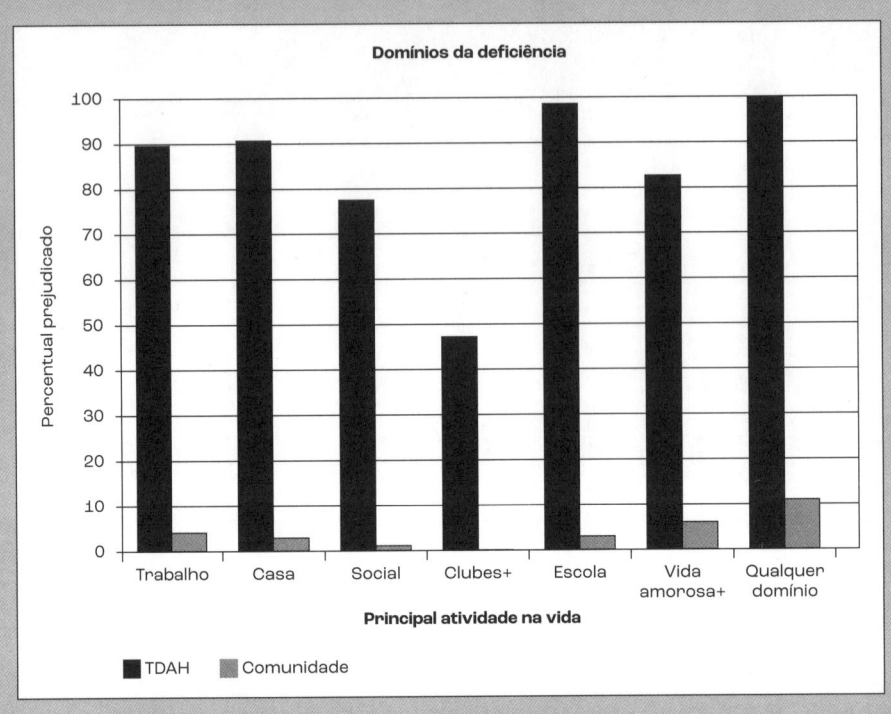

Fonte: *ADHD in Adults: What the Science Says*, de Russell A. Barkley, Kevin R. Murph e Mariellen Fischer. Copyright © 2008 The Guilford Press. Reimpressa com permissão.

CAPÍTULO 24

EDUCAÇÃO

"Meus professores na escola estavam sempre me dizendo para ler com atenção as instruções nas lições para que eu soubesse exatamente o que devia fazer. Mas, ah, não, eu não. Eu sempre partia diretamente para o trabalho, imaginando que tinha uma ideia bem clara do que deveria fazer, e, assim, cometia uma enorme quantidade de erros em minhas lições. Eu simplesmente não conseguia desacelerar e me permitir ter um tempo para ler as instruções. Só queria me livrar daquilo o mais depressa possível."

"Inicialmente, fui reprovado na faculdade por não conseguir terminar meus trabalhos do curso. Então, trabalhei durante três anos e depois retornei a uma faculdade comunitária e consegui meu diploma do curso básico. Por fim, consegui a transferência de volta à minha universidade original, conseguindo ser aceito na faculdade de Engenharia, na qual espero me formar este ano. Entretanto, mesmo isso não é garantido, porque ainda tenho alguns trabalhos inacabados para entregar, de matérias que já foram encerradas."

Provavelmente, não há nada mais difícil para as pessoas com TDAH do que conseguir formação educacional. Isso vale tanto para as crianças quanto para os adultos. O TDAH prejudica o desempenho acadêmico, leva a problemas de comportamento na escola e reduz o número de anos de educação concluídos com sucesso.

Posso estar lhe dando informações que você já obteve em primeira mão. Se isso for verdade, provavelmente também já sabe que a falta de uma boa educação tem muitos efeitos posteriores. Ela reduz seu potencial de ganhos, tanto anualmente como ao longo de toda a sua vida; limita sua escolha de trabalho; pode influenciar os tipos de amigos que você pode ter e os círculos sociais dos quais participa; e pode deixá-lo com baixa autoestima, o que pode prejudicar ainda mais sua vida social.

Agora que você está no caminho para mudar seu destino, pode descobrir que deseja voltar a estudar. Se você não concluiu o ensino médio ou não tem diploma universitário, talvez tenha decidido obter um GED* e/ou se matricular em uma faculdade. Por meio da ajuda que você está obtendo com o medicamento, pode se sentir confiante para concluir um programa de treinamento, seminário, *workshop*, programa de educação para adultos, ou continuar sua educação para dar um impulso à sua carreira. Ou talvez você seja um jovem adulto e ainda esteja cursando o ensino superior. Nas páginas a seguir, vou compartilhar dicas práticas para ser o mais bem-sucedido possível, sejam quais forem seus objetivos educacionais.

Mas, antes, você pode se beneficiar de ter alguma ideia do que vai enfrentar para estar preparado para buscar quaisquer acomodações ou ajuda que possa precisar. Por que dedicar tempo e energia à educação sem dar a si mesmo a maior chance possível de sucesso?

SAIBA O QUE VAI ENFRENTAR

Você pode melhorar suas realizações educacionais seguindo vários caminhos, desde os medicamentos até as acomodações proporcionadas pela escola e as estratégias de autoajuda. A melhor maneira de obter auxílios adaptados para atender às suas necessidades específicas é saber o máximo que puder sobre suas próprias habilidades.

Você tem TDAH desde a infância?

Se este é seu caso, você enfrentou dificuldades na escola desde o início. Eu e meus colegas descobrimos que os adultos com TDAH que foram diagnosticados quando crianças tendem a ter pior desempenho na escola do que aqueles diagnosticados quando adultos. Por quê? É difícil dizer com certeza, mas há algumas possibilidades.

- Algumas pessoas que passaram a infância sem diagnóstico ou tratamento podem ter TDAH mais leve do que aquelas diagnosticadas em idade precoce.
- Aquelas que permaneceram sem tratamento podem ter recebido apoio individual superlativo por parte dos pais e dos professores.
- Em alguns casos, um alto grau de inteligência pode compensar os sintomas do TDAH na escola o suficiente para fazer com que os adultos presentes na vida de uma criança creiam que um diagnóstico é desnecessário.

Por essas razões, uma criança pode permanecer sem diagnóstico e ter notas maiores na escola do que as crianças diagnosticadas cujos problemas eram tão aparen-

---

* N. de T.: Os testes do GED (General Educational Development) são um grupo de testes de cinco disciplinas em que o aluno, se aprovado, recebe um certificado de que tem habilidades acadêmicas equivalentes às do ensino médio no Brasil, aceitas nos Estados Unidos e no Canadá.

tes que levaram ao encaminhamento diagnóstico e precoce. Quando essas crianças inteligentes crescem, muitas vezes, acabam buscando ajuda para o TDAH. Na vida adulta, o apoio dos pais não está mais disponível na mesma medida. E, como você leu no Primeiro Passo, os sintomas afetam domínios da vida em que a inteligência não conseguiu superar os prejuízos, o que deixa o adulto cansado de tentar conduzir sua vida sem tratar os sintomas do TDAH.

Então, se você foi diagnosticado quando criança, provavelmente está enfrentando mais obstáculos do que se foi diagnosticado recentemente. Se o seu TDAH era relativamente grave, para começar, você está lidando com déficits maiores. Além disso, os problemas na escola tendem a se multiplicar ao longo do tempo. Tanto seu desempenho quanto sua autoconfiança podem ter caído com o passar dos anos. É importante saber disso para que você possa buscar o grau de assistência de que precisa para atingir seus objetivos educacionais.

Em pesquisa recente, eu e meus colegas descobrimos o seguinte, em estudos que examinaram o histórico educacional tanto de pessoas diagnosticadas quando adultas quanto de pessoas diagnosticadas quando crianças. As informações sobre aquelas diagnosticadas quando adultas vieram a partir dos relatos de pessoas que as conheceram bem quando crianças, principalmente seus pais. As informações sobre aquelas diagnosticadas quando crianças vieram do estudo que realizei com Mariellen Fischer, PhD, que acompanhou crianças com TDAH em Wisconsin até a idade adulta (média de 27 anos), época em que ainda apresentavam o transtorno.

Resultado na escola	Adultos com TDAH (%)	Crianças com TDAH quando adultas (%)
Graduados no ensino médio	88	62
Graduados na universidade	30	9
Repetentes	25	47
Receberam educação especial	35	65
Receberam outra assistência	48	42

Você tem transtornos da aprendizagem?

Uma minoria substancial de adultos com TDAH também tem transtornos da aprendizagem (TAs) específicos. TA é um atraso em uma área específica de habilidades acadêmicas básicas, como leitura, ortografia, matemática e compreensão da leitura. Você leu no Segundo Passo que os déficits do TDAH nas funções executivas podem causar problemas de compreensão da leitura, mas esses problemas são mais significativos em algumas pessoas do que em outras. Se você pontuou abaixo do décimo quarto percentil nos testes padronizados, será classificado como portador de um TA.

Sabemos, a partir de pesquisas, que esses TAs são mais comuns em adultos com TDAH do que na população geral. Temos encontrado problemas particulares não apenas na compreensão da leitura, mas também na compreensão auditiva. Se você foi diagnosticado para um TA específico ou caiu logo abaixo dessa linha de corte, não é difícil perceber o quanto a aprendizagem foi desafiadora para você, se não conseguia captar ou reter como seus colegas o que lia ou ouvia na sala de aula! Um TA também pode ter tido impacto negativo em sua vida social, se outras pessoas não perceberam que você estava tendo dificuldade para entender o que elas diziam e interpretavam mal sua reação, como se fosse desinteresse. Felizmente, ainda que você tenha algum TA não tratado quando era criança, hoje é possível buscar ajuda focada em cada transtorno da aprendizagem específico.

Os mesmos estudos citados anteriormente mostraram que adultos diagnosticados com TDAH quando crianças tinham mais TAs do que os adultos diagnosticados na vida adulta:

Resultado na escola	Adultos com TDAH (%)	Crianças com TDAH quando adultas (%)
Transtorno da aprendizagem diagnosticado	28	45

ESTABELEÇA A BASE PARA A APRENDIZAGEM

A grande maioria dos adultos com TDAH teve problemas em sua história educacional. Além dos dados citados anteriormente, nossos estudos mostraram que os adultos com TDAH apresentavam maior probabilidade de terem sido punidos na escola (42% dentre aqueles que acabavam de ser diagnosticados – consideráveis 62% dentre aqueles diagnosticados quando crianças). Eles tiveram mais problemas com as outras pessoas na escola (44 e 53%, respectivamente). Expressivos 71% dos adultos diagnosticados quando crianças foram suspensos ou expulsos pelo menos uma vez. Obviamente, você não está buscando repetir esse tipo de experiência, mas é provável que tenha problemas novamente, se estiver procurando aulas de educação de adultos ou programas educacionais no local de trabalho. Você pode fazer um grande favor a si mesmo sabendo o que pode fazer para contornar esses problemas.

O seu direito a acomodações razoáveis

Se você ainda está na faculdade, provavelmente vai precisar de algumas acomodações para ajudá-lo a ter sucesso. E você deve tê-las. Você tem direito a ajustes ra-

> Consulte os Recursos para encontrar livros que explicam seus direitos segundo o estabelecido no Ato dos Norte-Americanos Portadores de Deficiências, a documentação que precisa apresentar e os tipos de adaptações que podem estar disponíveis para você.

zoáveis em suas atividades educacionais, conforme previsto no Americans with Disabilities ACT.* Você pode desejar se familiarizar com as exigências para a documentação de seu TDAH para a faculdade, se deseja fazer uso dessas adaptações.

No entanto, por favor, tenha em mente que esta lei existe para ajudá-lo a se ajudar. Nenhuma adaptação pode realizar o trabalho duro de aprender por você. Portanto, faça valer o seu direito às adaptações, mas não pare por aí. Esteja sempre preparado para fazer o que puder por si mesmo. Você terá um desempenho muito melhor na escola se o fizer, e o que aprender se ajudando vai ser transferido para todos os outros ambientes em que atua, desde o seu trabalho até a sua casa.

Aprendendo as oito regras cotidianas para o sucesso

Seguir as regras apresentadas no Quarto Passo é uma excelente maneira de se ajudar. Nos ambientes educacionais, essas regras devem ser sua bíblia.

Medicamento

Para ser honesto, a experiência e muitas pesquisas mostram que recomendações de autoajuda, como estas regras, muitas vezes, não são o suficiente para controlar os efeitos adversos do seu TDAH na escola. Se você tem se saído bem sem medicamento, mas está considerando voltar a estudar ou dar início a um trabalho desafiador, chegou o momento de reconsiderar esse tratamento. Os medicamentos para o TDAH são a maneira mais eficaz de começar a lidar com os problemas, na escola e no local de trabalho, que esse transtorno cria para a maioria dos adultos.

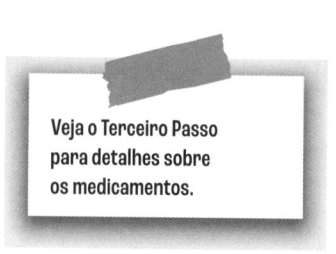

> Veja o Terceiro Passo para detalhes sobre os medicamentos.

Você provavelmente vai encontrar os medicamentos de ação prolongada para o TDAH mais úteis, pois eles podem controlar seus sintomas por 8 a 14 horas com apenas uma ou duas doses diárias. Você pode se beneficiar do medicamento de ação prolongada de dose única com uma segunda dose complementar de ação imediata no final do dia ou no início da noite.

Encontre um orientador ou um mentor

Este é alguém a quem você pode se reportar todos os dias para falar sobre o trabalho que acredita que precisa ser feito naquele dia. Pode ser um professor, um instrutor,

---

* N. de R.T. No Brasil, consultar a Lei nº 14.254, de 30 de novembro de 2021. http://www.planalto.gov.br/ccivil_03/_ato2019-2022/2021/Lei/L14254.htm

uma pessoa que more com você, um colega de classe, um aluno mais adiantado ou alguém do setor de serviços para alunos especiais. Se possível, reúna-se com seu orientador duas vezes ao dia por 5 minutos. Use o primeiro encontro, geralmente pela manhã, para rever sua lista de tarefas ou os objetivos para aquele dia. Depois, encontre-se novamente com ele no fim do dia para lhe mostrar o que você realizou daquela lista.

> Você vai encontrar mais sobre a responsabilidade no Capítulo 21.

Identifique a pessoa que estabelece o contato do TDAH com a universidade

Essa pessoa, que geralmente trabalha no setor de serviços para alunos especiais, pode fazer o seguinte por você:

- Examinar sua documentação referente a seu TDAH.
- Descrever os tipos de ajustes do currículo e outras adaptações normalmente oferecidas aos alunos com TDAH, para que você possa identificar aquelas de que pode necessitar.
- Trabalhar com seus professores para ver o que você pode conseguir deles.
- Encaminhá-lo a psicólogos, terapeutas e médicos (geralmente psiquiatras) que trabalham no núcleo de apoio ao estudante.

Consiga instrumentos que possam mantê-lo no caminho certo antes de você começar

- Use um *calendário de atribuições diárias* para estabelecer objetivos para cada dia e acompanhar seus compromissos. Você vai usar esse calendário para examinar as tarefas diárias com seu orientador; mantenha-o em um lugar visível para lembrar-se de ficar concentrado em seus objetivos e compromissos.
- Use seu *diário* para escrever tudo o que precisa fazer, incluindo compromissos, solicitações individuais feitas a você por seus professores, reuniões que você agendou, promessas que fez ou que outros lhe fizeram – qualquer coisa da menor importância. Consulte esse diário várias vezes ao dia para se certificar de que está fazendo as coisas que registrou nele.

> Veja o Capítulo 19 para sugestões para extrair o máximo de seu diário.

- Obtenha um *sistema de organização das anotações* e *planejadores diários*, e use também um *assistente de dados pessoais* (como um aplicativo no celular) se isso for ajudá-lo a se manter organizado. (Mas mantenha em mente que celulares e outros dispositivos desse tipo podem distrair incrivelmente sua atenção e reduzir significantemente sua produtividade devido a mensagens de texto, *e-mails* ou simplesmente pela diversão de navegar pela internet. Pense duas vezes sobre seu uso – eles nem sempre ajudam pessoas que se distraem facilmente.)

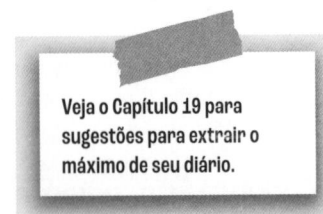

- Compre *pastas de cores diferentes* para cada assunto, onde você possa guardar seus trabalhos concluídos. Não é raro os adultos com TDAH fazerem seus trabalhos e depois colocá-los no lugar errado e não conseguirem entregá-los no prazo.
- Obtenha um *dispositivo de indicações táteis* que possa gerar lembretes frequentes para mantê-lo concentrado no trabalho que está fazendo, como um despertador ou alarme, que você pode programar para tocar em quaisquer intervalos desejados.

DICAS PARA O SUCESSO

Programação inteligente

- Agende aulas, reuniões e trabalhos mais difíceis para o período de seu "desempenho máximo" no dia. Para a maioria das pessoas, esse momento pode ser o meio da manhã ou o início da tarde, embora as pessoas variem em relação aos horários em que estão mais alertas. Algumas pesquisas mostram que os adultos com TDAH acham que a tarde ou até a noite são os melhores momentos para se concentrarem, algumas horas mais tarde do que para os adultos da população geral. Seja qual for o caso, conheça seu ciclo diário de excitação e alerta e use esse conhecimento para programar aquelas tarefas que exigem mais concentração e esforço no melhor horário para você.
- Alterne os cursos obrigatórios ou mais difíceis com as disciplinas eletivas ou divertidas ao longo do dia ou na programação semanal de suas aulas. Você não quer acumular todas as disciplinas difíceis em um único dia ou durante os primeiros dias da semana, porque isso pode sobrecarregá-lo, deixá-lo cansado demais para se sair bem nelas, fazê-lo perder o interesse ou a motivação na metade do curso ou fazê-lo perder o interesse em relação à escola. Intercalar as matérias difíceis com aulas ou atividades que você considere mais interessantes ou divertidas garante que você nunca precise enfrentar aulas ou projetos demais que demandem muito esforço. Você também pode fazer isso no trabalho, organizando suas tarefas naquele dia de modo a alternar as mais difíceis e exigentes com aquelas fáceis e interessantes.

Extraindo o máximo das aulas

- Grave ou registre digitalmente palestras ou reuniões importantes ou use um gravador digital.
- Obtenha alguns materiais extracurriculares que seus professores podem ter disponíveis ou separado na biblioteca especialmente para suas turmas, como vídeos que complementam o que você está aprendendo na aula e anotações ou artigos adicionais que expliquem melhor os tópicos que estão sendo abordados.
- Nos ambientes universitários, alguns adultos com TDAH podem obter ajuda com suas anotações em sala de aula, caso seus problemas de escrita sejam particularmente graves.
- Uma maneira de ficar desperto, alerta e concentrado é realizar algo mais ativo quando precisar prestar atenção. Se você escrever os pontos principais do que está sendo

dito em uma palestra, é mais provável que permaneça atento do que se simplesmente ficar sentado e observar. Por isso, faça anotações continuamente, mantendo sua mão em movimento, mesmo que você realmente não precise anotar as informações.
- Exercite-se antes das provas ou de aulas maçantes. Uma atividade aeróbica rotineira melhora a capacidade de concentração de uma pessoa durante 45 a 60 minutos mais do que o usual, após o exercício. Aprenda a inserir breves intervalos para exercícios ao longo do dia, especialmente antes de fazer algo em que ache difícil de se concentrar. Apenas 3 a 5 minutos de exercício podem ser suficientes para ajudá-lo a se concentrar melhor. Se a aula for longa o bastante para você ter intervalos para beber algo ou descansar, use esse tempo para fazer algum exercício aeróbico rápido, mesmo que este seja apenas sair do prédio ou se movimentar no corredor, andando mais rápido do que o normal.
- Use exercícios para pequenos grupos musculares quando estiver envolvido em aulas monótonas ou estudando. Aperte repetidamente uma bolinha de tênis ou antiestresse, tamborile com os dedos enquanto estiver estudando, masque algum chiclete ou até mesmo um brinquedo de borracha de algum tipo, ou caminhe enquanto lê. Qualquer movimento parece ser útil para adultos com TDAH quando precisam se concentrar em alguma tarefa.

Lidando com a lição de casa

- Use o seu computador em vez de escrever à mão seus trabalhos e outras tarefas. Muitas vezes, as pessoas com TDAH têm déficits de coordenação motora ou outros problemas de escrita à mão que a tornam mais lenta e menos legível. Na faculdade, você também pode gravar ou registrar digitalmente alguns de seus trabalhos e entregá-los em CD ou fita de áudio na qualidade de relatório, caso tenha uma história de problemas importantes de escrita. O conselheiro do setor de serviços para alunos especiais mencionado anteriormente pode lhe ajudar com esse tipo de ajuste curricular com seus professores, se você precisar.
- Se você tiver muitas leituras para fazer para a escola ou o trabalho, aprenda a usar o método SQ4R[*] para a compreensão de leitura. Aqui está, brevemente, como ele funciona:
    - Analise o material a ser lido – apenas o folheie rapidamente para ter ideia do quanto há para ser lido, como essa leitura pode ser fragmentada, e assim por diante.
    - Esboce algumas questões que precisam ser respondidas sobre o que você vai ler. Muitas vezes, elas estão no final do capítulo a ser lido ou foram entregues pelo seu professor.
    - Agora use o 4Rs: leia apenas um parágrafo, recite-o em voz alta, em voz baixa ou sussurre o que era importante naquele material, escreva sobre o material em seu caderno de anotações, e depois revise o que acabou de escrever.
    - Faça isso para cada parágrafo, o que não só faz você rever o que está lendo quatro vezes por parágrafo (ler, relatar, escrever, reler) mas também lhe proporciona fre-

---

[*] N. de T.: Esta fórmula – SQ4R – vem do inglês e nos ajuda a memorizar. S, de *survey* (pesquisa); Q, de *questions* (perguntas); R, de *read* (ler); R, de *recall* (recordar); R, de *repeat* (repetir); R, de *review* (rever).

quentes pausas mentais quando desvia sua concentração ao fim de cada parágrafo da leitura para o relato, para a escrita e para a revisão do texto. À medida que você fica bom nisso, pode ler passagens mais longas, como dois parágrafos de cada vez ou uma página inteira, antes de se envolver nos passos de leitura, relato, escrita e revisão. Essa é uma ótima estratégia para pessoas com problemas de memória de trabalho.

Enfrentando os testes

- Você deve solicitar tempo extra nos testes com tempo cronometrado? Muitos jovens adultos com TDAH acreditam, ou souberam por outras pessoas, que essa pode ser uma adaptação útil a ser solicitada. Mas, como há escassa pesquisa sobre essa questão, isso não está tão claro. Todos, incapacitados ou não, parecem se beneficiar de tempo extra para realizar os testes com tempo cronometrado, o que não significa que isso vá necessariamente ajudar a compensar o seu TDAH ou a resolver seus problemas para realizar esses testes. Opiniões mais recentes sugerem que é melhor você usar um método chamado "tempo fora do relógio", que envolve o uso de um cronômetro para realizar esses testes com tempo marcado. Com esse cronômetro, você não terá mais tempo – digamos que 1 ou 2 horas – do que os outros alunos para realizar o teste. Mas o que lhe será permitido fazer é parar o cronômetro quando quiser, tão frequentemente quanto desejar, para se permitir breves intervalos de um ou dois minutos. Use-os para se levantar, alongar, andar pela sala ou pelo corredor, tomar um copo d'água, usar o banheiro; depois, volte ao seu teste e inicie o cronômetro. Quando você tiver usado todo o tempo marcado no cronômetro, acabou seu tempo. Sim, isso vai resultar em demorar mais tempo do que os outros para concluir o teste, mas não lhe terá sido concedido mais tempo de trabalho ativo. O importante aqui é a estratégia que você está usando: fragmentar o teste em pequenas cotas de trabalho e fazer intervalos frequentes para renovar brevemente seu foco e sua concentração mental.
- Realize os testes com tempo cronometrado em locais livres de distração ou que ofereçam poucas chances de se distrair.

Uma forcinha extra

- Experimente a tutoria com algum colega – isso ocorre quando você e outro aluno concordam em estudar juntos e alternar ensinar um ao outro o material que está sendo estudado. Um de vocês é o instrutor; o outro, o aluno. Depois, inverta esses papéis em cada sessão de tutoria.
- Trabalhe em equipe com pessoas mais organizadas. Trabalhar com outras pessoas que não têm TDAH pode mantê-lo mais concentrado nas suas tarefas e mais publicamente responsável pela realização do trabalho do que se você trabalhar sozinho.
- Encontre um colega com quem possa contar para "salvá-lo", se você tiver esquecido um trabalho ou outra informação importante. Troque números de telefone e endereços de *e-mail* para que possa obter rapidamente a informação perdida ou esquecida, ao se encontrar em um aperto.

O aluno saudável

Além de contribuir para sua saúde geral, as duas sugestões a seguir podem melhorar seu desempenho acadêmico.

1. Tenha cautela no uso da cafeína e da nicotina. Você é mais propenso do que os outros alunos a usar essas substâncias e se tornar dependente delas. Os adultos com TDAH às vezes tentam automedicar seu transtorno pela ingestão de bebidas prontamente disponíveis contendo cafeína ou produtos de tabaco. Sim, a cafeína e a nicotina são estimulantes e podem ajudar as pessoas a ficarem mais alertas. No entanto, a cafeína, especialmente, atua nos neurotransmissores incorretos nas pessoas com TDAH e podem, em doses moderadas ou altas, ser contraproducentes, deixando-as menos concentradas, mais irrequietas e agitadas, mais nervosas, e mais propensas a precisar urinar frequentemente. É melhor usar um medicamento controlado para o TDAH do que tentar usar substâncias contendo cafeína ou pílulas vendidas sem receita médica que contenham essa substância. E, embora a nicotina possa, até certo ponto, beneficiar seus sintomas de TDAH, você estará usando uma substância extremamente viciante para se automedicar, a qual só aumentará sua adição a esse produto químico, sem mencionar que aumentará seu risco de contrair doenças pulmonares, cardíacas ou cancerígenas. Em vez disso, use um medicamento controlado para o TDAH que não implique esses riscos e funcione tão bem ou ainda melhor.
2. Desenvolva uma rotina semanal regular de exercícios (três ou mais vezes por semana) para aumentar a atenção, melhorar a saúde, controlar o estresse, etc. Uma rotina regular de exercícios físicos realizados três a quatro vezes por semana, ainda que por apenas 20 a 30 minutos de cada vez, é boa para a saúde de qualquer pessoa. Mas, se você tem TDAH, exercitar-se também parece um benefício particular para controlar ainda mais seus sintomas ou compensá-los. Portanto, seja correndo, andando de bicicleta, fazendo musculação, frequentando aulas de dança, usando seu equipamento de ginástica preferido (esteiras, treinadores elípticos, etc.) ou alguma combinação de vários tipos de exercícios, você, mais do que a maioria das pessoas, precisa realizar atividades físicas rotineiramente.

- Participe de quaisquer sessões disponíveis de ajuda extraclasse. Muitos professores estão dispostos a reservar um tempo extra para ajudar pessoas que precisam de mais instrução. Use esse recurso dos professores que se disponibilizam para isso, mesmo que você realmente não precise de ajuda. A revisão extra vai ajudá-lo com seu esquecimento e também mostrar que você está motivado, o que causará uma impressão mais positiva em seus instrutores.
- Agende reuniões de revisão com o corpo docente ou com seu orientador a cada 3 a 6 semanas. Lembre-se de que, quanto mais frequentemente você se mantiver responsável por seu trabalho, melhor será o seu desempenho.

CAPÍTULO 25

TRABALHO

"Eu era tão ativa quando criança que minhas professoras costumavam dizer à minha mãe para me manter 'ocupada', porque eu estava sempre 'aprontando' se fosse deixada sozinha ou sem algo para fazer. Ainda acho muito difícil ficar sentada durante muito tempo, especialmente durante reuniões tediosas ou quando devo realizar um trabalho que não me interesse. Eu simplesmente preciso estar fazendo algo, e, se houver outra coisa mais interessante ou divertida para fazer do que o trabalho que me foi destinado, é provável que eu me distraia e não consiga realizar as tarefas dentro do prazo."

"Tenho de me esforçar 5 a 10 vezes mais no trabalho para fazer o que as outras pessoas parecem fazer com tanta facilidade. No fim do dia de trabalho, estou exausto e não fiz a metade do que outras pessoas parecem ter feito naquele dia. No entanto, pareço mais cansado do que elas. O que há comigo, afinal?"

"Tenho trinta e poucos anos e há muito tempo acredito que posso ter um transtorno de déficit de atenção em adultos, do tipo predominantemente desatento. Há muito venho tendo uma sensação de ser diferente, de que há algo errado comigo. Durante algum tempo, pensei que poderia ter TDAH, mas não sou agitado ou inquieto, embora ache muito difícil me concentrar e manter o foco em qualquer tipo de tarefa atribuída a mim. Embora isso tenha resultado em notas muito mais baixas do que eu acreditava ser capaz de tirar na escola, e sentindo que eu 'não era tão inteligente', isso me afetou muito mais seriamente durante a minha vida profissional. Sou muito desorganizado, frequentemente cometo erros tolos e por descuido no trabalho (como sou engenheiro mecânico, isso pode custar muito caro financeiramente e em relação à minha própria segurança). Tenho dificuldade para seguir instruções, esqueço onde coloquei as coisas e, em geral, tenho dificuldade para prestar atenção. Tudo isso têm feito me sentir como um fracasso no trabalho, e, depois de várias tentativas para deixar minha área de ação, parti em busca de outras atividades, que acabaram me deixando com a mesma sensação de desamparo e fracasso."

Na década de 1990, pesquisas que analisavam como o TDAH afetava os adolescentes no trabalho concluíram que eles eram tão produtivos quanto os outros adolescentes. Talvez, ao que parece, os sintomas interferissem sobretudo nos ambientes educacionais e não precisássemos nos preocupar tanto com sua interferência no trabalho.

Agora, sabemos que isso não é verdade. Conforme mencionado, o TDAH pode atingi-lo ainda *mais* no trabalho do que na escola. O problema dos estudos com jovens de 25 anos é que eles não levaram em conta os tipos de trabalho que os adolescentes geralmente desempenham: não especializados, meio período e temporários. Trabalhar em um centro recreativo local, em uma rede de *fast-food* ou em lavagem de automóveis não demanda muita atenção, pensamento/raciocínio ou persistência. Talvez aí o TDAH realmente *não interferisse* muito nessas ocupações de primeiro emprego.

Contudo, quando os cientistas observaram a transição para os empregos em tempo integral, um quadro diferente começou a surgir. Eles verificaram que os adultos com TDAH mudam mais frequentemente de emprego e têm mais dificuldade para cumprir as demandas de seus cargos, para trabalhar de forma independente, para concluir tarefas e para ter um bom relacionamento com seus superiores. Além disso, eles também eram demitidos ou dispensados mais frequentemente do que os adultos sem TDAH.

Os adultos que tinham os maiores problemas com o TDAH no local de trabalho eram aqueles hiperativos. Faz sentido, não é? Os professores podem relevar um pouco sua inquietação e a agitação na escola porque você é uma criança que está crescendo ou um adolescente cheio de hormônios. Quando você está no local de trabalho, aqueles que estão lhe pagando esperam que você permaneça em sua mesa ou em frente ao seu computador para realizar seu trabalho. Os funcionários que não conseguem fazer isso, muitas vezes, são rotulados de preguiçosos e acabam sendo demitidos.

Até que ponto o TDAH o atrapalha no trabalho pode depender da gravidade de seus sintomas, se incluem hiperatividade, como acabamos de observar, quão pouco controle emocional você manifesta, e se você está recebendo o tratamento que o engenheiro citado anteriormente não estava. Também pode depender de fatores como os seguintes:

- O tipo de trabalho que você faz.
- Se você está recebendo alguma adaptação ou apoio no trabalho.
- Até que ponto o TDAH o impediu de desenvolver quando criança as habilidades e o conhecimento de que todos precisamos no mundo adulto.

ENCONTRANDO O EMPREGO CERTO PARA VOCÊ

É importante ter um emprego em que você obtenha o máximo possível daquilo que precisa para ter sucesso.

- Há empregos em que você deva ter preferência em relação aos outros por causa de seus sintomas?
- Um tipo de local de trabalho é melhor para você do que outros?
- O trabalho que você vai executar é tão importante quanto o ambiente em que o realizará?

Essas são perguntas que você deve tentar responder, se está ingressando no mercado de trabalho ou se já tem um emprego. Naturalmente, não há respostas fáceis. (Sinto muito.) Mas você estará no caminho certo se começar sabendo o que vai enfrentar e também o que tem a oferecer. Se o seu TDAH inclui hiperatividade, é pouco provável que um emprego que exija que permaneça sentado em uma cadeira na frente de um computador o dia inteiro seja o ideal para você. Você deve afastar quaisquer pensamentos de se tornar um contador, por exemplo. Se seu maior problema é não conseguir terminar até mesmo tarefas pequenas sem uma supervisão de perto, você não vai querer se tornar um vendedor viajante do tipo "lobo-solitário" ou alguém que trabalha em seu escritório em casa, diante de um computador.

Mas esses são mais pontos a considerar do que regras rígidas. Conheço muitos adultos com TDAH que optaram por um emprego ou por uma área que, à primeira vista, não parece ideal para os pontos fortes e fracos normalmente associados com a condição ou com sua versão particular dela. Mas eles têm desempenho tão bom quanto a maioria das pessoas. Como? Eles recebem apoio de um supervisor. Eles tiveram o aval e os recursos para adaptar o local de trabalho e os procedimentos da função às suas necessidades. Eles demonstraram um compromisso em desenvolver suas habilidades, em usar princípios como as regras do Quarto Passo e estratégias como aquelas que você vai encontrar neste capítulo. Eles aderiram a um medicamento que reduz bastante o impacto de seus sintomas – particularmente críticos, se a hiperatividade ou a impulsividade era um problema.

O engenheiro cuja história você leu no início deste capítulo pode ter escolhido o que parecia ser o melhor tipo de trabalho para ele. Ele pode ter sido atraído para a engenharia por ter facilidade em matemática e gráficos matemáticos – para observar e manipular objetos, em vez de ler palavras. Talvez ele soubesse que esse é o tipo de trabalho que o absorve. Se seu TDAH às vezes torna difícil para você se afastar das atividades que gosta, escolher uma dessas profissões como carreira não é uma má opção.

Infelizmente, esse engenheiro não conseguiu obter sucesso. Talvez porque progredir em um emprego nunca tenha a ver apenas com o trabalho que você faz, mas talvez também envolva ter um bom relacionamento com seu chefe e com seus colegas. Envolve ter um ambiente físico propício à concentração, apesar da distração do TDAH. Depende de você saber que tipos de tarefas ou situações são mais difíceis para você e adaptá-las para que possa lidar com elas. Também pode depender se o horário de trabalho coincide com os períodos do dia em que está mais alerta. Isso pode significar encontrar uma organização solidária e apoiadora que, de algum modo, acomode suas necessidades. Mas isso certamente significa assumir a responsabilidade de usar os recursos disponíveis para você fora daquilo que a empresa está disposta a oferecer e firmar um compromisso de assumir e trabalhar o seu TDAH.

Nosso engenheiro disse que não conseguia se concentrar nas conversas, nem construir relacionamentos saudáveis e duradouros. Sem dúvida, isso lhe dificultava cultivar a cooperação entre seus colegas de trabalho e solicitar a ajuda de seu supervisor na identificação e prevenção daqueles "erros bobos" que ele sempre estava cometendo. Talvez ele também trabalhasse em um escritório movimentado e barulhento que lhe dificultava manter o foco. Talvez não houvesse espaço suficiente para organizar seus materiais para que não se esquecesse das coisas.

Como não havia sido diagnosticado com TDAH, esse engenheiro não podia oficialmente solicitar adaptações (e não estava recebendo o benefício do medicamento). No entanto, ele podia ter encontrado um emprego de engenheiro em uma empresa menor ou procurado um ambiente mais tranquilo; podia ter procurado um escritório com espaços de trabalho privados, relativamente à prova de som; ou uma empresa que lhe proporcionasse um assistente ou parceiro que pudesse realizar o trabalho de contato cara a cara para ele poderia ter lhe poupado o constrangimento das gafes de comunicação.

Realisticamente, nem todos podemos escolher entre várias oportunidades de emprego, em especial se o mercado de trabalho está saturado. Por isso, é importante mapear o maior número possível de diferentes caminhos para o sucesso, de acordo com as suas possibilidades. Saiba que tipo de trabalho pode mantê-lo interessado e possa ser feito todos os dias. Descubra o tipo de ambiente em que você pode prosperar. Saiba que tipos de procedimentos de trabalho vão mantê-lo no caminho certo e quais o afastarão. Descubra que tipos de pessoas têm potencial para inspirá-lo e, possivelmente, ajudá-lo a obter sucesso. Depois, faça tudo o que puder para encontrar o máximo desses elementos favoráveis em qualquer emprego que considerar. Para a maioria dos adultos com TDAH, encontrar o emprego certo será uma questão de identificar a combinação certa do trabalho que executa (incluindo os procedimentos) *e* do ambiente (incluindo as pessoas) em que o realizará. Os desafios de um podem ser compensados pelos benefícios do outro.

Infelizmente, a maneira como muitas pessoas encontram essa correspondência é por meio da tentativa e do erro, e esse processo pode ser doloroso se não for conduzido muito rapidamente a um bom ajuste. *Então, outro caminho a ser considerado é encontrar um orientador profissional ou conselheiro vocacional que trabalhe com pessoas que têm TDAH.* Essa pessoa pode pelo menos ajudá-lo a definir suas necessidades com precisão. Um orientador poderá também auxiliar a identificar linhas de trabalho que podem ser boas para você, e pode, ainda, treiná-lo para entrevistas de emprego – a pesquisa mostrou que os adultos com TDAH não se saem tão bem quanto os outros nas entrevistas.

> Veja os Recursos para mais informações sobre como localizar um orientador profissional.

O tipo de trabalho

Alguns empregos são, por natureza, mais convenientes ao TDAH do que outros. Por exemplo, as ocupações apresentadas a seguir têm se mostrado melhores para alguns de meus pacientes adultos e podem ser mais favoráveis àqueles que têm TDAH.

- Carreira militar – a carreira militar garante maior estrutura e disciplina, um retorno mais imediato e maior provisão de benefícios (assistência médica, atendimento odontológico, etc.) do que outras.
- Vendas de porta em porta – este tipo de emprego frequentemente é uma boa opção para adultos com TDAH, seja ele um negócio de porta em porta, direto ao consumidor ou empresarial, pois envolve liberdade de movimentos, mudanças de ambiente, mobilidade, um horário flexível, encontros frequentes com novos contatos, oportunidades para interação social e paixão pelo produto, além de valorizar o fato de a pessoa ser falante. Muitas vezes, os adultos com TDAH precisam de alguma ajuda quando retornam ao escritório para fazer seus relatórios e o trabalho burocrático, mas, "no campo", parecem ter uma boa atuação.
- Representantes de laboratório – as pessoas com pelo menos um diploma de graduação em biologia, enfermagem, farmácia ou um campo relacionado podem achar essa área perfeita, por todas as mesmas razões apresentadas para as vendas de porta em porta.
- Carpinteiro, encanador, eletricista, jardineiro, assentador de azulejos, telhadista, empreiteiro – estas e outras ocupações podem ser mais propícias para aqueles que têm TDAH porque o indivíduo está fazendo mais trabalho manual do que mental, está mais frequentemente ao ar livre, tem mudanças frequentes de locais de trabalho, lida com muitas pessoas diferentes e é remunerado por horas de trabalho, o que lhe proporciona consequências mais imediatas do que um cargo assalariado, com remuneração menos frequente.
- Técnico em emergência médica, médico socorrista, policial, bombeiro – como os empregos anteriores, essas ocupações não mantêm as pessoas confinadas em escritórios, nem requerem horas de esforço ou concentração mental sustentada. Elas também proporcionam excitação e emoção, e até mesmo situações de risco à vida que provocam uma descarga de adrenalina que alguns adultos com TDAH declaram ser importantes para manter o foco em uma crise. Além disso, maior liberdade de movimento, mudanças de locais de trabalho e maior interação com outras pessoas podem se associar à natureza de produção de sensações desses empregos para torná-los mais atrativos àqueles com TDAH. Não que as pessoas com TDAH sejam melhores do que as outras no gerenciamento de crises, mas, durante uma crise, a pessoa com TDAH não está em situação de desvantagem, porque pouca ou nenhuma preparação é necessária para lidar com a situação – afinal, essa é a definição de uma crise (um evento inesperado, porém sério).
- Ocupações relacionadas a esportes – alguns atletas talentosos têm descoberto que o TDAH não é um grande impedimento para o sucesso. Pense no nadador olímpico Michael Phelps, Payne Stewart (o falecido golfista profissional) e a ginasta olímpica Simone Biles. Mesmo que você não seja um atleta profissional, pode encontrar mui-

tas ocupações atléticas ou relacionadas aos esportes, desde ser professor de educação física e treinador de esportes na escola até trabalhar para ou gerenciar um parque esportivo ao ar livre ou academia, ou mesmo trabalhar em parques estaduais e nacionais como guarda florestal.

- Técnico/consultor de computadores – este é o tipo de trabalho em que as pessoas com bom conhecimento e habilidades em computação podem combinar tais interesses com os traços do TDAH com menos problemas do que em outras áreas. Aqueles que trabalham no serviço de suporte em tecnologia da informação (TI) circulam pela empresa resolvendo problemas com os computadores para os outros funcionários.
- Indústria de serviços de alimentação – conheço muitos adultos com TDAH que ingressaram nas artes culinárias e se tornaram *chefs* de restaurantes, *resorts*, cafeterias e outros locais, e acham o trabalho criativo e relativamente pouco impactado por seus déficits relacionados ao TDAH. Cozinhar exige foco no momento, os passos imediatos para criar o produto acabado e um toque de criatividade com os ingredientes, embora não demandando planejamento de longo prazo, muita memória de trabalho ou persistência em atividades não gratificantes durante longos períodos de tempo. Horários incomuns ou flexíveis, com o ritmo esporádico de fluxo e refluxo do trabalho de horas tranquilas e horas de intenso movimento para o preparo das refeições, podem acrescentar o toque certo de crise e excitação durante os momentos de pico para mantê-lo alerta e concentrado no trabalho.
- Autônomo/empreendedor – iniciar um pequeno negócio ou simplesmente ser seu próprio patrão pode se mostrar uma boa opção para uma pessoa com TDAH, abrindo sua própria confeitaria, administrando um negócio de jardinagem ou uma consultoria de computadores, atuando como *personal trainer* ou trabalhando em um dos negócios aqui listados. As horas podem ser mais flexíveis do que quando você trabalha com outras pessoas, você é seu próprio chefe, as consequências de seu trabalho (ou não trabalho) são imediatas (se não trabalha, não tem dinheiro para a comida ou para o aluguel), e os locais de atividades podem variar consideravelmente de um dia para o outro em algumas dessas ocupações autônomas, o que permite a acomodação da inquietação experienciada por muitos adultos com TDAH. Um aspecto de destaque na situação do autônomo em uma área estabelecida, como jardinagem, construção, limpeza doméstica ou gerenciar um restaurante ou lava-carros, é ser um empreendedor. O termo geralmente se refere a pessoas que criam novos produtos, serviços ou mesmo indústrias inteiras de formas inovadoras que implicam um maior risco financeiro, mas também maior recompensa do que a maioria dos outros trabalhos autônomos. Johan Wiklund, diretor na divisão de estudos empresariais da Escola de Negócios da Syracuse University, acredita que os empreendedores têm mais probabilidade de ter TDAH e de obter sucesso devido a esse transtorno, principalmente se forem muito inteligentes e tiverem pouco ou nenhum transtorno psiquiátrico comórbido (adicional). Seu processo de pensamento desinibido e, portanto, mais criativo, sua disposição para correr riscos, o foco excessivo no trabalho que amam e estilos sociais de engajamento podem se combinar para conduzir ao sucesso empresarial.
- Fotógrafo/produtor de vídeo – muitos dos adultos que me ajudaram a criar meus vários DVDs sobre o TDAH ou com quem eu tenho trabalhado em vários projetos de mídia eram eles mesmos portadores desse transtorno. Eles conseguiam lidar muito bem com as mudanças diárias nos locais em que estariam filmando, a diversidade de histórias ou tópicos que eram solicitados a cobrir, as curtas explosões de trabalho in-

tercaladas com intervalos e, é claro, as frequentes oportunidades de interagir com as mais diferentes pessoas. Tudo isso era muito adequado para a curta duração de sua atenção, propensão para o enfado em ambientes tediosos e dificuldades com a persistência sustentada durante horas ou dias e projetos ou tarefas.

- Artes performáticas – ator, comediante, músico e outras artes performáticas permitem a expressão emocional e tiram vantagem das mudanças frequentes no local e na natureza do trabalho, na liberdade de movimentos, na necessidade limitada de planejamento e organização de longo prazo, na baixa exigência de automotivação devido ao prazer imediato e intrínseco que as pessoas podem obter por estarem engajadas nessas profissões. Howie Mandel (*America's Got Talent*) tem TDAH e tem obtido muito sucesso na comédia e no *show business*; Ty Pennington (*Extreme Makeover: Home Edition*) também tem TDAH e tem atuado como personagem principal em um programa que tem feito muito por famílias necessitadas. E também Glenn Beck, ex--comentarista da Fox News e agora âncora de um programa de rádio independente. Considere, ainda, o músico Adam Levine, vocalista/compositor da banda Maroon 5 e ex-jurado no *The Voice*, na TV.

Esses são apenas alguns exemplos de ocupações que podem se mostrar especialmente convenientes para aqueles que têm TDAH. Se usar as descrições como um trampolim para sua imaginação, poderá, sem dúvida, encontrar alguns outros caminhos profissionais que serão adequados para você, considerando seu conjunto de habilidades únicas e talento para novos para caminhos de trabalho não tradicionais. Mas também é preciso considerar o ambiente de trabalho.

O ambiente de trabalho

- Ruído ou outras distrações o impedem de se concentrar, não importa qual seja a natureza de seu trabalho? Se for assim, uma sala aberta repleta de mesas pode ser um desastre para você. Mesmo seções que têm unidades com um número menor de mesas podem ser um problema porque será difícil você ignorar seus colegas. Cubículos com paredes opacas que o impeçam de perceber o movimento dos passantes são melhores, e um escritório privativo seria a melhor opção, se puder consegui-lo. O ideal seria um espaço de trabalho distante do trânsito principal de pessoas, mas próximo de seu supervisor ou de outra pessoa a quem você deva prestar contas. Se você tem um escritório, mantenha a porta fechada. Se necessário, devido ao barulho no escritório, use fones de ouvido que bloqueiem o ruído e ouça sua música instrumental favorita enquanto trabalha. Se alguém bater à porta, receba a pessoa ali e bloqueie a entrada, para que ela não entre e se sente apenas para lhe fazer uma visita. Não ofereça café ou qualquer outra coisa, mas seja gentil e pergunte imediatamente como pode ajudá-la. Os colegas de trabalho podem ser fontes enormes de distração ou de atividades alheias ao trabalho; por isso, sempre que puder, limite essa interferência.
- Você trabalha em um computador com *e-mail*? Se for assim, e seu trabalho não depender de resposta rápida, verifique os *e-mails* rapidamente no início do dia para se inteirar se há mensagens urgentes de supervisores ou colegas; depois, feche o programa de *e-mails* e só abra-o novamente no horário de almoço e no fim do dia. Isso lhe dará mais tempo no meio da manhã e da tarde para se concentrar nos projetos que

precisa adiantar e eliminar uma das maiores fontes de distração e baixa produtividade no local de trabalho.

- A internet está disponível? Mantenha seu navegador de internet fechado para que propagandas, toques ou outros estímulos para chamar a atenção não perturbem sua concentração nos projetos que precisam da sua concentração. E, definitivamente, evite enviar mensagens de texto ou conversar virtualmente com amigos ou outras pessoas enquanto estiver trabalhando, desligando também seu telefone celular nos períodos em que a concentração nas tarefas ou projetos for importante. Da mesma forma que com os *e-mails*, você pode verificar suas mensagens no telefone duas ou três vezes por dia (no início, no meio e no fim do dia) e se manter atualizado sobre qualquer coisa que possa ser urgente e importante. Mas a maioria dos *e-mails* e, principalmente, das mensagens de texto não é relevante para o seu trabalho imediato, e muitas vezes são apenas tentativas de socialização por parte de outras pessoas que também não conseguem se concentrar em seu trabalho.
- O espaço atribuído a você o ajuda a se manter organizado? Se não há espaço para colocar seus arquivos e outros materiais, você pode passar a maior parte de seu dia de trabalho procurando o que precisa.
- Você consegue acompanhar o passar das horas? Se o local onde trabalha não tem janelas, relógios na parede e nenhuma outra maneira que lhe informe que horas são, terá de confiar apenas em suas próprias ferramentas para manter o controle do tempo e permanecer dentro do planejado. Isso pode ser difícil para os adultos que têm TDAH, que não parecem utilizar seus relógios internos para mantê-los funcionando em tempo hábil. Se você está trabalhando em um computador, a maioria tem aplicativos que você pode abrir e lhe mostram a passagem do tempo para ajudá-lo nisso. Os serviços de *e-mail* e calendário ou outros aplicativos para organização podem ajudá-lo com alertas que você pode programar quando estabelecer certos objetivos inicialmente, reuniões, viagens ou outros projetos. A função alarme em seu celular pode atingir o mesmo resultado, alertando-o frequentemente, como um lembrete para se manter focado na tarefa em questão.

Os procedimentos de trabalho

- Quanta flexibilidade existe em seu trabalho? Às vezes, uma entrevista de emprego revela instantaneamente que a empresa espera que o trabalho seja feito de maneira muito específica e não tem recursos disponíveis para mudar o modo como as coisas foram feitas no passado. Sempre faça perguntas sobre como seu contratante espera que as metas sejam atingidas:
    - "Quanto tempo você espera que eu demore para realizar meu trabalho?"
    - "Com que antecedência vou ser informado de um próximo projeto?"
    - "Com que frequência vou verificar com você meu progresso?"
    - "De que maneira você espera receber os relatórios?"
    - "Vou trabalhar sozinho ou com uma equipe?"

    Tome cuidado com um entrevistador que diga que esse é um tipo de operação "muito flexível" e que todos podem realizar o trabalho da melhor maneira para cada um, com pouca ou nenhuma supervisão. Formule perguntas como as anteriores e poderá rapidamente descobrir que existem requisitos muito mais rigorosos do que aqueles que a pessoa apresentou. Ou, se você não pedir detalhes, pode descobrir no trabalho que "flexível" é uma meia-verdade e que se espera que você seja totalmente autossuficiente. Isso pode dificultar a introdução de uma ideia de prestar contas de seu trabalho a alguém sobre o progresso passo a passo nas tarefas.

- Há "regras" ou diretrizes estabelecidas para determinados procedimentos? A maioria dos adultos com TDAH se beneficia de ter um conjunto de regras a seguir para que não precisem tentar descobrir o que é aceitável e o que não é. Se a empresa não estabeleceu essas regras, um supervisor ou mentor estará disponível para esclarecer as prioridades enquanto você for novo no emprego?
- Espera-se que você seja uma pessoa proativa? Você pode achar isso devastador e gostaria de se livrar de empregos como esse. Ou pode achar que é fácil ser autodidata, mas difícil ser automotivador durante o andamento de uma tarefa. Isso conduz à próxima pergunta.
- Esse emprego lhe oferece incentivos e recompensas frequentes? Quanto mais, melhor. O mérito pode ser a própria recompensa para outras pessoas, mas a pessoa que tem TDAH diz: "Mostre-me o dinheiro"... e regularmente. Se não houver outras oportunidades de motivação além daquelas que você proporciona a si mesmo, encontre outro emprego – ou decida reunir todo tipo de sugestão e recompensas externas à sua disposição.
- Você deve bater um relógio de ponto, literal ou figurativamente? Minha pesquisa tem mostrado que os adultos com TDAH tendem a ser menos pontuais no trabalho e parecem menos eficientes no gerenciamento de seu tempo. Se trabalhar dentro de um horário rígido e a pontualidade forem essenciais, ou se o tempo for fundamental nesse negócio, isso pode ser a sua desgraça. Ou, caso todo o resto seja favorável, você pode escolher usar isso em sua vantagem e torná-lo parte de seu compromisso de se manter dentro do horário.

As pessoas

- Quem será seu supervisor?
    - Alguém com quem você vai trabalhar lado a lado todos os dias?
    - Alguém que espera que você se reporte a ele de forma remota (por *e-mail* ou por telefone) durante o dia?
    - Alguém que você raramente verá e que ocasionalmente vai lhe enviar uma lista de objetivos?

    É provável que você precise de uma grande quantidade de interação e supervisão imediatas. Se seu supervisor não puder lhe proporcionar muita orientação ou mantê-lo responsável, há alguma outra pessoa disponível para fazer isso e servir como mentor?

- Seu supervisor lhe dará apoio no que você precisa para realizar o trabalho? Muitas vezes, a decisão de adaptar o trabalho para atender às suas necessidades depende de seu superior. Se seu chefe toma uma atitude radical com os funcionários e não dá

a mínima importância para as necessidades individuais, você provavelmente deve procurar outro emprego.
- Seus colegas também lhe darão apoio? Ou você estará nadando com os tubarões? Se essa abordagem para atingir objetivos ou alcançar a excelência é jogar os funcionários uns contra os outros em uma competição mortal, você conseguirá lidar com isso? Alguns adultos com TDAH desenvolveram maior sensibilidade para as reações que provocam nas outras pessoas. Se tiver boas razões para acreditar que seus colegas de trabalho estão pouco interessados em ajudá-lo, você se sentirá inspirado a vencê-los ou achará impossível realizar seu trabalho?

> Quando estou sendo entrevistado para um emprego, devo revelar que tenho TDAH?

Nos Estados Unidos, é possível reivindicar seus direitos de receber adaptações no local de trabalho segundo o disposto no Americans with Disabilities ACT*. Você pode precisar invocar essa lei para conseguir o que precisa. Se for trabalhar em uma área que exija treinamento, testagem ou certificação periódica, você pode precisar de adaptações especiais para a realização de testes, disponíveis no texto do ato. Nesse caso, deverá apresentar atestados para documentar seu diagnóstico. Mas é possível que consiga o que precisa apenas encontrando o tipo certo de local de trabalho, e por isso é tão importante fazer as perguntas listadas anteriormente. Se você acha que a empresa e seu supervisor serão flexíveis e solidários sem que precise citar seu transtorno, poderá manter essa informação sigilosa. Muitos adultos preferem não revelar o seu TDAH, e você tem chance de não ter de fazê-lo se executar tudo o que estiver ao seu alcance para minimizar seus sintomas. Essa é outra razão para fazer uso do medicamento: se ele normalizar ou reduzir significativamente os seus sintomas, o TDAH não precisará vir à tona.

ASSENTANDO AS BASES PARA O SEU SUCESSO NO EMPREGO

Muitas das ferramentas e dos passos de preparação para se ter um bom rendimento no trabalho são semelhantes àqueles para um bom rendimento na escola. A seguir, há um resumo rápido do que você pode fazer para proporcionar a si mesmo a melhor base possível para a realização ocupacional.

- Consulte um dos livros listados nos Recursos, no final deste livro, para se familiarizar com as provisões do Ato dos Americanos Portadores de Deficiências e as adaptações

---

* N. de R. T. No Brasil ainda não há legislação específica.

normalmente disponíveis no local de trabalho. Você pode querer reivindicar para si essas adaptações em algum momento, mesmo que não seja agora.

- Exercite repetidas vezes as estratégias oferecidas nas oito regras diárias para o sucesso apresentadas no Quarto Passo. Quando você estiver considerando aceitar determinada oferta de emprego, pense em como essas regras podem beneficiá-lo nesse local de trabalho. Conforme recomendado aqui, faça uma lista e coloque-a em seu escritório ou perto da tela do seu computador para que possa consultá-la frequentemente ao longo do dia.

> Se você não leu o Capítulo 24, pode querer folheá-lo – mesmo que não esteja na escola – para obter todos os detalhes sobre algumas das ferramentas e dicas aqui listadas.

- Considere o medicamento, se ainda não o estiver utilizando. Ele poderá ser especialmente útil se você estiver fazendo a transição dos empregos menos exigentes da adolescência para os empregos de adultos, que requerem muito mais tempo, esforço, realizações, responsabilidade e habilidades. Assim como na escola, as formulações de ação prolongada (às vezes com a adição de uma única dose do medicamento de ação imediata no final do dia) vão garantir que você possa enfrentar sem maiores problemas a maior parte de seu dia de trabalho.
- Encontre um instrutor ou mentor no trabalho. Pode ser um colega, um amigo ou um supervisor que o incentive – qualquer pessoa a quem possa prestar contas todos os dias pelo trabalho que você acredita que precise ser feito. Do mesmo modo que na escola, será conveniente se reunir com ele duas vezes por dia, 5 minutos de cada vez – motivo pelo qual é útil ter seu supervisor ou outro instrutor perto de você. Estabeleça objetivos durante o seu primeiro encontro e depois reveja o que realizou durante o segundo encontro.
- Identifique o especialista em deficiências no departamento de recursos humanos de sua empresa. Essa é a pessoa a quem você vai entregar a documentação de seu TDAH e é quem vai lhe explicar as adaptações disponíveis em seu local de trabalho. Ela também pode atuar junto ao seu supervisor para garantir que você obtenha as adap-

> **Recrutar um instrutor/mentor é fundamental e pode beneficiá-lo muito além da responsabilidade que isso irá proporcionar.** Se você conquistar o respeito dessa pessoa, os outros vão tomar conhecimento disso e você poderá se ver com aliados que não cultivou ativamente. Portanto, torne uma prioridade fazer o que combinou com seu instrutor ou mentor. Mostre seu apreço por meio de pequenos sinais de agradecimento. Resista a qualquer urgência de buscar o conselho ou a ajuda dessa pessoa em relação a problemas pessoais; limite-se às questões da companhia. (Você sempre pode consultar um terapeuta, se precisar de ajuda com questões pessoais.)

tações que julga necessárias. Se precisar de terapia ou medicamento, o especialista poderá encaminhá-lo a psicólogos, terapeutas e médicos (geralmente, psiquiatras) que tenham contrato com o empregador para proporcionar serviços de saúde mental aos funcionários.

- Reúna todas as ferramentas que possam ajudá-lo a permanecer alinhado a suas tarefas, seus objetivos, seus prazos, suas promessas, seus compromissos e quaisquer outras informações relacionadas ao tempo que você precise lembrar:
  - Planejadores diários.
  - Sistema de organização das anotações e planejadores diários, como aplicativo de celular.
  - Seu diário.
  - O calendário em seu sistema de *e-mail*.
  - Um dispositivo de indicação tátil, como o despertador do seu celular, que pode ser programado para vibrar a determinados intervalos ou aleatoriamente, para lembrá-lo de permanecer atento à sua tarefa imediata.
- Obtenha um aparelho de gravação, como um gravador digital, para registrar reuniões importantes (com a permissão do seu supervisor).

> Veja o Capítulo 19 para mais informações sobre o uso de diário. Qualquer coisa que eu diga será pouco para enfatizar a importância do seu diário para obter sucesso em todos os domínios de sua vida.

RECUPERANDO A VANTAGEM QUE O TDAH TENTA TIRAR

Não há como negar que este é um mundo competitivo. Se você não tiver bom desempenho no trabalho, não receberá um aumento ou uma promoção, podendo sequer conseguir manter o seu emprego. E sempre existe alguém esperando para reivindicá-lo. É também da natureza humana querer realizar, sobressair-se e ser respeitado por seus pares. Portanto, faça tudo o que puder para ter o melhor desempenho possível no trabalho, apesar do seu TDAH.

- Descubra se há uma biblioteca ou um centro de informações que contenha recursos para uma aprendizagem adicional a respeito de sua função. Caso existam, crie o hábito de utilizá-los para obter as vantagens que o TDAH entorpece. Também frequente quaisquer sessões de informações extras oferecidas após o horário de trabalho e, se for proporcionado um seminário ou *workshop* com comparecimento voluntário, ofereça-se para ir. Pode parecer maçante, mas uma mudança de cenário poderá ser ainda mais benéfica para você do que para a maioria dos adultos.
- Tome notas durante as reuniões que ameacem deixá-lo mortalmente entediado. Fazer anotações pode fazer com que você se lembre de alguns de seus momentos menos preferidos na escola, mas os computadores e os *tablets* podem facilitar o registro do que está acontecendo, especialmente se tiverem um pai-

> Veja a página 195 no Capítulo 24 para dicas sobre permanecer competitivo mantendo-se ativo.

nel ou tela de reconhecimento de escrita à mão, e o simples movimento físico de escrever as anotações vai mantê-lo concentrado – além de lhe proporcionar um ótimo recurso ao qual você poderá recorrer mais tarde, se tiver dificuldade para relembrar o que todos disseram na ocasião.

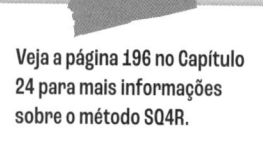

> Veja a página 196 no Capítulo 24 para mais informações sobre o método SQ4R.

- Use o método SQ4R quando tiver muitas leituras para fazer antes de uma reunião ou outro evento.
- Dê uma volta no quarteirão ou pelos corredores, ou dê uma desculpa para ir até a loja de conveniência ou cafeteria no saguão ou na esquina, antes de uma reunião longa ou de outro período em que você deverá ficar sentado e atento. Uma caminhada rápida de apenas alguns minutos melhorará sua concentração durante cerca de uma hora.

Cultivando aliados no trabalho

O Segundo Passo explicou por que bons relacionamentos com os outros muitas vezes escapam dos adultos com TDAH. A autorregulação limitada pode tornar as interações sociais desafiadoras. O simples fato de você ter sido exposto a muitas críticas, possivelmente durante a maior parte de sua vida, pode torná-lo sensível e cauteloso ao abordar as pessoas em busca de ajuda ou amizade. Por essa razão, pode não ser fácil recrutar aliados e colegas amigáveis. Você pode bater de frente com seu chefe. Entretanto, hoje, é amplamente sabido que o sucesso no trabalho (e em todas as outras áreas da vida) pode ser tanto um resultado de habilidades sociais quanto de habilidades práticas, conhecimento, inteligência e iniciativa. Veja algumas ideias específicas para cultivar a cooperação, a solidariedade e a boa vontade de seus colegas. Essas ideias não apenas tornarão seu dia de trabalho mais agradável mas também lhe darão uma vantagem para atender às demandas de seu trabalho.

- ✓ Experimente a tutoria de algum colega colaborativo quando precisar aprender algo substancial no trabalho: novos *softwares*, novos códigos regulatórios, nova legislação, nova tecnologia – qualquer coisa que você precise dominar para manter um bom desempenho no trabalho. Talvez cada um de vocês possa ler um capítulo de um novo manual e depois explicar ao outro.
- ✓ Se seu departamento ainda não opera em equipes, crie uma por conta própria. Busque os colegas que têm as habilidades e os interesses que lhe faltam. Descubra o que você pode oferecer que não seja um ponto forte deles. Identifique um objetivo do departamento que você possa alcançar mais depressa e melhor trabalhando junto com os colegas do que individualmente.

- Encontre um colega que lhe dê respaldo – e faça o mesmo por ele. Se um de vocês esquecer materiais, informações ou qualquer outra coisa de que precise quando estiver fora do escritório, o outro estará ali para supri-lo. Isso pode ser uma vantagem se você não tiver secretárias ou assistentes e precisar de informações não disponíveis via computador quando estiver viajando a negócios.
- Seja justo e razoável em suas solicitações de apoio e adaptações feitas a seu supervisor, ao especialista em deficiências e até mesmo aos colegas que têm se mostrado à disposição para ajudá-lo. Uma pessoa que eu conheço disse ter achado muito útil que seu contato nos recursos humanos lhe dissesse diretamente tanto o que a empresa *não poderia fazer* para acomodar suas necessidades quanto o que ela *poderia* fazer. Os parâmetros foram traçados de forma clara, e a funcionária manteve essas limitações em mente sempre que se sentia tentada a pedir mais ajuda do que estava recebendo. O resultado foi um respeito mútuo.
- As reuniões do supervisor para a avaliação de programas devem ser mais frequentes do que as reuniões anuais ou semestrais para avaliação de desempenho e salário. Estas podem ocorrer a cada 3 a 6 semanas. A pessoa com quem você se reúne pode não ser seu supervisor direto, mas alguém com um cargo mais elevado na hierarquia, que poderá lhe dar outra perspectiva sobre o seu desempenho. Quem será essa pessoa vai depender da estrutura da sua empresa. As solicitações que você fizer para esse *feedback* poderão não ser satisfeitas pela pessoa a quem você se dirigir primeiro, mas qualquer funcionário superior vai respeitar seu desejo de monitorar e melhorar seu desempenho.

CAPÍTULO 26

DINHEIRO

"Coisas como controlar os gastos com cartão de crédito, pagar multas de trânsito, ir ao dentista regularmente e outros compromissos rotineiros parecem me desconcertar. Mas, afinal, eu pago o aluguel e as contas dos serviços públicos dentro do prazo, então isso é uma vitória. Faz um bom tempo que não tenho meus serviços públicos (contas de água e luz) cortados por falta de pagamento."

Quando você tem TDAH, para qualquer lado que olhe, sempre haverá uma situação na qual terá alto risco de gastar muito dinheiro fácil e rapidamente, sem pensar. Qualquer oportunidade de gastar pode se transformar em um impulso para comprar. Problemas de dinheiro entre adultos com TDAH variam desde gastar em excesso até não pagar as contas e deixar de planejar sua aposentadoria.

Nossa pesquisa descobriu que os adultos com TDAH:

- faziam muitas compras por impulso;
- tinham faturas altas de cartão de crédito;
- excediam seus limites de crédito mais do que as outras pessoas;
- atrasavam seus pagamentos de contas, empréstimos e aluguéis ou deixavam de fazê-los;
- tinham seus automóveis confiscados mais frequentemente do que as outras pessoas;
- tinham baixas avaliações de crédito;
- tinham maior probabilidade de não fazer economias/poupança;
- tinham menor probabilidade de economizar para a aposentadoria;

- passavam cheques sem fundos mais frequentemente do que as outras pessoas;
- frequentemente, deixavam de guardar recibos que pudessem documentar deduções de impostos para poupar dinheiro e outros documentos para suas devoluções de imposto de renda;
- perdiam os amigos após lhes pedir dinheiro emprestado e não o devolver.

Se você é como a maioria dos adultos com TDAH, já vivenciou muitos desses problemas. Você provavelmente entende por que a pessoa citada anteriormente achava que não ter seus serviços públicos desligados era um feito importante. Os problemas com dinheiro podem permear – e até mesmo dominar – sua vida, e é muito mais difícil sair disso do que entrar. E há muitas formas diferentes pelas quais o dinheiro pode ser uma armadilha para você.

Um problema financeiro tem uma forma de semear muitos outros problemas de dinheiro. Exceda seu limite de crédito e pague suas contas atrasadas com frequência, e sua avaliação de crédito vai despencar. Você pode facilmente ter um pedido de hipoteca recusado ou um empréstimo para a compra de um carro negado quando mais precisa. Continuar pagando aluguel ou ter de viver com um carro velho que precisa de consertos caros e constantes pode absorver seu salário, deixando-o sem nada para economizar. Então, o que você faz quando de repente sofre um acidente de carro e precisa pagar as franquias tanto do seu seguro-saúde e do seguro do carro e não tem dinheiro?

Os problemas de dinheiro também são famosos por causar conflitos de relacionamento. Tentar se livrar das dívidas pode levá-lo a pedir dinheiro emprestado e se afastar daqueles que agora sentem o peso dos seus problemas financeiros. As brigas com os parceiros íntimos muitas vezes se concentram em questões financeiras, e podem ficar ainda mais intensas quando uma pessoa tem problemas para administrar dinheiro devido ao TDAH.

POR QUE AS QUESTÕES FINANCEIRAS SÃO TÃO DESAFIADORAS... E O QUE VOCÊ PODE FAZER SOBRE ISSO

Se, como muitos adultos com TDAH, você acabou tendo problemas financeiros, isso não significa necessariamente que você não deseje resolver o problema ou que não entenda como chegar lá. Mas o TDAH tende a fazer com que suas melhores intenções e seu conhecimento se percam pelo caminho. Felizmente, você pode assumir seu TDAH e suas finanças. Os déficits causados pelo TDAH podem desviá-lo do caminho, mas você pode retomar o rumo na direção certa.

O dinheiro e o olho da mente

As compras impulsivas podem se tornar compras compulsivas quando sua memória de trabalho não verbal é fraca. Você não consegue imaginar o que aconteceu da

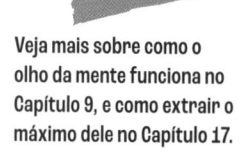

> Veja mais sobre como o olho da mente funciona no Capítulo 9, e como extrair o máximo dele no Capítulo 17.

última vez que comprou um item caro que não precisava, nem pode proporcionar ao futuro o alívio suficiente para evitar as compras até ter economizado dinheiro. Você não desenvolveu a autoconsciência para entender que, para você, entrar em uma loja de antiguidades é como abrir os portões do inferno. O olho da mente é particularmente importante no controle do impulso para comprar coisas que você não precisa ou não pode pagar.

As estratégias do Quarto Passo possibilitam externalizar o desejo de resistir a gastar dinheiro mantendo uma foto de um objetivo de longo prazo (um local para passar as férias, uma casa, uma bicicleta para um de seus filhos, etc.) em seu bolso para puxar sempre que sentir o ímpeto de comprar. Pode treinar dizer em voz alta antes de tirar sua carteira: "Hum, realmente preciso disso?", ou colocar um adesivo em seu cartão de crédito que simplesmente diz "NÃO!", e, então, pode ligar sua TV imaginária e assistir a um filme protagonizado por você mesmo abrindo sua fatura do cartão de crédito na última vez que gastou além do que podia.

Suas finanças e a voz da mente

Lembre-se de que a voz da mente é seu substituto quando o olho da mente está míope. Se você se perceber sentindo a urgência de usar seu cartão de crédito e realmente não conseguir evocar um quadro visual do que aconteceu da última vez que gastou mais do que podia, faça uma entrevista consigo mesmo. Se estiver em uma loja, saia e faça isso na calçada. Como mencionado no Quarto Passo, você não vai ser preso por estar delirando; as pessoas vão apenas achar que está falando em seu celular ao conversar consigo mesmo sobre se essa compra ou esse saque é sensato. Considere pedir a um amigo para servir como um guardião para as suas compras – alguém para quem você possa mandar uma mensagem ou telefonar antes de fazer qualquer compra para que ele possa lhe perguntar se você realmente precisa desse item e o responsabilize pelo seu gasto. Ofereça-se para fazer o mesmo em retribuição.

Se você costuma deixar de pagar as contas mesmo que tenha programado um alarme para recordá-lo de fazê-lo, esse é outro momento em que pode conversar consigo mesmo sobre a razão de precisar fazer isso exatamente agora. A voz da mente também é a faculdade que lhe permite formular e usar regras. Estabeleça algumas regras sobre gastos e poupança e depois repita-as para si mesmo, em silêncio, quando estiver sob a pressão de seu TDAH para quebrá-las, ou escreva-as em um cartão e o mantenha junto ao seu cartão de crédito, para que não consiga acessá-lo sem acessar também o cartão com as regras.

Se o esquecimento for a principal razão para você não pagar suas contas em dia, todos os dispositivos restantes discutidos no Quarto Passo, além do seu diário, poderão fornecer as dicas necessárias.

> Veja o Capítulo 9 para mais informações sobre a voz da mente. Veja o Capítulo 18 para mais informações sobre o treinamento da voz da mente. Veja o Capítulo 19 para ler sobre as ferramentas que você pode usar para lembrar a si mesmo para poupar e não gastar.

O coração da mente no mundo do dinheiro

Você é um gastador emocional? É a pessoa que sempre paga uma rodada de bebidas no bar quando está se sentindo bem? É aquele que "precisa" de uma roupa nova quando está deprimido? Se está furioso com o proprietário do imóvel onde mora, você demonstra isso "se esquecendo" de pagar o aluguel? Não ter dinheiro para sair com os amigos faz com que se sinta tão mal a ponto de decidir sobrecarregar seu cartão de crédito? Você vai precisar pôr para fora toda a sacola de imagens mentais e os truques de autoconversa para reconhecer quando suas emoções o estão

> Veja o Capítulo 9 para mais informações sobre o coração da mente, e o Capítulo 20 para as maneiras de usar suas emoções para motivá-lo a lidar com suas finanças da maneira que você deseja.

arrastando e como conseguir controlá-las. Além disso, tente também aderir a um estilo de vida saudável. A privação de sono, o consumo excessivo de cafeína ou álcool, o uso de drogas, a falta de exercícios e uma dieta deficiente, tudo isso pode torná-lo mais vulnerável ao estresse diário e dificultar o controle de suas emoções. Não se esqueça de que você também pode usar suas emoções para coisas boas. Você odeia pagar contas? Pense no futuro: faça tudo o que puder para sentir o alívio de fazê-lo. Você não consegue se motivar para economizar quando seu salário está queimando em seu bolso? Configure depósitos automáticos direto da sua folha de pagamento para que não chegue a ver o dinheiro. Pense em como será bom usá-lo para pagar suas férias no Caribe.

O planejamento financeiro e a resolução de problemas no parque da mente

Muitos adultos, com ou sem TDAH, simplesmente não sabem como fazer um planejamento financeiro ou um orçamento, supervisionar seus investimentos ou acompanhar sua renda e seus gastos. Se isso vale para você, tente tornar físicas as questões financeiras, como foi enfatizado no Quarto Passo. Sempre que possível, use objetos tangíveis e ferramentas gráficas para manipular os números. As páginas a seguir vão lhe dar algumas ideias. Mas lembre-se também do básico: faça uma lista de passos para

> Veja o Capítulo 9 para mais informações sobre o parque da mente, e o Capítulo 22 para obter ideias para tornar tangível a administração do dinheiro.

concluir as tarefas financeiras que você acha intimidantes. Registre seus hábitos de consumo e gastos em seu diário para poder dar uma olhada nos padrões que estão lhe prejudicando e nos que estão sendo úteis.

OBTENDO O CONTROLE DO SEU DINHEIRO

Felizmente, você tem muitos recursos ao seu alcance para retomar o controle de seu presente e futuro financeiros. Há muitas estratégias para desencorajar os gastos;

ferramentas e dicas podem ajudá-lo a cumprir com suas obrigações financeiras no prazo. Você pode estabelecer sistemas que o obriguem a economizar para que não tenha de lutar contra o desejo de gastar tudo o que ganha repetidamente. Você pode até mesmo ter acesso a aconselhamento de crédito gratuito em alguns bancos ou programas do governo em algumas regiões.

Uma nova abordagem para o gerenciamento do dinheiro

Veja a seguir algumas ideias para ingressar em um caminho melhor.

- *Se você estiver com problemas, aproveite os recursos da comunidade.* É fundamental que você se torne mais consciente dos recursos da comunidade, como a ajuda de bancos, de cooperativas de crédito e de outras instituições financeiras que possam ajudá-lo a lidar com seus problemas de gerenciamento de dinheiro. Reformulação da dívida, aconselhamento de crédito, conselhos orçamentários e assistência à falência – todos estão disponíveis. Se você tem uma grande dívida e está desesperançoso ou pensando em falência, antes de qualquer coisa, obtenha o aconselhamento de crédito gratuito de um banco ou instituição financeira. Muitas vezes, eles podem ajudá-lo a reorganizar suas finanças, consolidar a dívida e renegociar taxas de juros extremamente elevadas; também podem reunir-se com você mensalmente para orientá-lo sobre o seu orçamento e como colocá-lo no caminho certo, prestando contas a alguém além de você mesmo.
- *Deixe seu cônjuge, parceiro ou mesmo pai/mãe administrar seu dinheiro.* Fazer isso presume que essa pessoa também não tem TDAH e é confiável para administrar suas finanças, tendo em mente o que é melhor para você. Isso pode ser algo a ser considerado se você se sente sobrecarregado pelos problemas que está tendo e acha impossível controlar seus gastos ou outros hábitos financeiros. Você sempre pode concordar em fazer isso por um período temporário preestabelecido ou até que um determinado objetivo – como saldar uma dívida ou poupar certa quantidade de dinheiro – seja atingido. Entregue seu salário para essa pessoa, deixe-a lhe dar dinheiro suficiente para cobrir suas despesas diárias, depois trabalhem juntos para providenciar o pagamento regular das contas mensais, dos empréstimos e das despesas com o cartão de crédito. Se for o caso, estabeleça com seu banco um sistema de pagamento automático de contas para que alguns itens importantes, como aluguel, hipoteca e pagamentos do empréstimo para o carro, sejam automaticamente debitados de sua conta todos os meses. E não se esqueça de periodicamente recompensar aquela pessoa que o ajuda, por exemplo, saindo para almoçar, presenteando-a com uma refeição para viagem ou um cartão-presente para uma cafeteria ou um restaurante, ou simplesmente asse uns biscoitos para ela ocasionalmente.
- *Orçamento!* Faça uma planilha de orçamento mensal que mostre *todos* os seus gastos mensais, incluindo suas despesas anuais divididas mensalmente (aquelas que você pode pagar apenas uma vez por ano, como impostos, seguro do carro e se-

> Você pode utilizar *softwares* para ajudá-lo a montar um orçamento, mas eu prefiro o velho esquema de lápis e papel – mais fácil e mais barato.

guro residencial). Você precisa ter um plano financeiro mensal com todas as suas contas listadas na sua frente para que possa visualizar o que deve. Esse orçamento precisa ser menor do que o que você ganha por mês. Mantenha-o sobre a mesa em casa, onde você cuida de sua papelada, ou em sua cômoda, para poder consultá-la frequentemente. Gastar como você gasta todos os meses é uma receita para o desastre, sem falar que pode ter seus serviços públicos desligados e seu carro confiscado.

- *Comece hoje a viver com o que ganha.* Não gaste todo mês mais do que ganha e depois tente fazer uso de cartões de crédito, empréstimos ou outros meios de financiamento para passar o mês. Você precisa manter seus gastos abaixo de 90% de seus ganhos mensais e economizar os 10% restantes. Conte com a ajuda de um parente competente e confiável, de um contador ou de um funcionário do banco para examinar seus gastos e lhe sugerir o melhor método de poupança.

> Despesas médicas inesperadas são uma das maiores fontes de gastos imprevistos, de grandes dívidas e até mesmo de falência.

- *Estabeleça um sistema de contas e depósitos para poupanças obrigatórias.* Peça ao seu empregador para colocar 10% de seus ganhos pré-tributários em um plano de aposentadoria (taxa futura). Esta é uma quantia livre que você está deixando sobre a mesa se não tirar vantagem desses planos no trabalho quando estiverem disponíveis. Depois, peça para que seu salário, descontados os impostos, seja depositado diretamente em sua conta bancária. Uma vez depositado, faça seu banco transferir automaticamente 10% dele para uma conta poupança. Quanto menos você vir seu dinheiro, menos poderá gastá-lo impulsivamente. Você também precisa de uma conta poupança para emergências, a qual deve se tornar seu fundo de emergência para aquelas despesas inesperadas, como consertos no carro e despesas médicas não cobertas pelo plano de saúde. Se isso não lhe deixar o suficiente para suas despesas mensais habituais, reduza essas despesas. Você poderá encontrar uma sobra em seu orçamento para cortar suas despesas em 10%, a fim de poder começar a poupar. Muitas pessoas descobrem, por exemplo, que preparar seu próprio café e levar para o trabalho o almoço feito em casa, em vez das cafeterias e dos restaurantes tradicionais, resulta em uma economia que realmente faz a diferença.

> Se você não economizar pelo menos 10% de sua renda, estará tirando suas férias e desfrutando de sua aposentadoria agora, e trabalhará o resto de sua vida para pagar por isso!

- *Tente obter um seguro-saúde e de deficiência pagos pelo seu empregador.* Sempre avalie esses benefícios quando procurar um emprego, e tenha em mente que os órgãos governamentais quase sempre proporcionam tais benefícios.

- *Confira mensalmente seu extrato bancário, sem falhar.* Não o imagine ou suponha, simplesmente. Ter pouca ideia de quanto dinheiro tem em sua(s) conta(s) em qualquer ocasião é uma das maiores causas de uso excessivo de cheque especial, cartão de crédito estourado e acúmulo de dívidas. Tenha em mente que muitos dos novos bancos digitais oferecem contas sem tarifas em resposta às objeções generalizadas ao che-

que especial e outras taxas bancárias, e esses bancos oferecem aplicativos para celular que o ajudam a se manter atualizado em relação ao seu saldo.
- *Guarde todos os recibos que lhe entregarem.* Coloque-os em sua carteira. Toda noite, quando tirar sua carteira do bolso ou de sua bolsa, pegue esses recibos e os coloque em uma pasta. Você poderá usar essa pasta para ajudá-lo a manter o controle do que está gastando e para guardar os recibos, que serão muito úteis no momento de lançar seus impostos e obter o máximo de suas deduções disponíveis.

Reduzindo seus gastos

Além das ideias para controlar as compras por impulso descritas anteriormente, experimente as seguintes.

- *Opere sempre com dinheiro em espécie.* Só saque dinheiro de sua conta bancária quando for absolutamente necessário. Carregue o mínimo de dinheiro possível consigo, para que não seja tentado a gastar impulsivamente em coisas que não precisa.
- *Se possível, NÃO carregue com você um cartão de crédito ou de débito.* Livre-se de todos os cartões de crédito de lojas, mantendo apenas um cartão geral, e coloque um adesivo nele em que você possa ler: USE APENAS PARA EMERGÊNCIAS. Transfira todos os saldos não pagos para esse único cartão e trabalhe para saldar o débito o mais rápido possível.
- *NÃO vá a um shopping ou a uma loja de departamentos se não houver nada que precise comprar.* E quero dizer PRECISE, não deseje, comprar. E nunca se encontre com amigos para socializar enquanto perambula. A tentação de comprar coisas enquanto passeia pelas lojas pode ser muito grande quando o controle dos impulsos é limitado pelo TDAH.
- *Não empreste dinheiro a ninguém, exceto a seus filhos.* Ponto final. E mesmo seus filhos nem sempre são corretos ao lhe pagar o que devem; portanto, mantenha esses empréstimos limitados a gastos ou necessidades educacionais, e não a coisas como roupas ou diversão. A probabilidade é de que nunca mais você veja esse dinheiro de novo. Se der dinheiro a alguém, é melhor encará-lo como o presente que ele mais provavelmente será, não como um empréstimo.
- *Fique longe dos cassinos.* Eles sempre ganham. Não jogue cartas a dinheiro, e, definitivamente, se o fizer, não aposte mais do que centavos. Evite lugares onde o jogo impulsivo pode tirar o melhor de você, incluindo *sites* de jogos pela Internet.
- *Aproveite os tratamentos cognitivos-comportamentais para as compras impulsivas, se nenhuma outra medida ajudar.* Se achar difícil parar de comprar e gastar em coisas que não precisa, busque ajuda profissional de um psicólogo ou conselheiro financeiro.

Conseguindo o controle do crédito

Além de saldar os cartões de crédito e de não carregá-los com você, experimente estas ideias:

- *Nunca pegue dinheiro emprestado para algo que você consuma, vista ou use para entretenimento (TVs, celulares, etc.).* Peça empréstimos apenas para comprar uma casa, um carro (talvez) ou para algum outro investimento razoável.

- *NÃO assine nenhum contrato para crédito, empréstimos ou compromissos similares sem que um gerente financeiro – seu parente ou um profissional – o examine primeiro* para ver se você realmente precisa fazer isso.
- *Nunca, jamais, pegue um empréstimo de adiantamento para ser saldado no dia do pagamento.* Os negócios de fachada que oferecem esses empréstimos cobram juros tão elevados que você nunca conseguirá se livrar da dívida. Isso é extorsão legalizada. Fique longe dela. Ponto final.

> A única ocasião em que você deve comprar algo cujo valor baixa no minuto em que você o compra é quando ele é uma necessidade.

CAPÍTULO 27

RELACIONAMENTOS

"Então, minha esposa diz a esse psicólogo, ao qual fomos para tratar de problemas conjugais, que estar casada comigo é como ter mais uma criança na casa, e ela já tem três e não precisa de uma quarta. Por isso, se ele não puder nos ajudar com o nosso casamento e me endireitar, ela vai me deixar! Ela diz que não pareço persistir em nada, que tenho projetos não concluídos espalhados por toda a casa, e que não consigo concluir nada dentro do prazo estipulado, e assumiu o pagamento de todas as contas porque, quando eu era encarregado disso, tivemos nosso telefone e nossa eletricidade desligados duas vezes, pois esqueci de pagar as contas do mês ou não as paguei em dia."

"Eu pareço terminar meus relacionamentos muito mais depressa do que as outras mulheres que conheço. Meus namorados, às vezes, me chamavam de 'lunática' porque, quando estavam conversando comigo sobre assuntos diversos, especialmente questões muito significativas para eles, eu ficava só olhando para eles ou devaneando e, evidentemente, não escutando o que falavam, ou simplesmente os interrompia para falar sobre algo que havia acabado de surgir na minha mente. Certa vez, eu estava namorando um rapaz muito legal e estávamos levando o relacionamento a sério; então, em um capricho, conheci um rapaz certa noite em um bar, onde eu e minhas amigas estávamos reunidas, e, em um impulso, simplesmente fui até o apartamento dele e dormi com ele. E o meu namorado ficou sabendo disso por uma das garotas que estavam comigo aquela noite, e esse foi o fim daquele relacionamento. Não sei por que faço esse tipo de coisas por impulso. Não pareço conseguir me concentrar por muito tempo no que os outros estão me dizendo ou permanecer comprometida em um bom relacionamento. Quer dizer, consigo ser meu pior inimigo na minha vida."

Você provavelmente não precisa de um psicólogo para lhe dizer como o TDAH e seus problemas básicos com o autocontrole criam essas dificuldades sociais. A maneira pela qual o TDAH ajeita as coisas contra você pode prejudicá-lo mais em sua vida pessoal e social do que em qualquer outro setor da vida. Se você tinha essa condição quando criança, ainda pode carregar as cicatrizes de ser tratado como uma pessoa diferente ou indesejada de se ter por perto. Hoje, é possível que olhe com inveja para outras pessoas que parecem fazer amigos com facilidade..., que têm cônjuges ou parceiros há um longo tempo..., que podem recorrer aos pais, irmãos e colegas em busca de companhia e conforto.

É possível que você esteja bem ciente de que o TDAH está prejudicando seus relacionamentos, mas pode não saber como. Há três aspectos do autocontrole que podem ter efeitos enormes em seus relacionamentos.

QUANDO AS EMOÇÕES TIRAM O CONTROLE DE VOCÊ

A função executiva chamada *regulação da emoção* causa muitos problemas aos adultos com TDAH. Infelizmente, como isso não parece conectado com os sintomas mais conhecidos, como desatenção e hiperatividade, você pode não associar automaticamente o cataclismo emocional com o transtorno. Mas adultos com TDAH relatam que seus problemas com o controle da raiva, da frustração e da hostilidade, quando provocados, são tão comuns quanto seus outros sintomas

> Veja o Capítulo 9 para mais informações sobre problemas com o controle emocional no TDAH.

> **Problemas com o controle emocional podem fazer você agir de maneira impetuosa, tola ou melodramática, mas é a raiva descontrolada que mais ameaça seus relacionamentos.**

e levam a muitos conflitos sociais. Parte do que a sociedade considera "adulto" consiste em controlar seu temperamento, em lidar serenamente com a frustração, em ignorar desconsiderações menores, em administrar sua impaciência enquanto espera e em proteger os outros de seu temperamento. Portanto, não é de surpreender que muitas pessoas não tolerem ataques emocionais e muitas vezes terminem os relacionamentos por causa deles.

QUANDO O TDAH PRIVA VOCÊ DA AUTOCONSCIÊNCIA

O TDAH reduz sua capacidade de monitorar seu comportamento habitual. Com a visão retrospectiva – especialmente se tem exercitado usar o olho de sua mente –, você pode conseguir enxergar que suas emoções podem ser opressivas ou pelo menos desconfortáveis para aqueles que estão na sua linha de fogo. Você pode reconhecer, com tristeza, que algumas pessoas optaram por sair da sua vida porque não conseguiram

Nossos pacientes adultos têm, muitas vezes, dito que simplesmente não entendiam o quanto era difícil eles serem compreendidos pelos outros durante os encontros sociais. Pelo menos, não até ser tarde demais. Algumas violações que relatavam cometer eram as seguintes:

- dominar as conversas com monólogos ou histórias sem fim que não chegavam a lugar nenhum;
- não conseguir escutar atentamente durante qualquer período;
- ter dificuldade para se revezar durante conversas ou encontros sociais;
- fazer comentários inconvenientes;
- não respeitar a norma social adequada à situação.

suportar a pressão. *Mas essas revelações não se traduzem automaticamente em um comportamento diferente no momento em que você é provocado.* Aprimorar sua visão retrospectiva ajuda, mas, como as emoções são muito poderosas, a consciência pode não ser suficiente para deter esse ataque. Outros métodos para acalmar o sistema de excitação no corpo também podem ajudar.

> Veja a Regra 2 (Capítulo 17) para encontrar algumas estratégias práticas para aprimorar o olho de sua mente, a fim de se tornar mais autoconsciente no momento. Veja os livros (em inglês) *Taking Charge of Anger*, de W. Robert Nay (Guilford Press, 2004) e *Is It You, Me, or Adult A.D.D.?*, de Gina Pera (1201 Alarm Press, 2008), para outros métodos de controle da raiva.

QUANDO O TDAH OBSCURECE OS ROTEIROS DA VIDA

Os encontros sociais com outras pessoas exigem não apenas o dar e o receber normal das conversas ou de outras ações sociais. Os adultos devem ter um nível mais elevado de autocontrole para saber quando começar, mudar, terminar ou manter uma interação. Desempenhar continuamente o papel de espectador de nosso próprio comportamento enquanto ele é exercido com outras pessoas exige que realizemos estes passos em todos os encontros:

1. Interpretar os sinais corporais e faciais.
2. Perceber as nuances emocionais no tom de voz.
3. Ajustar nosso comportamento de acordo com a situação.

Você já sabe que os déficits nas funções executivas tornam esses passos particularmente desafiadores para você. As ramificações disso? Todo encontro com outra pessoa é repleto de armadilhas, as quais podem exacerbar os problemas que você já enfrenta no trabalho e na escola com colegas de trabalho, colegas de aula e outros conhecidos. Elas

> Interpretar os sinais de entrada e saída é tão importante quanto o que você faz em público.

se tornam grandes armadilhas nos relacionamentos que você deseja que durem, incluindo as amizades e particularmente os relacionamentos mais próximos, como os íntimos. Vamos analisar mais de perto os diferentes tipos de relacionamentos.

RELACIONAMENTOS ÍNTIMOS: CÔNJUGES E PARCEIROS

Os dois indivíduos citados no início deste capítulo relataram de maneira comovente como o TDAH pode afetar os relacionamentos mais próximos de um adulto. Quando um membro de um casal tem TDAH, o equilíbrio das tarefas domésticas pode ser perturbado, sentimentos feridos podem resultar da aparente insensibilidade ou da falta de interesse na outra pessoa, e a intimidade pode ser ameaçada pela emoção mal regulada.

> Nossa pesquisa e outros estudos têm mostrado que os adultos com TDAH têm maior probabilidade de ter:
> - relacionamentos moderados a ruins (4 a 5 vezes maior probabilidade!);
> - relacionamentos conjugais de mais baixa qualidade (nossos estudos encontraram uma diferença maior que o dobro);
> - casos extraconjugais.

É interessante observar que não temos nenhuma evidência de que aqueles que crescem com TDAH se casam, se separam ou se divorciam com mais frequência do que os outros adultos. Contudo, isso pode resultar do fato de nossos estudos de acompanhamento terem sido realizados apenas até a faixa de 20 a 30 anos – idades em que 55 a 67% de todos os adultos ainda estão solteiros.

Impedindo o TDAH de destruir seu relacionamento íntimo

Infelizmente, até agora não foram realizados estudos sobre nenhuma abordagem particular para abordar os problemas que o TDAH pode impor às relações amorosas e ao casamento. Por isso, não posso lhe oferecer conselhos com base científica. Mas sugerimos algumas ideias a seguir, baseadas no bom senso, extraídas das pesquisas que fizemos.

- Obtenha um diagnóstico para que você possa iniciar um tratamento, se ainda não o tiver feito. Ao trabalhar diretamente com adultos, eu e meus colegas observamos que o medicamento, melhorando os sintomas, também melhora os relacionamentos entre parceiros íntimos.
- Leia o livro (em inglês) de Gina Pera, *Is It You, Me, or Adult A.D.D.?* (1201 Alarm Press, 2008). Este é o melhor livro disponível no momento para parceiros em que um deles tem TDAH. Embora os conselhos do livro, em sua maioria, não tenham sido testados em estudos de pesquisa, eles parecem legítimos, dado o que a ciência tem revelado sobre o TDAH em adultos. A seção Recursos deste livro também inclui dois volumes sobre este tópico escritos por Melissa Orlov, e um livro de Ari Tuckman sobre sexo e TDAH em adultos.
- Considere inscrever-se em um curso de meditação *mindfulness*, não tanto para um treinamento religioso no budismo, mas para as práticas mais secularizadas de Jon

Kabat-Zinn e outros. Muitos estudos recentes mostraram que as práticas de *mindfulness* podem ajudá-lo a lidar com os sintomas e os déficits executivos do TDAH adulto, especialmente aqueles que envolvem o controle emocional. (Para mais informações, veja *The Mindfulness Prescription for Adult ADHD*, de Lidia Zylowska – em inglês –, descrito em Recursos). A *mindfulness* tem se mostrado promissora como abordagem suplementar para focar em déficits do TDAH em adultos juntamente com tratamento medicamentoso e TCC, como a descrita por Mary Solanto em *Cognitive-Behavioral Therapy for Adult ADHD* (em inglês), listado em Recursos.

- Aplique as estratégias que você leu no Quarto Passo. Muitos casais sentem que podem ser eles mesmos com a pessoa que amam. Isso pode ser verdade, mas deve significar ser o seu *melhor*, alguém que se esforça muito para:
  - pensar antes de agir ou falar;
  - manter-se atento ao que foi prejudicial ou útil à outra pessoa no passado;
  - recordar datas importantes, como aniversários e marcos especiais de casamento, usando os mesmos tipos de dicas externas que você usa para se lembrar das consultas médicas, dos prazos de trabalho e de outras obrigações;
  - *escutar*;
  - exercitar o tato, a bondade e a cortesia;
  - realizar uma parcela justa das tarefas domésticas;
  - ser um bom pai ou uma boa mãe, se você tem filhos, o que nos leva ao tópico seguinte.

PATERNIDADE OU MATERNIDADE

A paternidade ou a maternidade é o papel mais estressante que muitos de nós desempenham na vida. O TDAH aumenta esse estresse de muitas maneiras, entre elas, o disposto a seguir.

- Agora é duplamente importante cuidar de si: uma criança pequena precisa de você para cuidar dela.
- Agora você tem outra pessoa em quem pensar primeiro – uma tarefa difícil quando você tem dificuldade para resistir aos impulsos para fazer o que quer fazer, imediatamente.
- O controle emocional é mais importante do que nunca, pois seus filhos pequenos inevitavelmente vão testar a paciência dos pais, além do fato de que ainda não desenvolveram as funções executivas para se controlarem.
- As crianças não conseguem se expressar claramente o tempo todo, o que significa que cabe a você descobrir o que elas precisam de você ..., o que você deve dizer e quando permanecer em silêncio..., quando ser firme e quando ceder. Tudo isso requer as sofisticadas habilidades de dar e receber mencionadas anteriormente.

> Os adultos com TDAH relatam experienciar um nível muito mais elevado de estresse ao exercer a paternidade ou a maternidade do que os outros pais.

Agora acrescente a possibilidade de seu filho também ter TDAH.

> A pesquisa sugere que 30 a 54% dos filhos de adultos com TDAH terão TDAH.

Obviamente, ter TDAH vai dificultar para seu filho entender e seguir suas regras, lembrar-se de fazer as tarefas domésticas e a lição de casa, controlar as emoções quando estiver frustrado ou cansado e se comportar bem em casa e em público.

> Nosso próprio estudo descobriu que os filhos de adultos com TDAH também tinham maior probabilidade de serem opositores e desafiadores, mesmo que não tivessem TDAH.

Se o TDAH é genético, isso significa que eu não deveria ter filhos?

É claro que não. O TDAH não é uma doença fatal ou uma deficiência desenvolvimental grave que possa dar a seus filhos uma sentença de morte automática ou deixá-los em estado vegetativo por toda a vida. Essas são razões que poderiam fazer os pais desistirem de ter filhos, caso pudessem prever sua ocorrência. Ter TDAH também não é a sentença de uma vida de sofrimento e fracasso. Pare um momento para considerar as probabilidades. Se seu próprio TDAH não foi resultado da genética (ele não existe em sua família, e seu próprio caso pode ter decorrido de fatores pré-natais, como nascimento prematuro), então, as chances de seu filho ter TDAH são as mesmas que as do filho de qualquer outra pessoa – 5 a 7,5%. Isso não é razão para não ter filhos; se fosse, ninguém teria.

Agora, se seu próprio TDAH na condição de adulto for do tipo genético, isso também não garante que seu filho terá TDAH. As chances serão maiores, e seus filhos têm 20 a 50% de chance de ter o transtorno. Mas isso também significa que você tem 50 a 80% de chance de ter um filho que *não* tenha o transtorno. Quando os fatos são colocados dessa forma, você pode perceber que as chances são muito boas de não ter um filho com TDAH.

Mesmo que seus filhos tenham TDAH, esse é o transtorno mais tratável da psiquiatria, pois pode ser controlado com sucesso, especialmente quando identificado e tratado cedo. Além disso, ter TDAH não significa que seu filho não possa ter uma vida longa, produtiva e feliz. Quando o transtorno é tratado adequadamente, muitas crianças e adultos com TDAH revelam ter vidas gratificantes e contribuem para a nossa sociedade de maneiras úteis e importantes.

Como ser um bom pai ou boa mãe com TDAH

- Avalie e trate seu TDAH. Você não poderá criar seus filhos tão bem quanto desejaria se seu próprio TDAH estiver dificultando o controle do seu comportamento.
- Se você perceber os sinais de TDAH em seu filho, ou tiver outras preocupações sobre o desenvolvimento psicológico da criança, leve-o para ser avaliado e tratado por um profissional de saúde mental qualificado. Ter o pai ou a mãe com TDAH não diagnosticado e não tratado, criando um filho não diagnosticado e não tratado com o transtorno, é uma receita para conflito crônico e outros desastres psicológicos.
- O TDAH pode levar os pais a prestarem menos atenção em seus filhos e a recompensá-los menos. Tente reservar alguns momentos para se dedicar ao seu filho. Use dicas externas para lembrá-lo desses "compromissos" e das recompensas que você deseja dar a ele pelas realizações e pelo comportamento que todos os pais desejam encorajar.
- Seja depois da escola, em um fim de semana, nas férias de verão ou em qualquer outra ocasião em que seus filhos estejam em casa ou no quintal, e você estiver responsável por supervisioná-los, programe um cronômetro para intervalos frequentes, como a cada 15 a 30 minutos, para lembrá-lo de parar o que está fazendo e monitorar as atividades das crianças e ver se está tudo em ordem. Isso é ainda mais importante se seus filhos também tiverem TDAH.
- A inconsistência é o bicho-papão dos pais com TDAH. Você pode ser um capataz duro em um dia e a fada-madrinha de seu filho no dia seguinte, ou pode simplesmente reagir impulsivamente a todo (mau) comportamento com comentários, diretivas, ordens ou reprimendas feitos sem pensar. Isso é confuso para as crianças. Converse sobre as regras familiares com o pai ou a mãe do seu filho, anote-as e mantenha-as à vista, onde você possa ser constantemente

> A culpa, o medo e o desejo de evitar mais estresse podem fazê-lo menosprezar os sinais do TDAH que você percebe em seu filho. Nesse caso, tente confiar em seu cônjuge, ou em outro parente próximo sem TDAH, para que ele possa relatar as mesmas preocupações.

> Veja o Capítulo 16 para estratégias para interromper a ação, e o Capítulo 19 para uso de sinais externos.

Vários estudos mostram que os pais com TDAH têm menor probabilidade de monitorar as atividades de seus filhos do que os outros pais. A falta de monitoramento é um dos vários fatores que aumentam o risco de lesões acidentais nessas crianças. Isso pode explicar, em parte, por que as crianças com TDAH têm mais lesões de todos os tipos do que as outras, e isso acontece porque muitos de seus pais têm TDAH.

lembrado delas enquanto estiver em casa. Arranje um tempo quando se deparar com um comportamento irritante de seu filho, de forma que possa usar as reações que ambos os pais decidiram em conjunto.

> Veja o Capítulo 22 para estratégias que promovem a solução de problemas.

- Os pais com TDAH também parecem ser menos aptos a resolver o problema quando confrontados com dificuldades de comportamento de seu filho. Use todas as dicas e as informações para aprender a resolver problemas. Isso vai exemplificar uma habilidade fundamental para seu filho, ao mesmo tempo em que vai ajudá-lo a evitar conflitos no momento.
- Inscreva-se em um curso de treinamento comportamental para pais em uma clínica de saúde mental, faculdade de medicina, universidade, hospital ou centro de saúde mental de sua cidade. A maior parte das áreas metropolitanas têm esses recursos. Se você vive em uma área rural que não tenha esses serviços, ou se não conseguir encontrar um curso para pais, considere ler nosso livro (em inglês) *Your Defiant Child* (Guilford Press, 2013) para aprender mais sobre métodos que podem ser muito úteis

---

Paternidade/maternidade dupla inteligente

Estes são os tipos de deveres que podem ser delegados mais proveitosamente para o pai/a mãe sem TDAH:

- *Lidar com a lição de casa*, especialmente se o seu TDAH não estiver sendo tratado. A maioria dos pais não se sai bem como tutor para os seus filhos; por isso, você pode apostar que seria verdade para alguém com TDAH.
- *Realizar todos os cuidados da criança em noites alternadas*, de modo que nenhum dos dois carregue sozinho a carga de supervisionar e cuidar dos filhos o dia todo ou depois da escola. Estabelecer turnos nesse formato é especialmente útil quando uma criança tem TDAH.
- *Lidar com eventos urgentes relacionados às crianças*, como compromissos médicos e escolares, ou prazos para os projetos escolares. Você pode fazer isso assumindo as tarefas que não sejam urgentes (lavar a roupa, limpar a casa, consertar objetos, cuidar do jardim, dar banho nas crianças, ler histórias na hora de dormir, etc.).
- *Levar as crianças de carro para suas atividades sempre que possível* (a menos que você esteja usando algum medicamento para o TDAH).
- *Aprovar as principais ações disciplinares que você deseja aplicar à criança antes (!) de implementá-las*. Não que você não deva dizer nada, mas discutir essas atitudes com seu parceiro pode evitar pouca ponderação e, possivelmente, disciplina excessiva.

para criar um filho com TDAH. Para os adolescentes, leia nosso livro (em inglês) *Your Defiant Teen* (Guilford Press, 2013). Os pais com TDAH não terão um bom desempenho nesses cursos se seu próprio TDAH não estiver sendo tratado; portanto, trate seu transtorno antes de iniciar um desses cursos.

- Isole-se (vá para um cômodo silencioso), se estiver se sentindo sobrecarregado ou estressado por causa de seu filho.
- Crie descansos semanais para você e seus filhos. Encontre algum passatempo, clube, organização, projeto ou atividade de recreação que lhe proporcione prazer, que o renove emocionalmente, que o tranquilize ou outras maneiras que lhe deem tempo para recarregar suas baterias como pai/mãe. Todo pai/mãe precisa de algum tempo só para si, toda semana, para se reorganizar, especialmente se tiver TDAH.

AMIZADES

Você tem muitos amigos? Velhos amigos? Nossos extensos estudos sobre adultos com TDAH revelaram problemas importantes com o início e a manutenção dos relacionamentos sociais. Os adultos com TDAH geralmente dizem que têm menos amigos íntimos do que as outras pessoas, embora a maioria dissesse ter alguns amigos. Quase invariavelmente, as amizades não duravam tanto quanto para os adultos sem TDAH. Os adultos com TDAH dizem que brigam de vez em quando com pessoas que consideram amigas, geralmente porque não conseguem descobrir como resolver os conflitos normais ou porque não são capazes de controlar sua raiva ou outras emoções. Às vezes, esse padrão acaba com os adultos se tornando muito isolados, até mesmo reclusos.

> A pesquisa descobriu que pelo menos 50 e até 70% das crianças com TDAH não tinham amigos próximos quando chegavam ao 2º ou 3º ano na escola. Não demoravam semanas ou anos, mas *minutos ou horas* para outras crianças começarem a rejeitar aquelas com TDAH, após estas ingressarem em um novo grupo, como crianças em um acampamento de verão.

Por que essa experiência da infância é importante para você? Porque, a menos que seu TDAH tenha sido tratado e você tenha investido esforço em usar estratégias como aquelas apresentadas no Quarto Passo, e desenvolvido as habilidades sociais geralmente bloqueadas pelo TDAH, essas dificuldades com os relacionamentos sociais provavelmente o acompanharam até a idade adulta, assim como o TDAH.

O que fazer a respeito disso? Seguir todos os conselhos para os outros relacionamentos apresentados neste capítulo. E não se esqueça da importantíssima Regra 8 do Quarto Passo: demonstre que você pode rir de si mesmo e que está tentando superar o mal-estar social que o TDAH infligiu. Muitas amizades são feitas – e mantidas – em uma base de honestidade, humor (autodepreciação) e humildade.

CAPÍTULO 28

RISCOS NA CONDUÇÃO DE VEÍCULOS, PARA A SAÚDE E O ESTILO DE VIDA

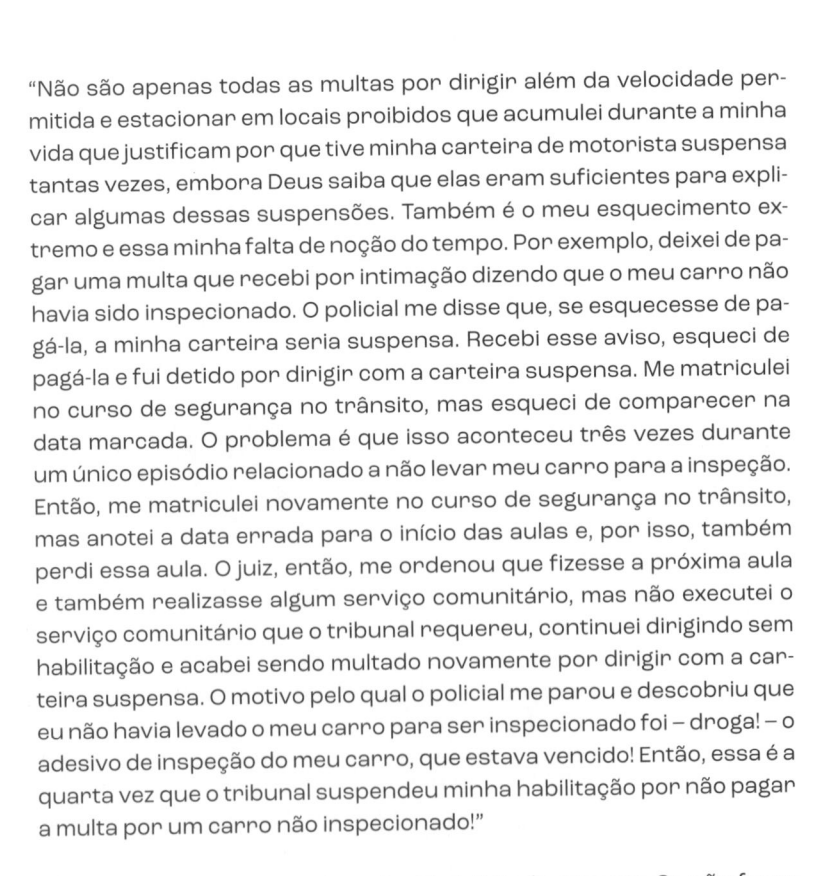

"Não são apenas todas as multas por dirigir além da velocidade permitida e estacionar em locais proibidos que acumulei durante a minha vida que justificam por que tive minha carteira de motorista suspensa tantas vezes, embora Deus saiba que elas eram suficientes para explicar algumas dessas suspensões. Também é o meu esquecimento extremo e essa minha falta de noção do tempo. Por exemplo, deixei de pagar uma multa que recebi por intimação dizendo que o meu carro não havia sido inspecionado. O policial me disse que, se esquecesse de pagá-la, a minha carteira seria suspensa. Recebi esse aviso, esqueci de pagá-la e fui detido por dirigir com a carteira suspensa. Me matriculei no curso de segurança no trânsito, mas esqueci de comparecer na data marcada. O problema é que isso aconteceu três vezes durante um único episódio relacionado a não levar meu carro para a inspeção. Então, me matriculei novamente no curso de segurança no trânsito, mas anotei a data errada para o início das aulas e, por isso, também perdi essa aula. O juiz, então, me ordenou que fizesse a próxima aula e também realizasse algum serviço comunitário, mas não executei o serviço comunitário que o tribunal requereu, continuei dirigindo sem habilitação e acabei sendo multado novamente por dirigir com a carteira suspensa. O motivo pelo qual o policial me parou e descobriu que eu não havia levado o meu carro para ser inspecionado foi – droga! – o adesivo de inspeção do meu carro, que estava vencido! Então, essa é a quarta vez que o tribunal suspendeu minha habilitação por não pagar a multa por um carro não inspecionado!"

"Eu dirijo meu carro em alta velocidade? Pode apostar. Se não fosse assim, não conseguiria me concentrar na direção, em parte porque estaria ocupado com o rádio e mudando as estações, escrevendo mensagens de texto para um de meus amigos ou fazendo várias coisas ao mesmo tempo sem prestar muita atenção na direção. A velocidade me deixa animado e, assim, consigo me concentrar melhor na direção em si."

> Se você não leu este livro na ordem, agora é um bom momento para dar uma olhada no Segundo Passo.

> O TDAH o deixa "cego à probabilidade" – você não olha para frente para considerar de forma séria e racional o que poderia acontecer como resultado de quaisquer ações que esteja considerando executar.

Como descobrir se algo é arriscado? Você considera as consequências – ou seja, *o que vai acontecer no futuro como resultado de seu ato*. Se você leu este livro na ordem, tenho certeza de que está muito à frente de mim aqui: sem algum autocontrole e uma boa noção do tempo, qual a probabilidade de você ser um criterioso juiz de risco?

Não muita.

No decorrer dos anos, os espectadores de sua vida devem tê-lo acusado de ser indulgente em relação a comportamentos de risco. Ao usar a palavra *indulgente*, eles estavam cometendo uma injustiça com você. Ser *indulgente* implica que você entende o risco e mesmo assim cede a ele. Esse não é o caso. O que acontece é que você tem déficits nas funções executivas que o ajudariam a avaliar o risco. Simplificando, no que se refere ao risco, você geralmente não percebe que existe algum.

Como resultado dessa antevisão limitada e da consequente má avaliação do risco, e mais todos os outros sintomas do TDAH, você e outros adultos com essa condição têm mais:

- problemas ao dirigir;
- lesões acidentais;
- problemas de saúde decorrentes de preocupação reduzida com o comportamento consciente em relação à saúde, o que pode resultar em exercícios limitados, obesidade, nutrição deficiente, sono prejudicado e consumo aumentado de álcool, tabaco e maconha;
- gestações precoces, paternidade/maternidade prematuras e ocorrência de infecções sexualmente transmissíveis (ISTs).

A pesquisa tem documentado todas essas ameaças crescentes à sua saúde, à sua segurança e ao seu bem-estar. Talvez você já tenha tido sua cota de acidentes de carro e multas, ossos quebrados e queimaduras, gestações não planejadas ou encontros de uma noite dos quais se lamenta, e gostaria de se sentir e parecer mais saudável. Não é de admirar que crianças com TDAH tenham probabilidade duas vezes maior do que as outras de morrer antes dos 10 anos de idade e que adultos com TDAH sejam quatro vezes mais propensos a morrer até os 45 anos, em grande parte devido ao seu comportamento de risco e propensão a lesões acidentais. E minha própria pesquisa recente mostra que todos esses problemas adversos de saúde relacionados ao fato de ter TDAH adicionam uma média de 11 a 13 anos de expectativa de vida reduzida comparada a outros da mesma idade – isso é duas a seis vezes pior do que qualquer um dos grandes riscos à saúde com os quais as agências de saúde pública estão muito preocupadas em adultos (tabagismo, obesidade, uso de álcool, nutrição deficiente, falta de exercício). O TDAH em adultos não é apenas um problema de saúde mental; se não tratado, também é um problema de saúde pública. Portanto, não é hora de trabalhar para evitar riscos e parar de ouvir os outros reclamando sobre suas "indulgências"?

DIRIGINDO COM SEGURANÇA

Estou iniciando a discussão sobre o risco com a condução de veículos porque os problemas que ocorrem quando um adulto com TDAH ao volante são muito comuns – e potencialmente fatais.

Minha pesquisa, estudos realizados por outras pessoas e até mesmo registros de departamentos de trânsito mostram que os adultos com TDAH são mais propensos que os outros adultos a:

- ter sua carteira de motorista suspensa ou revogada;
- ser intimado por dirigir sem carteira de motorista válida;
- bater o carro enquanto está dirigindo;
- ser o culpado por algum acidente;
- envolver-se em acidentes que foram duas a quatro vezes piores em termos de danos e lesões;
- ser intimado por dirigir em alta velocidade e de maneira imprudente.

Obviamente, essas são consequências que custam caro, mas você pode não achá-las convincentes o suficiente para resolver seus próprios problemas de direção. Isso porque, como outros já disseram, "a estatística são pessoas com suas lágrimas enxugadas a distância". Então, deixe-me contar uma história pessoal que mostra como os problemas com condução de veículos enfrentados pelos adultos com TDAH podem custar caro. Muitas coisas ficaram não ditas no artigo a seguir, e a mais importante delas foi que Ron era meu irmão gêmeo (fraterno, ou não idêntico). Talvez contar a história dele possa fazer com que sua trágica perda e a de minha família sirvam a algum propósito, beneficiando você e outras pessoas que conheça com TDAH.

Meu irmão Ron tinha TDAH moderado a grave desde a primeira infância, que continuou durante toda a sua vida – uma vida que terminou de forma abrupta e violenta na noite de segunda-feira no verão de 2006. Esse acidente fatal foi indiretamente atribuído ao seu TDAH e mais diretamente ao impacto da condição em seus padrões e hábitos de dirigir – em velocidade, assumindo riscos, sem concentração enquanto dirigia, uso de álcool e raramente usando cinto de segurança. Tudo isso conspirou naquela noite fatídica para terminar prematuramente a sua vida, aos 56 anos de idade.

O contexto do acidente de Ron vale a pena ser considerado. Ele estava simplesmente dirigindo por prazer por uma estrada rural em uma bela noite de verão, desfrutando do belo cenário das Montanhas Adirondack, como ele muitas vezes gostava de fazer. Havia terminado de trabalhar um turno de 10 horas como *chef* e tomado

Acidente de carro fatal em Keene

Por Andrea VanValkenburg

Colunista do *Press Republican*, Plattsburgh, NY

26 de julho de 2006

KEENE – Um homem de Elizabethtown morreu na segunda-feira à noite quando seu veículo capotou após bater em uma mureta. Ronald Barkley, 56 anos, estava viajando para o sul na Bartlett Road, em Keene, por volta das 22h05, quando não conseguiu fazer uma pequena curva na estrada e desviou para o acostamento da pista da direita. Segundo Ray Brook, da Polícia Estadual, (...) Barkley foi ejetado da minivan GMC Safari durante a colisão e ficou preso debaixo do carro quando este capotou. Uma pessoa que passava percebeu o acidente logo após o ocorrido e entrou em contato com os policiais da área. Minutos depois, a Polícia Estadual e voluntários do Corpo de Bombeiros de Keene chegaram ao local do acidente, mas, logo em seguida, Barkley foi declarado morto. De acordo com a polícia, Barkley estava dirigindo a uma velocidade perigosa quando o acidente ocorreu. Os investigadores acreditam que ele não estava usando cinto de segurança no momento do acidente. A autópsia foi realizada na terça-feira, no Adirondack Medical Center, determinando que a causa da morte de Barkley foi traumatismo craniencefálico. Nenhuma outra informação foi fornecida até terça-feira à noite.

um drinque com nossa mãe de 92 anos, pouco antes de comer alguma coisa, e então saiu para um passeio agradável em uma *van* usada que havia acabado de comprar e orgulhosamente consertar. Talvez ele também tenha tomado mais alguns drinques para acompanhar seu jantar antes de sair – só podemos fazer suposições a respeito disso, mas seu atestado de óbito citou embriaguez como um fator agravante em seu acidente e em sua morte. Alguns dias antes, havíamos conversado por telefone, e ele me pareceu mais feliz do que nos últimos tempos, devido a seu novo emprego e ao fato de que, após anos passando por vários empregos, e principalmente tocando guitarra e cantando em bandas de *rock*, ele finalmente teria benefícios extras em seu novo emprego.

Ron deixou o colégio aos 16 anos, depois de sua segunda tentativa de passar do 1º ano do ensino médio, que estava prestes a repetir novamente. Ele começou a tocar guitarra, e, por fim, se tornou extremamente proficiente em *rock* e *blues*. Tocou em inúmeras bandas nos 40 anos seguintes, ao longo da Costa Leste e no sul da Califórnia. Evidentemente, era um músico talentoso, e muitos ouviam extasiados enquanto ele tocava. E ele era a vida da festa, sempre falando, brincando e contando piadas, fazendo coisas tolas ou simplesmente sendo divertido. Mas Ron não tinha cabeça para os negócios, tinha propensão a gastar mais do que podia e não tinha habilidade de gerenciamento do tempo. Sentia raiva rapidamente e geralmente era muito impulsivo, assim como propenso ao tédio em qualquer emprego que arranjasse. Por isso, mudava de uma banda para outra e, quando não estava trabalhando com música, provavelmente estava trabalhando como cozinheiro em restaurantes para pagar as contas. Teve dois casamentos fracassados e muitos relacionamentos curtos com mulheres. Tinha uma longa história de abuso de álcool, tabaco e, especialmente, cocaína, e teve algumas passagens pela cadeia por posse ou venda de drogas. Ele também não ficava muito tempo em um emprego. Por fim, Ron teve três filhos, mas nunca conseguiu prover o cuidado e o apoio contínuos que eles requeriam, acabava não pagando as pensões alimentícias e muitas vezes tinha pouca ou nenhuma custódia de seus filhos.

Além disso, Ron era realmente atroz ao volante. Quase todos os fatores de risco identificados nos estudos de pesquisa – meus e de outros autores – estavam presentes na história de direção de Ron, em seu acidente trágico e, consequentemente, em sua morte precoce. É uma enorme ironia isso recair sobre mim, um especialista tanto em TDAH quanto em suas consequências na condução de veículos. Os estudos recentes deixam bastante claro que um dano irreparável pode se abater sobre aqueles com TDAH (e outros!) durante essa atividade relativamente comum. Tão claro quanto este é o fato de que esses problemas com a direção respondem bem aos tratamentos medicamentosos – tratamentos aos quais meu irmão sempre foi bastante relutante ou confuso para obter ou manter por muito tempo.

Problemas com a condução de veículos são encontrados com mais frequência em diferentes tipos de estudos que analisam tanto adolescentes quanto adultos, mas sobretudo em adultos clinicamente diagnosticados com TDAH. Esses estudos particularmente concluem que adultos com TDAH, como meu irmão:

- têm tempos de reação mais lentos e variáveis;
- cometem erros mais impulsivos;
- variam em sua maneira de dirigir;
- são muito mais desatentos e distraídos ao dirigir do que os outros adultos;
- são menos propensos a usar cinto de segurança ou manter sua atenção na estrada, e mais propensos a ficar mexendo nos controles do aparelho de som ou mudando as estações de rádio, escrevendo mensagens de texto ou falando em seus telefones celulares enquanto dirigem, ou apenas socializando demais com outras pessoas no veículo;
- são mais propensos à irritação na estrada, ou à raiva relacionada ao modo de dirigir, e, quando furiosos, a usar de forma agressiva um veículo motorizado.

Todas essas características eram verdadeiras no caso de meu irmão.

A causa mais comum dos acidentes de trânsito é a desatenção do motorista. Portanto, é fácil perceber por que os adultos com TDAH têm probabilidade muito maior de:

- sofrer acidentes mais graves, estimados tanto pelos prejuízos em dinheiro como em pessoas feridas;
- ingerir álcool e dirigir;

- ficar mais incapacitados do que os outros em razão da ingestão de álcool.

   Tudo isso estava envolvido no acidente fatal do meu irmão.
   Ainda mais impressionante do que o fato de os adultos com TDAH sofrerem mais acidentes do que as outras pessoas quando estão dirigindo é *a frequência muito maior* com que se envolvem neles.
- Uma média de *três vezes mais* suspensões e revogações da carteira de motorista.
- *Cinquenta por cento mais* acidentes.
- Quase *três vezes mais* multas por excesso de velocidade.
- *Mais do que o dobro* do número de acidentes em que a falha foi deles.
- *Mais do que o dobro* do número de multas por excesso de velocidade e do total de intimações em seus registros em departamentos de trânsito.

> Os adultos com TDAH não só recebem 3 a 5 vezes mais multas por excesso de velocidade como também mais multas de estacionamento – por estacionar impulsivamente, onde quer que estejam, porque não têm paciência para procurar uma vaga em local permitido.

Estratégias de segurança

Felizmente, estudos recentes têm mostrado que o desempenho na condução de veículos pode ser melhorado pelos medicamentos para TDAH (estimulantes e atomoxetina, embora os estimulantes pareçam ser mais eficazes, neste caso). Seja diligente acerca disso.

> Os adultos com TDAH têm probabilidade 2,5 vezes maior que os outros adultos de morrer precocemente devido a tragédias como acidentes de carro.

- Se o seu TDAH for moderado a grave, certifique-se de não se esquecer de tomar seu medicamento sempre que for dirigir.
- Também tome seu medicamento se operar veículos ou equipamentos pesados fizer parte do seu trabalho.
- O que também é importante aqui é tomar seu medicamento em um horário que lhe garanta ter os níveis adequados da substância em sua corrente sanguínea quando a probabilidade de estar dirigindo for maior, como ao se dirigir para o trabalho pela manhã e à noite, ou tarde da noite, para ocasiões sociais ou de trabalho. As doses tomadas no início do dia, mesmo os compostos de ação prolongada, podem ser eliminadas muito rapidamente; muitos adultos tomam um "potencializador" de medicamento de ação imediata no meio do dia para se certificarem de que estão cobertos. *Sua vida e as vidas de outras pessoas na estrada estão em jogo.*
- Se você não estiver tomando medicamento ou se houver chance de ele já ter sido eliminado, *deixe outra pessoa dirigir*. Esqueça o seu orgulho; deixe o seu cônjuge, amigo

ou outro motorista habilitado ficar no comando do volante enquanto você aprecia a paisagem e se ocupa com a música no banco do carona.

- *Sempre (!)* use o cinto de segurança. Você pode fixar um lembrete no painel – ou, melhor ainda, sobre a ignição – para se lembrar de colocá-lo antes de dar a partida. Não quero que você acabe como meu irmão, que foi atirado de sua *van* durante uma capotagem em baixa velocidade e esmagado por seu próprio veículo.
- *Absolutamente NADA de álcool deve ser consumido quando você planeja dirigir.* Ponto final.
- Fique longe do seu telefone celular enquanto estiver dirigindo. Esta é hoje uma das fontes mais frequentes de distração enquanto se está dirigindo, contribuindo para o risco de sofrer acidentes, e você, como um adulto com TDAH, não precisa de mais distrações. Se tiver de usar o telefone ou responder a uma chamada ou um *e-mail*, *saia da estrada*! E então retorne a chamada, a mensagem de texto ou o *e-mail*. *Nunca, jamais,* faça isso enquanto estiver dirigindo. Se você simplesmente não consegue resistir a usar o celular enquanto estiver dirigindo, compre um aplicativo que bloqueie seus sinais ou desative seu telefone enquanto o carro estiver ligado e/ou em movimento. Consulte a loja de aplicativos do seu *smartphone* para ver se eles têm um aplicativo que desative seu telefone celular quando ele estiver se movendo mais rápido do que é possível para um humano caminhar. Para uma avaliação desses aplicativos, acesse insuramatch.com/blog/2017/08/appsprevent-phone-use-while-driving (em inglês). Essas invenções podem resolver sua dependência do telefone celular ou das mensagens de texto e também a de outros motoristas em sua família.

> Os estudos mostram que os adultos com TDAH:
> - ✓ já dirigem como se estivessem legalmente embriagados, mesmo que não tenham ingerido bebidas alcoólicas;
> - ✓ são mais adversamente afetados em sua maneira de dirigir, até mesmo por doses mínimas de álcool, do que os motoristas que não têm TDAH.

EVITANDO LESÕES

O TDAH pode ser um transtorno ameaçador à vida. Você não corre apenas o risco de sofrer acidentes de carro, mas de sofrer todos os tipos de lesões acidentais. De acordo com vários estudos, as crianças com TDAH são mais propensas do que as outras a passar algum tempo na unidade de queimados de um hospital, de estar envolvidas em acidentes de carro e bicicleta, como pedestres, de serem envenenadas, de que-

> Um estudo recente descobriu que as crianças com TDAH (e outros problemas de comportamento disruptivo) eram três vezes mais propensas a morrer antes dos 46 anos do que aquelas sem tal transtorno (3% vs. 1%).

brar ossos, de ter lesões cerebrais e de perder dentes. Se você cresceu com TDAH, o pronto-socorro pode ter se tornado a sua segunda casa. Na verdade, os acidentes que as crianças com TDAH sofrem também tendem a ser mais graves do que aqueles sofridos por outras crianças. E suas mães as descrevem muito mais como "propensas a acidentes". E atualmente? Como você deve saber, esses riscos continuam na vida adulta.

O que você pode fazer sobre isso?

> Minha pesquisa recente e os estudos realizados por outros autores descobriram que os adultos com TDAH são:
>
> ✓ quase 50% mais propensos a ter sofrido uma lesão grave em sua vida;
> ✓ quatro vezes mais propensos a ter sofrido um envenenamento acidental grave;
> ✓ mais propensos a apresentar pedidos de compensação por acidente de trabalho do que os outros adultos.

✓ **Neutralize sua impulsividade.** A falta de controle do impulso pode levá-lo a se precipitar e agir sem considerar o risco de lesões. Um paciente me disse que, quando criança, ele e seus amigos se juntaram para construir uma rampa de neve que pudessem usar para descer uma colina em seus trenós e depois atravessar uma rua da cidade muito movimentada. Mas, quando a rampa ficou pronta, ele foi o único que realmente se dispôs a experimentá-la, e acabou aterrissando com seu trenó sobre um carro, em vez de cruzar a rua, ficando seriamente ferido. Infelizmente, essas aventuras são mais comuns nas histórias de vida de adultos com TDAH do que nas daqueles sem esse transtorno. Pratique as estratégias de parar a ação apresentadas no Capítulo 16.

✓ **Tome medicamentos para reduzir sua distração e desatenção.** Andando de bicicleta em uma avenida movimentada ou atravessando uma rua a pé, você é muito menos propenso do que os outros adultos a prestar atenção ao trânsito e evitar possíveis acidentes. **Pratique também a autoconversa e as imagens mentais** (veja os Capítulos 17 e 18) para ajudá-lo a concentrar sua atenção antes de iniciar uma atividade potencialmente arriscada e enquanto estiver nela.

✓ **Enquanto estiver praticando a autoconversa**, pergunte a si mesmo se está sendo **infantilmente rebelde ou exibido** quando se recusa a tomar as medidas de segurança convencionais. Sessenta e cinco por cento ou mais das crianças que têm TDAH também são desafiadoras. Se você estivesse entre elas quando criança, podia ter um hábito bastante arraigado de ignorar as regras das outras pessoas e achar que podia escapar impune ignorando um risco.

✓ **Conheça seus limites físicos.** As crianças com TDAH podem ser mais desajeitadas e menos coordenadas do que as outras em suas habilidades motoras e em seu desenvolvimento. Às vezes, os adultos não percebem isso claramente. Se você sabe que não tão coordenado, seja humilde, siga a Regra 8 (veja o Capítulo 23) e ria de si mesmo – e então coloque um capacete de ciclista para andar de bicicleta, afivele seu cinto de segurança ou corra na calçada, não na rua.

TORNANDO O SEXO UM NEGÓCIO MENOS ARRISCADO

Existem apenas alguns poucos estudos sobre as atividades sexuais de adolescentes e adultos com TDAH, dois dos quais foram realizados por minha equipe de pesquisa. Descobrimos que as crianças com TDAH começaram a ter relações sexuais em média um ano antes do que as outras crianças, tiveram mais parceiros, usaram menos contraceptivos e acabaram com quase *10 vezes* mais gestações na adolescência (seja como pai ou mãe) e com *quatro vezes* mais ISTs. Aos 27 anos (6 anos depois), o mesmo grupo se tornou igual à população geral em contracepção e ISTs, mas aqueles com TDAH ainda estavam tendo filhos mais jovens.

O que aconselhamos os adultos com TDAH a fazer? Bem, não há absolutamente nenhuma pesquisa sobre intervenções que possam funcionar para esses problemas, mas aqui há algumas sugestões óbvias para tentar:

- ✓ Se você saiu da escola antes de concluir seu curso de educação sexual, instrua-se. Toda grande livraria tem uma seção de livros sobre sexo e saúde. Você vai, inclusive, encontrar "manuais do proprietário", que informam como cuidar de seu corpo e que contêm capítulos sobre sexo. Use a internet. O objetivo aqui é se informar sobre sexo, contracepção e tópicos relacionados para você poder lidar melhor com sua vida sexual.

- ✓ A menos que esteja planejando ter um filho, SEMPRE (!) use métodos contraceptivos. Para as mulheres, isso é mais fácil, devido às pílulas anticoncepcionais que podem ser tomadas diariamente. Contudo, tanto os homens quanto as mulheres precisam se lembrar de carregar consigo e usar seus preservativos, pois a pílula não previne as ISTs. Infelizmente, essa é apenas mais uma coisa a ser esquecida no calor do momento sexual. Se você tem história de atividade sexual impulsiva da qual se arrependeu, peça a seu médico para lhe prescrever a pílula do dia seguinte, que pode reduzir o risco de concepção após o ato sexual. Ou considere usar a forma subcutânea de contraceptivo, com um pequeno dispositivo implantado bem abaixo da superfície da pele de seu braço (normalmente), que emite medicamento anticoncepcional por longos períodos de tempo. Se você é mais velho e já teve todos os filhos que desejou, uma vasectomia para os homens, ou uma laqueadura para as mulheres é uma opção a ser considerada para aliviar a necessidade de se lembrar do contraceptivo. Entretanto, você ainda vai precisar tomar as medidas adequadas para evitar as ISTs.

> Vários estudos realizados por meu amigo e colega Eric J. Mash, Ph.D., e seus alunos da Universidade de Calgary (Canadá) descobriram que as mulheres grávidas com TDAH tinham menos probabilidade de ter planejado suas gestações do que as mulheres sem TDAH. As mães com TDAH também eram mais propensas a ficar ansiosas e deprimidas, tanto antes quanto depois do nascimento de seus filhos. Antes do nascimento, as mães tinham expectativas menos positivas sobre a maternidade, e, após o nascimento, tiveram mais dificuldade para criar seus filhos.

✓ Considere tomar a vacina contra o papilomavírus humano (HPV), que atualmente pode ser administrada até para crianças. Em média, as pessoas com TDAH têm mais parceiros sexuais ao longo de sua vida sexual ativa do que as outras pessoas. Além de um histórico familiar da doença, o melhor indicador de que as mulheres terão câncer cervical, na garganta e anal (todos os quais podem ser causados por uma infecção por HPV) é o número de parceiros sexuais. A vacina contra o HPV pode prevenir a infecção por um vírus conhecido por aumentar o risco de todos esses cânceres. Atualmente, a vacina está disponível tanto para homens quanto para mulheres.

REDUZINDO OS RISCOS DE SAÚDE E DO ESTILO DE VIDA

Como um adulto com TDAH, você precisa prestar mais atenção do que a maioria das pessoas aos riscos de saúde e do estilo de vida. O TDAH torna você:

- mais vulnerável ao uso e à dependência de substâncias (veja o Capítulo 30), incluindo substâncias legais, como a cafeína, a nicotina e o álcool;
- mais propenso ao sobrepeso, por fazer menos exercícios, ter atividades mais sedentárias, como assistir à TV ou jogar *videogames*, e ter uma dieta menos saudável do que os outros adultos;
- menos propenso a procurar cuidados médicos e odontológicos preventivos e, portanto, mais propenso a terminar com problemas não detectados que se tornam problemas maiores, como dentes infeccionados, que podem causar sepse ou infecções cardíacas ou obesidade, o que pode causar diabetes tipo 2.

Esses hábitos de saúde e de estilo de vida colocam você em maior risco de doença arterial coronariana e câncer, entre outros problemas médicos e odontológicos.

Repetindo, o TDAH pode literalmente ser uma doença ameaçadora à vida. A própria natureza dos sintomas do TDAH, particularmente a inibição e o autocontrole deficitários, expõe você ao risco de ter uma vida mais curta. Se não puder considerar seriamente as consequências futuras de seu comportamento, não se preocupará o suficiente com os comportamentos conscientes em prol da saúde, como fazer exercícios, seguir uma dieta adequada e moderar o uso de cafeína, tabaco e álcool.

> Estudos mostram que metade de todas as mortes nos Estados Unidos resulta das escolhas de estilo de vida em áreas como:
>
> 1. Uso de tabaco (19%).
> 2. Dieta e atividade física (14%).
> 3. Uso de álcool (5%).
> 4. Uso de armas de fogo (2%).
> 5. Comportamento sexual (1%).
> 6. Condução de veículos motorizados (1%).
> 7. Uso de drogas ilícitas (1%).
>
> A pesquisa canadense também descobriu que 50% de todas as mortes prematuras poderiam ter sido evitadas por meio de mudanças no estilo de vida em domínios similares.

Além disso, há a conscienciosidade, considerada uma das cinco principais dimensões da personalidade. Ser consciencioso é tender para o *oposto* dos sintomas do TDAH – controlar os impulsos, pensar sobre as consequências de suas ações, persistir rumo aos objetivos, e assim por diante. Atualmente, sabemos que a conscienciosidade está ligada ao seu risco de ter vários problemas de saúde e até mesmo à sua expectativa de vida.

Como você tem sintomas de TDAH em vez de conscienciosidade inata, vai precisar de mais assistência de profissionais médicos e de saúde especializados no manejo desses riscos à saúde e às áreas problemáticas do estilo de vida, na forma de programas para parar de fumar, para controlar sua dieta, para se exercitar, etc.

Não deixe o TDAH encurtar sua expectativa de vida devido à sua associação com esses fatores de risco! Tome todas as medidas que puder para (1) controlar seu TDAH e (2) se esforçar agora para ter um estilo de vida saudável. O TDAH parece cobrar um preço cada vez mais alto no decorrer do tempo.

O que você pode fazer hoje para começar a proteger sua saúde e sua longevidade?

> As pessoas diagnosticadas com TDAH na idade adulta eram tão ativas fisicamente quanto os adultos da população geral. Mas os adultos (27 anos) que tinham TDAH desde a infância e foram acompanhados até a idade adulta eram *significativamente menos propensos a fazer exercícios rotineiros regulares* (44% vs. 69% da população geral). *Se esse padrão continuar, mais adiante na vida, esses adultos estarão mais propensos a problemas de saúde decorrentes da falta de exercício.*

- Marque uma consulta para uma avaliação física com seu médico, se faz algum tempo desde que fez uma ou se nunca realizou exames depois de adulto. Esta é uma revisão para ver quais problemas ou questões estão se desenvolvendo e tentar saná-los precocemente com melhor cuidado médico preventivo. Você evita cuidados médicos por sua própria conta e risco a longo prazo, por isso, não pense que apenas do fato de se sentir bem, ou não ter nenhum problema médico atual óbvio, alguns não estejam se desenvolvendo sem serem vistos ou detectados. Faça um exame físico básico e siga os conselhos que seu médico lhe der.
- Se você fuma, peça a seu médico para lhe recomendar um programa para ajudá-lo a parar de fumar.
- Você bebe muito? É difícil ser o juiz de seu próprio comportamento, especialmente se você está negando as possibilidades. Mas, se outra pessoa lhe diz que a quantidade de álcool que você está ingerindo é excessiva, tente escutar. Considere fazer uma marca em um pequeno pedaço de papel toda vez que você tomar um drinque e, depois de uma semana, observe o padrão. É mais do que você costumava beber? É mais do que sua família e seus amigos bebem? Você fica de ressaca com frequência ou simplesmente se sente lento e letárgico de manhã de-

> Se você está acima do peso, o medicamento para TDAH pode ser duplamente benéfico, pois, muitas vezes, ele causa perda de peso.

pois de beber na noite anterior? Fale com seu médico, que está aí para ajudá-lo, não para julgá-lo. Se você tem um problema, peça a seu médico para inscrevê-lo em um programa de reabilitação de álcool nas proximidades e em um grupo dos Alcoólicos Anônimos (AA) ou outro programa de apoio contínuo para a recuperação de etilistas.
- Idem com relação às drogas. Seu médico pode ajudá-lo a se inscrever em uma clínica ou em outro programa local para desintoxicação de drogas.
- Não deixe de ir a um dentista. Problemas ou doenças dentárias negligenciados podem fazer com que você perca alguns ou todos os seus dentes, requerer uma prótese parcial ou total, conduzir a uma cirurgia dentária ou gengival mais extensa, ou possivelmente até abscessos dentários, que têm o potencial de serem letais, se essa infecção entrar em sua corrente sanguínea e atacar seu coração.
- Inicie um plano de exercícios físicos regulares semanais. Todos nós lutamos contra este conselho sensato, mas não há desculpas para nenhum de nós não tentar fazer disso uma parte mais rotineira do nosso estilo de vida. Há também o benefício adicional de que o exercício físico realizado regularmente ajuda as pessoas com TDAH a lidar melhor com seus sintomas e proporciona um grande alívio para toda essa energia extra e hiperatividade. Meus pacientes e outros adultos com TDAH me dizem que correr, andar de bicicleta, nadar e praticar outros esportes aeróbicos e até mesmo artes marciais têm se mostrado úteis para eles na redução de seus sintomas, canalizando sua energia para uma saída mais saudável.
- Considere o medicamento para tratar seu TDAH. Muitas vezes, os riscos médicos e odontológicos identificados em nossa pesquisa de adultos com TDAH se originam de um TDAH não tratado e dos efeitos desorganizadores que esse transtorno tem sobre sua vida. Manter seu TDAH sob controle com medicamento pode ajudá-lo a buscar a medicina e a odontologia preventivas, como é requerido para todos os adultos.

Você não tem plano de saúde e não pode se permitir pagar uma consulta médica?

- ✓ Veja se seu pai, sua mãe, um irmão ou outro parente pode cobrir esse custo para você.
- ✓ Verifique no hospital local como você pode realizar uma avaliação por conta do município ou do Estado, se sua renda estiver abaixo da linha de pobreza.
- ✓ Ligue para o departamento local de serviço social para ver se ele pode encaminhá-lo para uma clínica gratuita.

CAPÍTULO 29

OUTROS PROBLEMAS MENTAIS E EMOCIONAIS

Se você vem lutando há anos contra os sintomas do TDAH sem saber o que está errado, ser diagnosticado pode ser um grande alívio. Não só você finalmente tem uma explicação para os seus problemas mas também tem acesso a tratamentos comprovados que podem aliviar seus sintomas e colocar o sucesso ao seu alcance.

Mas e se os medicamentos e as estratégias de autoajuda descritas neste livro não forem suficientes? O que você faz se seus dias ainda parecerem terrivelmente difíceis de enfrentar? Se ainda não consegue progredir no trabalho, concluir sua graduação, aproveitar sua família e sua vida social? Se você ainda se sente infeliz e frustrado a maior parte do tempo, o que pode estar acontecendo?

Considere a possibilidade de que o TDAH não seja a única condição mental ou emocional que você tem. No Capítulo 1, afirmei que 80% ou mais dos adultos com TDAH têm pelo menos outro transtorno psiquiátrico. Mais de 50% têm pelo menos dois outros transtornos. Estes são os culpados mais comuns, listados, *grosso modo*, do mais para o menos prevalente:

- transtorno de oposição desafiante (TOD);
- transtorno da conduta (TC)/transtorno da personalidade antissocial (TPA);
- transtornos por uso de substâncias;
- ansiedade;
- depressão;
- transtornos da personalidade (como TPA ou *borderline*);
- transtorno de compulsão alimentar ou bulimia (em mulheres);
- transtornos da aprendizagem.

As taxas em que tais condições têm sido encontradas em adultos com TDAH variam de estudo para estudo; portanto, essa ordem de prevalência não é definitiva, mas vai lhe dar uma ideia sobre o que pode estar afligindo você quando o TDAH não

> **Ter outro transtorno além do TDAH não torna você incomum ou impossibilitado de receber ajuda. Somente 1 em 5 adultos com TDAH tem apenas TDAH.**

explica todos os obstáculos para não estar tendo a vida que gostaria.

Nas páginas seguintes, apresentarei a você um entendimento básico de como essas condições parecem ser (e se manifestam), e também como geralmente são tratadas por um profissional de saúde mental. É claro que a única maneira de ter certeza de que você tem algum desses transtornos é por meio de uma avaliação completa e um diagnóstico.

Se você já foi diagnosticado com TDAH, por que o avaliador não notou outra coisa que também estava errado? Em um mundo ideal, sua avaliação para o TDAH *teria* revelado quaisquer outras condições que você tenha. Mas, neste planeta imperfeito, muitos fatores podem ter impedido que outras condições se revelassem. Talvez você e o avaliador estivessem tão fixados na ideia do TDAH que menosprezaram outros sintomas que espreitavam no pano de fundo de sua história. Talvez essas outras condições fossem tão leves na época que realmente não se qualificassem para um diagnóstico. É sempre possível que o profissional que realizou seu diagnóstico fosse inexperiente – em geral ou na identificação de outros transtornos psiquiátricos além do TDAH. Pode até ser que seu médico tenha visto os sinais de outros problemas, mas acreditou que seria melhor se concentrar no TDAH e colocá-lo sob controle antes de ser solicitado tanto a admitir que tem outras condições mais importantes do que essa quanto a participar de seu manejo.

Ligue para seu médico, de preferência o mesmo que diagnosticou seu TDAH, e marque uma consulta. Esteja preparado para descrever os sintomas que está sentin-

---

Você com frequência fica furioso com o mundo?
_____
_____

Perder o controle é uma ocorrência regular, provavelmente diária?
_____
_____

Você acha que as pessoas o encaram como um conformista, um dissidente, um rebelde?
_____
_____

Você tende a se defender sem parar quando alguém diz que você fez algo errado?
_____
_____

Muitos empregos que você deixou terminaram porque você foi demitido?
_____
_____

do, os prejuízos que parecem "sobrar" do seu tratamento para o TDAH, e as áreas da vida em que está tendo dificuldades. Responder às perguntas a seguir vai ajudá-lo a auxiliar o profissional a direcionar a atenção para o que está errado.

TRANSTORNO DE OPOSIÇÃO DESAFIANTE

Quanto mais respostas "sim" você der às perguntas anteriores, maior a probabilidade de ter TOD. Se o que o está deixando infeliz, apesar de uma melhora em seus sintomas do TDAH devido ao medicamento, é se sentir uma pessoa desajustada, sempre o "bandido", mal interpretado e malvisto, constrangido e intimidado, a causa disso pode ser o TOD. Se você se lembra de se sentir hostil e teimoso quando criança, comportando-se de maneiras que os adultos definiam como desafiadoras e que sempre pareciam causar problemas, é possível que na época tivesse TOD, ainda que não fosse diagnosticado. *Entre as crianças que tiveram esses sintomas, o transtorno persiste em grande medida na idade adulta.* O que causa isso? Não temos certeza. Poderia ser decorrente da capacidade limitada de autocontrole que é inerente ao TDAH, e estando em constante desacordo com os adultos que estão tentando fazê-los se comportar de formas que eles não conseguem, devido aos seus déficits de função executiva. Se as crianças apresentaram sintomas de TDAH por dois ou três anos, *45 a 84% delas também tinham TOD*, mas também pode ser que os problemas de regulação emocional apresentados pelo TDAH criem maior predisposição para problemas com o controle da raiva e da frustração. Certamente, a emoção impulsiva associada ao TDAH conduz a maior rapidez na exibição de reações de raiva, impaciência e baixa tolerância à frustração, que pode ser a faísca inicial para desencadear os comportamentos disruptivos do TOD. Descarregar a raiva e explodir com outras pessoas conduz a muitos conflitos, especialmente com figuras de autoridade. Talvez seja por isso que os adultos com TOD tenham mais tendência a ser demitidos, ainda que as avaliações deficientes no desempenho no trabalho sejam mais frequentemente atribuídas ao TDAH.

Tratamento: em muitos casos, o medicamento usado para tratar o TDAH também melhora o seu TOD. Facilitando o controle emocional e outros tipos de autocontrole que o ajudam a se adaptar mais confortavelmente à sociedade, o medicamen-

---

Você teve problemas com a lei quando criança ou adolescente?
_____
_____

Fugiu de casa?
_____
_____

Foi preso por vadiagem ou violações da hora de recolher?
_____
_____

E atualmente? Você tem algum registro criminal?
_____
_____

Você desafia as leis, as ordens, as regras e os regulamentos da comunidade?
_____
_____

Você foi expulso de casa?
_____
_____

Você tem história de abuso de álcool e/ou drogas?
_____
_____

Você se viu envolvido em brigas de bar?
_____
_____

Você já foi acusado de abuso ou de assédio sexual?
_____
_____

to que você já está tomando pode diminuir seus sintomas ao longo do tempo. Se os medicamentos não controlaram completamente suas emoções impulsivas, considere inscrever-se em um curso de controle da raiva com um profissional de saúde mental, na clínica de saúde mental mais próxima ou na faculdade comunitária. Ou tente os métodos de autoajuda apresentados em *Taking charge of anger*, de W. Robert Nay (Guilford Press, 2004). Além disso, alguns adultos requerem um segundo medicamento apenas para lidar com esse aspecto de seu problema, além dos medicamentos tradicionalmente usados para tratar o TDAH. Pergunte a seu médico sobre eles.

TRANSTORNO DA CONDUTA/ TRANSTORNO DA PERSONALIDADE ANTISSOCIAL

Grande parte dos que responderam "sim" a muitas das perguntas anteriores nem estariam lendo este livro. Mas, àqueles que estão: se você tem história de comportamento criminoso ou quase criminoso, pode ainda estar com dificuldades, apesar de estar tratando o seu TDAH, porque se tornou um pouco marginalizado na sociedade. Pode levar algum tem-

> Os TUS afetam uma minoria significativa dos adultos com TDAH. Eles são tratados separadamente no Capítulo 30.

po e precisar de aconselhamento profissional para conduzi-lo de volta ao comportamento predominante.

Você pode pensar no TC como um passo acima (ou abaixo) do TOD. As crianças e os adolescentes que têm TC não são apenas desafiadores. Eles mentem, furtam, brigam, portam armas, iniciam incêndios e cometem agressões sexuais – geralmente, violando os direitos dos outros, as leis e as normas sociais. Embora a grande maioria dos adultos com TDAH não apresente esse diagnóstico, 17 a 35% podem se lembrar de se encaixar nesse perfil o suficiente para terem sido qualificados para o TC quando mais jovens. Aqueles que ainda se encaixam nesse quadro quando adultos – cerca de 7 a 21% daqueles que ainda têm TDAH (meu próprio estudo de acompanhamento revela um número mais elevado) – seriam diagnosticados atualmente com TPA, que é, em essência, o TC na vida adulta. Como alguém desenvolve esses problemas de comportamento tão graves? Em parte, devido aos problemas com inibição e autocontrole que acompanham o TDAH, mas esses sintomas não podem explicar tudo, pois a maioria das pessoas com TDAH não acaba com TC ou com TPA também. Mais provável é que o TDAH estabeleça uma *combinação* com riscos genéticos para o TC e os transtornos relacionados a abuso de substâncias por parte dos pais; maior probabilidade de vida doméstica tumultuada e marginalização social; ser criado por apenas um dos pais; monitoração dos pais reduzida e ligação com pares delinquentes ou usuários de substâncias por parte do adolescente com TDAH. Como mostra o Capítulo 30, o abuso de substâncias e o comportamento antissocial parecem andar juntos.

Tratamento: veja as opções de tratamento listadas para o TOD. Além disso, obtenha ajuda para o uso de substâncias, se você tiver problemas nessa área. E lembre-se

---

Antecipar coisas que você não quer fazer o deixam extremamente nervoso?
_____
_____

Você se preocupa o tempo todo com uma lista enorme de possíveis eventos?
_____
_____

Você tem alguma fobia (medo extremo de aranhas, de altura, etc.)?
_____
_____

As ocasiões sociais o enchem de medo, muitas vezes fazendo você cancelar o compromisso no último minuto?
_____
_____

Você detesta falar diante de um grupo?
_____
_____

sempre de que os amigos antissociais não são amigos. Faça o que puder para sair de um cenário social que incentive o crime e outros comportamentos antissociais. Mantenha-se ocupado com passatempos, se precisar. O ideal, no entanto, é que identifique uma rede social melhor, que estimule atividades positivas e produtivas. Se necessário, mude-se para uma vizinhança diferente com menos pares antissociais com quem tenha interação com frequência.

ANSIEDADE

A ansiedade pode ser difícil de reconhecer. Geralmente, é definida como um padrão de medos e preocupações anormais, sobretudo irrealistas, muitas vezes sobre coisas que nunca vão acontecer. Entretanto, no seu caso, pode parecer perfeitamente razoável evitar ingressar na mesma situação em que já foi humilhado tantas vezes antes. Ou é totalmente lógico tremer de medo antes de se dirigir a uma reunião no trabalho, quando, em ocasiões passadas, você perdeu seu lugar, esqueceu seus materiais ou ficou paralisado durante a fase das perguntas e respostas. Não é lógico se proteger de desastres que *realmente* ocorreram antes? Pode ser, mas isso não significa que você não esteja sofrendo de uma ansiedade clínica que pode ser tratada, tornando sua vida muito mais fácil. Cerca de um quarto das crianças com TDAH tem transtorno de ansiedade, mas, entre os adultos, os índices sobem para 17 a 52%. Em nosso estudo de acompanhamento de crianças com TDAH em Wisconsin, eu e minha colega Mariellen Fischer descobrimos que quanto mais tempo você tiver TDAH como adulto, maior a probabilidade de também desenvolver um transtorno de ansiedade. Acho que faz sentido supor que uma história de fracasso crônico em vários domínios das principais atividades da vida possa ser responsável por isso, mas também pode haver algum risco genético compartilhado entre os dois transtornos. Preste atenção às notícias sobre novos achados nessa área de pesquisa.

Tratamento: há muitos tratamentos psicoterápicos para a ansiedade, especialmente a terapia cognitivo-comportamental (TCC). O medicamento também tem se mostrado útil. Lembre-se de que a substância não estimulante atomoxetina pode trazer algum benefício, pois ela não exacerba a ansiedade e, até certo ponto, pode mesmo tratá-la. Pergunte a seu médico o que é melhor para você.

Você costuma achar difícil sair da cama e se sentir exausto mesmo depois de dormir bastante?
_____
_____

Você se sente melancólico na maioria dos dias?
_____
_____

> **Você responde às pessoas bruscamente, sentindo-se facilmente irritado?**
> _____
> _____
>
> **Você anda totalmente sem apetite... ou comendo excessivamente?**
> _____
> _____
>
> **Você se sente entediado e desinteressado em relação a atividades que geralmente são prazerosas?**
> _____
> _____

DEPRESSÃO

Respostas "sim" a muitas dessas perguntas são indícios de que você pode estar sofrendo de depressão. Mas a pesquisa sobre o risco de depressão entre adultos com TDAH apresenta resultados contraditórios. Portanto, não podemos dizer que você deve estar atento a esses sintomas porque tem forte predisposição para se tornar deprimido em algum momento de sua vida. Em geral, o risco para algum tipo de depressão é mais de três vezes maior nas pessoas com TDAH do que nas amostras da população em geral que temos usado como grupos-controle. É interessante notar que, diferentemente do que ocorreu com a ansiedade, meu estudo de acompanhamento em Wisconsin mostrou que a depressão caiu para 18% aos 27 anos, dos 28% quando essas pessoas eram crianças. A pesquisa mostra que pode haver risco genético compartilhado entre esses dois transtornos, ou seja, ter um desses transtornos em sua família parece predispor você a ter parentes biológicos com o outro. Mas o ambiente também pode ser responsabilizado. Tanto a depressão quanto o TDAH estão associados a maior exposição à desordem social, ao estresse, à marginalização e ao abuso.

Tratamento: assim como para a ansiedade, existem muitos tratamentos eficazes para depressão (antidepressivos), além de abordagens cognitivo-comportamentais comprovadas.

> Alguns estudos têm sugerido que os adultos com TDAH podem ter um maior risco de apresentar transtorno bipolar (depressão maníaca), mas *a maioria dos estudos*, incluindo o meu, não encontrou essa possibilidade. Entretanto, os adultos com transtorno bipolar *têm* um risco mais elevado de ter TDAH. Esse risco é de 20 a 25% para transtorno bipolar com início na idade adulta, 35 a 45% com início na adolescência e 80 a 97% se o transtorno bipolar tiver iniciado na infância

CAPÍTULO 30

DROGAS E CRIME

"Quando adolescente, e até mesmo depois dos meus 20 anos, eu andava com alguns rapazes que, como eu, buscavam emoções nas noites de fim de semana. Então, íamos de bar em bar, bebíamos bastante e, muitas vezes, só esperávamos alguém dizer algo de que não gostássemos ou achássemos estúpido para começarmos uma briga. Entrei em tantas brigas que não consigo me lembrar de quantas. Fomos expulsos de muitos bares por causa disso, e frequentemente saíamos com alguns machucados, mas isso não nos impedia de fazer o mesmo no fim de semana seguinte. Talvez estivéssemos apenas entediados ou tentando nos exibir para as mulheres nos bares, mas, qualquer que fosse a razão, a bebida nos tornava mais corajosos e também mais impulsivos, e, como resultado, acabávamos fazendo coisas estúpidas."

"Uma vez, saímos de um bar depois de tomar muitas cervejas e vimos um carro no estacionamento com as chaves na ignição. Um dos meus amigos disse: 'Ei, vamos sair nele para dar uma volta!'. Então, fomos. Estávamos todos embriagados e desafiávamos um ao outro a dirigir mais rápido, levar o carro para fora da cidade ou para os campos de golfe, fazer rodopios e outros tipos de estupidez pela vizinhança, até que batemos o carro e fomos presos por furto de automóvel com agravantes. Nós éramos jovens, tolos, bêbados e idiotas nessa época. E a minha impulsividade só piorava quando eu bebia. Fico surpreso de ainda estar vivo para falar sobre isso."

"Mas um dia me encontrei com um rapaz da escola que conhecia e que parecia ter sempre a cabeça no lugar e estar no caminho certo. Ele me disse para tentar ir a uma clínica para desintoxicação de álcool em que ele era voluntário para trabalhar como conselheiro de crises. Quando me curei do alcoolismo, fiz um exame para o corpo de bombeiros, passei e tornei-me bombeiro voluntário, após o treinamento inicial para essa função. Isso finalmente me conduziu a um emprego remunerado na cidade como bombeiro. Depois, conheci Karen, que agora é minha esposa, e ela realmente colocou a minha vida em ordem e me deu uma ótima razão para viver, ser correto, manter distância do álcool, diagnosticar e tratar o meu TDAH e organizar a minha vida. Todos aqueles rapazes com os quais eu costumava sair por aí, de bar em bar, atualmente estão presos. Sou o único que conseguiu fazer algo da vida."

Não há dúvida de que os adultos com TDAH têm maior propensão que as outras pessoas para usar várias substâncias. O álcool é a substância mais frequentemente abusada – até um terço dos adultos com TDAH tem ou teve problemas com bebida. No entanto, maconha, cocaína ou outros estimulantes, medicamentos controlados e opiáceos (heroína, morfina, ópio) também são objetos de abuso, embora com frequência um pouco menor.

> O uso de cocaína e de outras substâncias pesadas e o abuso de medicamentos controlados estão mais associados ao TC ou a outro tipo de comportamento antissocial (veja o Capítulo 29) do que ao TDAH.

O problema é que a natureza dos TUS, combinados com a natureza do TDAH, podem dificultar bastante que você se enxergue como tendo um problema "real". Muitas vezes, as pessoas na população em geral demoram para reconhecer que precisam de ajuda para, a partir de então, buscá-la. Com a autoconsciência limitada pelos déficits de função executiva do TDAH, pode ser ainda mais difícil admitir que você tenha um TUS, e então tratá-lo.

Caso esteja começando a se perguntar se se sente mal, apesar do tratamento para o TDAH, porque pode ter um diagnóstico de dependência ou abuso de substâncias, este capítulo vai ajudá-lo a decidir o que fazer.

O QUE VOCÊ ESTÁ OBTENDO COM O USO DE SUBSTÂNCIAS?

Abandonar uma substância que nos dá prazer – em especial uma que passamos a acreditar que *precisamos* – dificilmente é uma perspectiva agradável. A maioria dos especialistas concorda que as pessoas em geral pelo menos tentam obter algum efeito positivo das substâncias que usam em excesso ou das quais abusam. Para muitos de nós, o álcool relaxa e diminui nossas inibições, muitas vezes, facilitando para que sejamos sociáveis e aliviando a timidez, mas, para alguns com TDAH e já com inibição reduzida, isso pode ser um desastre social. A nicotina e a cafeína nos estimulam quando estamos cansados e precisamos nos concentrar, mas esses efeitos típicos não explicam completamente por que os adultos com TDAH são mais propensos do que os outros ao uso mais frequente de substâncias – em detrimento de sua saúde e de seu bem-estar. Talvez saber que está se livrando das substâncias que estão começando a ser um problema para você o ajude a fazer um movimento que vai preservar sua saúde – ou mesmo salvar sua vida. Vamos examinar primeiramente o álcool.

Álcool

O álcool não trata os sintomas do TDAH. Na verdade, pode piorá-los. Depois de apenas uma ou duas doses, o álcool reduz sua inibição, o que significa que, provavelmente, você vai ter mais dificuldades do que as já existentes com seus impulsos.

Você toma suas piores decisões impulsivas depois de beber? Quais, por exemplo?
_____
_____

Então, o que faz você continuar bebendo? A própria impulsividade certamente é um candidato. Se grande parte de sua vida social acontece em bares e em outros locais onde são servidas bebidas alcoólicas, pode ser difícil resistir.

A bebida normalmente está no centro dos encontros com seus amigos?
_____
_____

Anteriormente, neste livro, eu disse que você tem muitas opções para moldar seu ambiente para lidar com seu TDAH e assumir o controle da sua vida, de maneira que o TDAH não tome conta de você. Seus amigos certamente são uma parte importante de seu ambiente. Eles são as companhias certas para você?

Você acha que a bebida limpa sua mente de coisas nas quais você não quer pensar?
_____
_____

Depois daqueles primeiros drinques, sabe-se que o álcool restringe a memória da pessoa de eventos passados, criando uma espécie de visão de túnel que concentra a consciência principalmente no momento e, portanto, você pode ignorar seus problemas passados. Talvez seja isso que o torne tão atrativo para muitos adultos com TDAH: ele ajuda a esquecer os seus problemas e apenas viver o momento, sem preocupações com os problemas recentes ou com os riscos futuros.

O álcool também é conhecido por reduzir a ansiedade em alguns adultos. Se essas coisas nas quais você não quer pensar o deixam ansioso, o álcool pode reduzir seus medos. Pelo menos temporariamente.

Maconha

Como o álcool, a maconha é consumida em quantidades muito maiores durante a vida de adultos com TDAH do que na das outras pessoas da população em geral. Por quê? Isso não está claro para mim. Uma possibilidade é que a maconha possa produzir um efeito similar àquele do álcool: ajudar as pessoas com TDAH a esquecer sua infelicidade, concentrando sua mente apenas no momento, e talvez reduzindo quaisquer níveis incomuns de ansiedade. Nós sabemos que aqueles que fumam cigarros também são mais propensos a usar maconha, e que os adultos com TDAH são mais propensos a fumar cigarros do que aqueles que não têm o transtorno... o que conduz a um dos achados mais interessantes sobre o TDAH e o uso de substâncias, descrito na seção a seguir.

Cigarros/nicotina

A maioria das pessoas não consideraria o fumo um TUS, mas acho que isso merece ser encarado dessa maneira por algumas razões. Primeiro, porque a nicotina pode muito bem ser a substância mais viciante do planeta. Segundo, porque sabemos que o fumo tem algumas das consequências de saúde mais mortais de qualquer hábito que nós, humanos, já inventamos (como câncer de pulmão e outros cânceres, doença cardíaca). A dependência ou o abuso da nicotina é excepcionalmente comum entre uma minoria considerável de adultos com TDAH, sendo o seu risco para o uso atual de nicotina duas vezes maior do que aquele da população em geral. O que a torna tão atrativa?

Alguns cientistas têm sugerido que esse risco para tabagismo é uma forma de automedicação. A nicotina tem uma ação semelhante a um estimulante no mecanismo transportador de dopamina no estriado do cérebro, a qual é muito similar aos efeitos do metilfenidato (veja o Terceiro Passo) nesse local. **Até certo ponto, o fumo pode realmente tratar os sintomas do TDAH.** No entanto, esse é um caso em que o risco (p. ex., de câncer e doença cardíaca) supera bastante os benefícios, especialmente considerando

> Scott Kollins, Ph.D., e colaboradores da Duke University publicaram em 2019 um estudo que mostra conexão direta entre o TDAH e o risco de fumar cigarros. Acompanhando 15.197 adolescentes até o início da vida adulta, eles descobriram uma relação linear entre o nível dos sintomas de TDAH e o hábito de fumar. *Especificamente, o risco de fumar regularmente aumentava muito a cada sintoma adicional do TDAH.* E não só isso, mas, quanto mais sintomas de TDAH os adolescentes tinham, mais cedo eles começavam a fumar.

> A cafeína também é considerada um estimulante. Não surpreendentemente, descobrimos que os adultos jovens com TDAH tinham propensão para consumir mais bebidas cafeinadas por semana do que aqueles sem TDAH.

que temos medicamentos estimulantes controlados, legais e seguros para proporcionar o mesmo efeito positivo.

> **?** Tomei Ritalina durante muito tempo quando criança. Algumas pessoas me disseram que foi provavelmente por isso que desenvolvi o hábito de usar cocaína. Isso é verdade?

Alguns adultos podem achar que o fato de terem sido tratados para seu TDAH com estimulantes controlados quando crianças pode tê-los predisposto para um maior uso e abuso de substâncias quando adultos, especialmente envolvendo estimulantes ilegais, ou o uso ilegal de estimulantes controlados. Revisei a literatura para averiguar se o tratamento com estimulantes controlados conduz ao abuso de estimulantes como a nicotina, a cocaína, o *crack* ou a metanfetamina. Posso lhe garantir que foram realizados pelo menos 16 estudos, e nenhum deles encontrou essa associação entre o tratamento com estimulantes na infância e o uso ou o abuso de substâncias na idade adulta. Embora um estudo tenha encontrado isso, seus resultados não foram analisados de forma adequada e, por isso, provavelmente produziram uma relação falso-positiva entre o uso de estimulantes na infância e o uso de substâncias na idade adulta. Portanto, a grande maioria das evidências é contra esse risco. Alguns estudos, incluindo minha própria pesquisa, mostraram que, na verdade, ser tratado com estimulantes para o TDAH na infância pode proteger uma criança ou um adolescente de se envolver em alguns tipos de uso de substâncias no início da vida adulta, desde que esse tratamento tenha se mantido durante a adolescência. Entretanto, o efeito foi bastante fraco e não foi encontrado de forma consistente nos estudos. Assim, não está claro que o tratamento inicial possa reduzir o risco de abuso de substâncias. Mas o que é bastante definitivo é que o tratamento inicial com medicamentos para o TDAH *não* contribui para maior risco de abuso de substâncias mais tarde na vida.

Continue lendo para obter mais informações sobre por que você pode estar usando cocaína.

Cocaína e outras substâncias pesadas

O uso de substâncias ilegais – como a cocaína e a metanfetamina – ou o abuso de medicamentos controlados legais pode muito bem ser uma tentativa de automedicar o TDAH, como acontece com a nicotina, já que algumas substâncias ilegais são estimulantes. Que decisão equivocada! Essas substâncias, e todas as consequências negativas da adição a elas, são literalmente assassinas.

Por que você escolheria uma substância ilegal perigosa em vez de uma legal segura? Como mencionado antes, o uso de cocaína e de outras substâncias pesadas está mais associado ao TC e ao TPA (veja o Capítulo 29) do que ao TDAH. A pesquisa mostra claramente que os adolescentes e os adultos jovens com TDAH propensos ao uso excessivo de substâncias, ou que usam ou abusam de substâncias ilegais, também são os mais propensos a se envolverem em várias atividades antissociais e criminais. E o abuso de substâncias e atividades criminais têm efeito sinergístico – mais resultados de crime em maior uso de substâncias, o que, por sua vez, contribui para ainda mais crime.

> O comportamento antissocial o predispõe ao uso de substâncias, e o uso de substâncias o predispõe ao comportamento antissocial.

Digamos que você tenha o hábito de usar *crack*. Como você vai comprar essas substâncias caras? Você pode passar a roubar dinheiro ou bens para obter os meios para comprar suas substâncias de abuso. Se você ingerir álcool em excesso, pode estar mais propenso a se envolver em brigas com outras pessoas. E, em ambos os casos, pode estar mais inclinado do que as outras pessoas a portar e até mesmo a usar armas. Do mesmo modo, se você se envolve em algumas atividades criminosas, como furtos ou brigas, pode estar fazendo isso com outras pessoas também propensas a comportamento antissocial. E essas pessoas são mais propensas ao uso de substâncias, podendo influenciá-lo a fazer o mesmo.

Outro vínculo entre o uso de substâncias e o comportamento antissocial e criminoso é a impulsividade. Estudos mostram que, quanto mais impulsivo você for, maior será a probabilidade de experimentar uma substância ilegal diante de um desafio ou até mesmo de uma mera sugestão. O mesmo parece ser verdade sobre a probabilidade de se envolver em atividades ilegais (delitos): quanto mais impulsivo você for, menor a probabilidade de considerar as consequências de suas ações e maior a probabilidade de ceder a um capricho ou a um desafio para participar de alguma ação criminosa, como invadir uma casa.

Então, temos o tipo de grupo social com o qual você anda em seus momentos de lazer. Do mesmo modo que em relação ao álcool, se você anda com pessoas com propensão ao envolvimento em atividades ilegais, elas podem influenciá-lo a fazer o mesmo. As gangues são o exemplo mais extremo desse tipo de influência social negativa, mas não é obrigatória a existência de um grupo organizado como esse para exercer influência, especialmente com o TDAH, para instigá-lo. Tudo o que você precisa é de alguns amigos antissociais e usuários de drogas para impulsioná-lo nessa direção.

> O tipo de crime mais associado ao TDAH na minha pesquisa foi o uso, a posse e a venda de substâncias ilegais, e o furto de dinheiro para comprar tais substâncias. Cerca de uma a cada quatro pessoas com TDAH, no mínimo, são propensas a ter problemas por uso e abuso de substâncias na idade adulta.
>
> Você tem certeza de que quer estar entre elas?

Nossa pesquisa descobriu que outro fator contribuinte para o risco de envolvimento em atividades criminosas é o nível de educação de uma pessoa. As pessoas com TDAH que tinham menos educação, sobretudo se não terminaram o ensino médio, tinham probabilidade muito maior de apresentar atitudes antissociais do que as pessoas com TDAH que se formaram ou ingressaram na universidade.

Por fim, há a gravidade do TDAH e sua persistência da infância até a adolescência. Esses fatores tinham efeito menor, mas também eram importantes preditores da probabilidade do envolvimento em alguns tipos de crimes na idade adulta.

EVITANDO – OU ESCAPANDO – DA ARMADILHA DO USO DE SUBSTÂNCIAS

✓ Para a substancial minoria dos adultos com TDAH que têm problemas com o uso de substâncias (20 a 30%), provavelmente serão recomendados os programas de desintoxicação e de reabilitação. É difícil tratar o seu TDAH se você estiver abusando de substâncias que possam piorar seu transtorno ou conduzi-lo a outros problemas psicológicos produzidos por elas. Se você não estiver obtendo benefícios satisfatórios com as tentativas de tratar o seu TDAH, considere a necessidade de tratar primeiro ou simultaneamente o problema do abuso de substâncias.

✓ O tratamento agressivo do TDAH ainda é fundamental, não importa quando você o inicie.

✓ Mude o seu ambiente, se ele o estiver conduzindo a atividades que estão tornando sua vida pior. Busque novos amigos (essa é uma das razões pelas quais programas de 12 passos, como os AA, são tão atrativos – eles proporcionam uma nova esfera social para aqueles que tentam iniciar uma fase nova e isenta de substâncias em suas vidas). Escolha atividades de lazer que não se centralizem em bares.

✓ Instrua-se. Se sua educação foi interrompida pelo TDAH, retome-a agora. Uma educação melhor significa melhores oportunidades de trabalho, o que pode significar não apenas melhores oportunidades para construir uma vida dentro da legalidade mas também para se afastar de uma vida à margem da sociedade.

O uso de substâncias e atividades criminosas – ainda que pouco importantes – são grandes ciladas para os adultos que têm TDAH. Afaste-se deles agora e comece a ter a vida que merece.

APÊNDICE

UM OLHAR MAIS ATENTO AOS SINTOMAS DO TDAH

CRITÉRIOS DIAGNÓSTICOS OFICIAIS PARA O TDAH

Os critérios diagnósticos oficiais usados pelos profissionais de saúde mental para diagnosticar o TDAH se originam da quinta edição do *Manual diagnóstico e estatístico de transtornos mentais* (DSM-5). Os clínicos questionam os pacientes (incluindo adultos, embora os critérios tenham sido desenvolvidos para uso com crianças) sobre os 18 sintomas listados a seguir. Nove deles referem-se a problemas com desatenção, e os outros nove, a problemas em relação a hiperatividade e impulsividade.

Critérios do DSM-5 para o TDAH

A. Um padrão persistente de desatenção e/ou hiperatividade-impulsividade que interfere no funcionamento e no desenvolvimento, conforme caracterizado por (1) e/ou (2):

1. **Desatenção:** seis (ou mais) dos seguintes sintomas persistem por pelo menos seis meses em um grau que é inconsistente com o nível do desenvolvimento e têm impacto negativo diretamente nas atividades sociais e acadêmicas/profissionais.

Reproduzido com permissão do *Manual diagnóstico e estatístico de transtornos mentais*, 5a edição. Copyright © 2013 American Psychiatric Association. Todos os direitos reservados.

Nota: os sintomas não são apenas manifestação de comportamento opositor e desafiador, hostilidade ou dificuldade para compreender tarefas ou instruções. Para adolescentes mais velhos e adultos (17 anos ou mais), pelo menos cinco sintomas são necessários.

a. Frequentemente não presta atenção em detalhes ou comete erros por descuido nas tarefas escolares, no trabalho ou durante outras atividades (p. ex., negligencia ou deixa passar detalhes, o trabalho é impreciso).
b. Frequentemente tem dificuldade para manter a atenção em tarefas ou atividades lúdicas (p. ex., tem dificuldade para manter o foco durante aulas, conversas ou leituras prolongadas).
c. Frequentemente parece não escutar quando alguém lhe dirige a palavra diretamente (p. ex., parece estar com a cabeça longe, mesmo na ausência de qualquer distração óbvia).
d. Frequentemente não segue instruções até o fim e não consegue terminar trabalhos escolares, tarefas ou deveres no local de trabalho (p. ex., começa as tarefas, mas rapidamente perde o foco e se distrai facilmente).
e. Frequentemente tem dificuldade para organizar tarefas e atividades (p. ex., tem dificuldade para gerenciar tarefas sequenciais; dificuldade para manter materiais e objetos em ordem; trabalho desorganizado e desleixado; mau gerenciamento do tempo; dificuldade para cumprir prazos).
f. Frequentemente evita, não gosta ou reluta em se envolver em tarefas que exijam esforço mental prolongado (p. ex., trabalhos escolares ou lições de casa; para adolescentes mais velhos e adultos, preparo de relatórios, preenchimento de formulários, revisão de trabalhos longos).
g. Frequentemente perde coisas necessárias para tarefas ou atividades (p. ex., materiais escolares, lápis, livros, instrumentos, carteiras, chaves, documentos, óculos, celular).
h. Frequentemente é distraído com facilidade por estímulos externos (para adolescentes mais velhos e adultos, pode incluir pensamentos não relacionados).
i. Frequentemente é esquecido em relação a atividades cotidianas (p. ex., realizar tarefas, obrigações; para adolescentes mais velhos e adultos, retornar ligações, pagar contas, manter horários agendados).

2. **Hiperatividade e impulsividade:** seis (ou mais) dos seguintes sintomas persistem por pelo menos 6 meses em um grau que é inconsistente com o nível do desenvolvimento e têm impacto negativo diretamente nas atividades sociais e acadêmicas/profissionais.

   Nota: os sintomas não são apenas manifestação do comportamento opositor e desafiador hostilidade ou dificuldade para compreender tarefas ou instruções. Para adolescentes mais velhos e adultos (17 anos ou mais), pelo menos cinco sintomas são necessários.

   a. Frequentemente mexe ou tamborila as mãos ou os pés ou se contorce na cadeira.

b. Frequentemente levanta da cadeira em situações em que se espera que permaneça sentado (p. ex., sai do seu lugar em sala de aula, no escritório ou em outro local de trabalho ou em outras situações que exijam que se permaneça em um mesmo lugar).
c. Frequentemente corre ou sobe em móveis em situações em que isso é inapropriado. (**Nota:** em adolescentes ou adultos, pode se limitar a sensações de inquietude).
d. Frequentemente é incapaz de brincar ou se envolver em atividades de lazer com calma.
e. Frequentemente "não para", agindo como se estivesse "com o motor ligado" (p. ex., não consegue ou se sente desconfortável em ficar parado por muito tempo, como em restaurantes, reuniões; outros podem ver o indivíduo como inquieto ou difícil de se acompanhar).
f. Frequentemente fala demais.
g. Frequentemente deixa escapar uma resposta antes que a pergunta tenha sido concluída (p. ex., termina frases dos outros, não consegue aguardar a vez de falar).
h. Frequentemente tem dificuldade para esperar a sua vez (p. ex., aguardar em uma fila).
i. Frequentemente interrompe ou se intromete (p. ex., se intromete em conversas, jogos ou atividades; pode começar a usar objetos de outras pessoas sem pedir ou receber permissão; para adolescentes e adultos, pode intrometer-se em ou assumir o controle sobre o que outros estão fazendo).

B. Vários sintomas de desatenção ou hiperatividade-impulsividade estavam presentes antes dos 12 anos de idade.
C. Vários sintomas de desatenção ou hiperatividade-impulsividade estão presentes em dois ou mais ambientes (p. ex., em casa, na escola, no trabalho; com amigos ou parentes; em outras atividades).
D. Há evidências claras de que os sintomas interferem no funcionamento social, acadêmico ou profissional, ou de que reduzem sua qualidade.
E. Os sintomas não ocorrem exclusivamente durante o curso de esquizofrenia ou outro transtorno psicótico e não são mais bem explicados por outro transtorno mental (p. ex., transtorno do humor, transtorno de ansiedade, transtorno dissociativo, transtorno da personalidade, intoxicação ou abstinência de substância).

Determinar o subtipo:

314.01 (F90.2) Apresentação combinada: se tanto o Critério A1 (desatenção) quanto o Critério A2 (hiperatividade-impulsividade) são preenchidos nos últimos 6 meses.

314.00 (F90.0) Apresentação predominantemente desatenta: se o Critério A1 (desatenção) é preenchido, mas o Critério A2 (hiperatividade-impulsividade) não é preenchido nos últimos 6 meses.

314.01 (F90.1) Apresentação predominantemente hiperativa/impulsiva: se o Critério A2 (hiperatividade-impulsividade) é preenchido, e o Critério A1 (desatenção) não é preenchido nos últimos 6 meses.

Especificar se:
Em remissão parcial: quando todos os critérios foram preenchidos no passado, nem todos os critérios foram preenchidos nos últimos 6 meses, e os sintomas ainda resultam em prejuízo no funcionamento social, acadêmico ou profissional.

Especificar a gravidade atual:
Leve: poucos sintomas, se houver, estão presentes além daqueles necessários para fazer o diagnóstico, e os sintomas resultam em não mais do que pequenos prejuízos no funcionamento social ou profissional.

Moderada: sintomas ou prejuízo funcional entre "leve" e "grave" estão presentes.

Grave: muitos sintomas além daqueles necessários para fazer o diagnóstico estão presentes, ou vários sintomas particularmente graves estão presentes, ou os sintomas podem resultar em prejuízo acentuado no funcionamento social ou profissional.

A palavra *frequentemente* aparece no começo de cada sintoma para assegurar que esses sintomas estejam ocorrendo na maior parte do tempo e estejam presentes mais frequentemente do que com outras pessoas da sua faixa etária. Também é importante que esses sintomas tenham estado presentes por pelo menos 6 meses para assegurar que não são simplesmente problemas transitórios, mas parte estável da sua vida recente.

SINTOMAS ADICIONAIS ASSOCIADOS AO TDAH EM ADULTOS

Para ter uma ideia melhor se você se encaixa no quadro de TDAH em adultos, veja quantos dos sintomas nas páginas 261 a 265 representam suas experiências.

Sintoma	Adultos com TDAH (%)	Adultos na comunidade (%)
1. Acho difícil tolerar esperar; impaciente.	75	5
2. Tomo decisões impulsivamente.	79	3
3. Incapaz de inibir minhas reações ou respostas a eventos ou aos outros.	61	2
4. Tenho dificuldade de parar minhas atividades ou meu comportamento quando devo fazê-lo.	72	2
5. Tenho dificuldade para mudar meu comportamento quando recebo *feedback* sobre meus erros.	68	4
6. Facilmente distraído por pensamentos irrelevantes quando preciso me concentrar em alguma coisa.	96	3
7. Propenso a devaneios quando deveria me concentrar em alguma coisa.	89	8
8. Procrastino ou adio fazer as coisas até o último minuto.	94	27
9. Faço comentários impulsivos aos outros.	56	3
10. Propenso a pegar atalhos em meu trabalho e não fazer tudo o que deveria fazer.	65	6
11. Propenso a faltar ao trabalho se estiver aborrecido ou precisar executar algo difícil.	58	5
12. Pareço não conseguir adiar a recompensa ou adiar as coisas que são gratificantes agora para trabalhar por um objetivo posterior.	69	2
13. Propenso a fazer as coisas sem considerar as consequências de fazê-las.	60	1
14. Mudo meus planos no último minuto por capricho ou por impulso.	72	9
15. Inicio um projeto ou tarefa sem considerar ou ouvir as instruções atentamente.	89	11
16. Pouca noção do tempo.	63	3
17. Desperdiço ou gerencio mal meu tempo.	86	5
18. Não levo em consideração eventos passados relevantes ou experiências pessoais passadas antes de reagir às situações.	44	1
19. Não penso sobre o futuro tanto quanto outras pessoas da minha idade parecem pensar.	47	8

Sintoma	Adultos com TDAH (%)	Adultos na comunidade (%)
20. Não estou preparado para o trabalho ou tarefas atribuídas.	58	1
21. Não cumpro os prazos das tarefas.	65	1
22. Tenho problemas para planejar antecipadamente ou me preparar para eventos futuros.	81	6
23. Esqueço de fazer coisas que deveria fazer.	82	5
24. Tenho dificuldades com aritmética mental.	55	14
25. Não sou capaz de compreender o que leio tão bem quanto deveria; preciso reler o material para entender seu significado.	81	12
26. Pareço não conseguir lembrar do que ouvi ou li anteriormente.	77	12
27. Pareço não conseguir atingir os objetivos que defino para mim mesmo.	84	7
28. Atrasado para o trabalho ou para meus compromissos agendados.	55	5
29. Dificuldade para organizar meus pensamentos ou pensar claramente.	75	2
30. Não estou consciente das coisas que digo ou faço.	39	1
31. Pareço não conseguir reter na mente coisas que preciso lembrar de fazer.	83	7
32. Tenho dificuldade para ser objetivo sobre as coisas que me afetam.	64	5
33. Acho difícil assumir as perspectivas das outras pessoas sobre um problema ou situação.	8	6
34. Tenho dificuldade para manter em mente o propósito ou o objetivo das minhas atividades.	51	1
35. Esqueço o ponto que estava tentando defender quando falo com outras pessoas.	75	2
36. Quando apresentado a algo complicado para fazer, não consigo manter as informações na mente para reproduzir ou fazê-lo corretamente.	53	1
37. Dou pouca atenção aos detalhes no meu trabalho.	60	1
38. Acho difícil gerenciar várias atividades ao mesmo tempo.	68	8

Sintoma	Adultos com TDAH (%)	Adultos na comunidade (%)
39. Pareço não conseguir fazer as coisas, a menos que haja prazo imediato.	89	6
40. Não gosto de atividades no trabalho ou na escola em que preciso pensar mais do que o habitual.	60	2
41. Tenho dificuldade para julgar quanto tempo será preciso para fazer alguma coisa ou chegar a algum lugar.	72	6
42. Tenho dificuldade para me motivar a começar a trabalhar.	80	6
43. Rapidamente fico com raiva ou perturbado.	63	7
44. Facilmente frustrado.	86	8
45. Reajo emocionalmente com exagero.	68	6
46. Tenho dificuldade para me motivar a persistir no meu trabalho e concluí-lo.	84	4
47. Pareço não conseguir persistir em coisas que não acho interessantes.	96	13
48. Não emprego tanto esforço em meu trabalho quanto deveria ou quanto os outros são capazes de fazer.	60	4
49. Tenho dificuldade para me manter alerta ou acordado em situações aborrecidas.	86	11
50. Facilmente animado por atividades que acontecem à minha volta.	70	15
51. Não motivado para me preparar com antecedência para coisas que sei que deveria fazer.	80	4
52. Pareço não conseguir manter minha concentração na leitura, na papelada, nas aulas ou no trabalho.	91	7
53. Facilmente entediado.	81	9
54. As pessoas dizem que sou preguiçoso ou desmotivado.	57	2
55. Dependo dos outros para me ajudarem a fazer meu trabalho.	44	2
56. As coisas precisam ter recompensa imediata para mim ou não consigo realizá-las.	70	2
57. Tenho dificuldade para concluir uma atividade antes de iniciar uma nova.	87	7

Sintoma	Adultos com TDAH (%)	Adultos na comunidade (%)
58. Tenho dificuldade para resistir ao impulso de fazer algo mais divertido ou mais interessante quando deveria estar trabalhando.	87	5
59. Pareço não conseguir manter amizades ou relacionamentos íntimos por tanto tempo quanto as outras pessoas.	46	5
60. Inconsistente na qualidade ou quantidade do meu desempenho no trabalho.	70	2
61. Não pareço me preocupar com eventos futuros tanto quanto os outros.	46	10
62. Não penso sobre ou discuto as coisas comigo mesmo antes de fazer alguma coisa.	48	4
63. Incapaz de trabalhar tão bem quanto os outros sem supervisão ou instrução frequente.	40	2
64. Tenho problemas para fazer o que digo a mim mesmo para fazer.	81	5
65. Cumpro pouco as promessas e os compromissos firmados com outras pessoas.	68	3
66. Falta de autodisciplina.	81	5
67. Tenho dificuldade para usar julgamento sólido em situações problemáticas ou quando estou sob estresse.	51	1
68. Problemas para seguir as regras em uma situação.	61	4
69. Não sou muito flexível no meu comportamento ou na abordagem de uma situação; excessivamente rígido em como gosto de fazer as coisas.	53	16
70. Tenho problemas para organizar meus pensamentos.	80	4
71. Tenho dificuldade para dizer o que quero dizer.	70	6
72. Incapaz de encontrar ou inventar tantas soluções para os problemas quanto os outros parecem fazer.	37	5
73. Frequentemente fico sem palavras quando quero explicar algo a outras pessoas.	58	5
74. Tenho dificuldade para expressar meus pensamentos por escrito tão bem ou tão rapidamente quanto outras pessoas.	58	6

Sintoma	Adultos com TDAH (%)	Adultos na comunidade (%)
75. Sinto que não sou tão criativo ou inventivo quanto outros do meu nível de inteligência.	27	13
76. Ao tentar realizar objetivos ou tarefas, descubro que não sou capaz de pensar em tantas formas de fazer as coisas quanto os outros.	41	5
77. Tenho problemas para aprender atividades novas ou complexas tão bem quanto outras pessoas.	56	4
78. Tenho dificuldade para explicar as coisas em sua ordem ou sequência apropriada.	67	1
79. Parece que não consigo chegar ao ponto das minhas explicações tão rapidamente quanto as outras pessoas.	75	9
80. Tenho dificuldades para fazer as coisas em sua ordem ou na sequência apropriada.	76	3
81. Incapaz de tomar decisões rápidas ou reagir tão efetivamente quanto os outros a eventos inesperados.	37	3
82. Desajeitado; não sou tão coordenado em meus movimentos quanto os outros.	30	6
83. Caligrafia ruim ou desleixada.	63	21
84. Tenho dificuldade para organizar ou fazer meu trabalho pela sua prioridade ou sua importância.	84	4
85. Mais lento para reagir a eventos inesperados.	37	5
86. Sou tolo, faço brincadeiras ou ajo de forma irrefletida quando deveria agir seriamente.	58	4
87. Pareço não conseguir me lembrar de coisas que fiz ou de lugares onde estive como os outros.	62	14
88. Propenso a acidentes.	35	3
89. Maior probabilidade de dirigir um veículo automotor muito mais rápido do que os outros (excesso de velocidade).	67	13
90. Tenho dificuldades para gerenciar meu dinheiro ou meus cartões de crédito.	73	8
91. Sou menos capaz de recordar eventos da minha infância em comparação com outras pessoas.	54	25

Nota. Os resultados são de *ADHD in adults: what the science says*, Russell A. Barkley, Kevin R. Murphy e Mariellen Fischer (Guilford Press, 2008).

RECURSOS

FONTES DE DADOS CIENTÍFICOS

Os fatos, os números e as recomendações apresentados neste livro são baseados em milhares de estudos de pesquisa conduzidos durante o último século. No entanto, muitos dos achados atuais aqui relatados provêm de dois estudos recentes que eu e meus colegas realizamos com financiamento do National Institute of Mental Health.

- Um dos estudos acompanhou crianças com TDAH até a idade adulta. Essa pesquisa foi bastante reveladora sobre como é frequente a persistência do TDAH após a infância e como ela se modifica (ou permanece igual) quando as crianças portadoras do transtorno crescem.
- O outro estudo avaliou adultos que procuraram nossa clínica e receberam diagnóstico de TDAH. Nós os comparamos com dois outros grupos de adultos: um grupo de pacientes que estava sendo tratado para outros transtornos, mas não TDAH, e um grupo de adultos da população em geral (não diagnosticados com nenhum transtorno psiquiátrico). Esse estudo nos proporcionou um entendimento muito mais detalhado sobre em que consiste o TDAH e sobre os desafios específicos que ele impõe aos adultos.

Você pode ler mais sobre esses dois estudos (e muitos outros) neste livro:

- Barkley, R.A.; Murphy, K.R. e Fischer, M. (2008). ADHD *in adults: What the science says*. New York: Guilford Press.
    - Nesse livro, você vai encontrar muitas tabelas e gráficos que mostram os dados que concluímos. Nele, o estudo de acompanhamento de crianças até a idade adulta (chamado de *estudo longitudinal*) é referido como o "estudo de Milwaukee".

O estudo que comparou os três grupos diferentes de adultos é referido como o "Estudo UMASS". Você também pode ler muito mais detalhes sobre aspectos específicos do TDAH em adultos se estiver interessado em uma determinada área. A lista de referências no final deste livro também o conduzirá a outras fontes de informação. Você pode encomendar o livro (em inglês) para The Guilford Press (*www.guilford.com*).

LEITURAS ADICIONAIS

Os livros a seguir podem lhe dar informações adicionais e conselhos sobre como viver com o TDAH em adultos. Por favor, note que grande parte do que você vai ler neles se baseia em experiência clínica, e não em estudos de pesquisa, mas achei que cada um desses livros tem algo valioso a oferecer.

- Adler, L. (2007). Scattered minds: Hope and help for adults with attention-deficit hyperactivity disorder. New York: G.P. Putnam's Sons. Uma introdução concisa e clara ao TDAH em adultos escrita pelo diretor do Programa de TDAH em Adultos da Faculdade de Medicina da Universidade de Nova York.
- American Psychiatric Association (2023). Manual diagnóstico e estatístico de transtornos mentais. 5a.ed. Texto revisado. Porto Alegre, Artmed. Você pode encontrar este livro na maioria das bibliotecas, se estiver interessado em ler sobre os critérios diagnósticos para o TDAH ou para outros transtornos.
- Barkley, R.A. (1994). ADHD in adults [videoteipe]. New York: Guilford Press. Se ler este livro for difícil para você, assistir a um vídeo pode ser o ideal.
- Barkley, R. A. (2012). Executive functions: What they are, how they work, and why they evolved. New York: Guilford Press. Livro em que apresento a versão mais recente da minha teoria do funcionamento executivo, descrito no Segundo Passo.
- Barkley, R.A. (2015). Attention-deficit hyperactivity disorder: A handbook for diagnosis and treatment (4a ed.). New York: Guilford Press. Este livro foi escrito para profissionais, mas, se quiser ter acesso ao manual abrangente a respeito do transtorno, você vai encontrá-lo aqui.
- Barkley, R.A. (2017). When an adult you love has ADHD: professional advice for parents, partners, and siblings. Washington, DC: APA LifeTools. O primeiro e único livro até o momento a se dirigir ao público dos pais, parceiros e irmãos de adultos portadores do TDAH. Um guia para entender o TDAH em adultos e ajudar seu ente querido com seus vários problemas.
- Boissiere, P. (2018). Thriving with adult ADHD: Skills to strengthen executive functioning. San Antonio, TX: Althea Press. Fornece uma variedade de truques simples da vida para lidar com os déficits no funcionamento executivo ligados ao TDAH em adultos.
- Bramer, J.S. (1996). Succeeding in college with attention deficit hyperactivity disorders: Issues and strategies for students, counselors, and educators. Plantation, FL: Specialty Press. É um recurso valioso se você está na faculdade ou retornando a ela.
- Brown, T. E. (2006). Attention deficit disorder: The unfocused mind in children and adults. New Haven, CT: Yale University Press. Um ótimo resumo dos déficits executivos e outros problemas cognitivos associados ao TDAH.

- CHADD. (2001). The CHADD Information and Resource Guide to AD/HD. Landover, MD: Author. Essa organização, dedicada ao TDAH em crianças e adultos, permanece atualizada sobre todos os últimos recursos listados aqui.
- Evans, N. J., Brodo, E. M., Brown, K. R., & Wilke, A. K. (2017). Disability in higher education: A social justice approach. Hoboken, NJ: Jossey-Bass.
- Gordon, M., & Keiser, S. (Eds.). (2000). Acommodations in higher education under the Americans with Disabilities Act: A no-nonsense guide for clinicians, educators, administrators, and lawyers. New York: GSI and Guilford Press.
- Hallowel, E. M., & Ratey, J. J. (2005). Delivered from distraction: Getting the most out of life with attention deficit disorder. New York: Ballantine Books
- Hallowell, E.M. & Ratey, J.J. (2011). Driven to distraction (2nd ed.). New York: Pantheon. Livros de muito fácil leitura escritos por autores que têm TDAH e enfatizam uma abordagem positiva e "baseada na coragem" para viver com o transtorno.
- Kelly, K., & Ramundo, P. (2006). You mean I'm not lazy, stupid, or crazy? The classic self-help book for adults with attention deficit disorder. New York: Scribner Books. Um dos primeiros livros publicados sobre TDAH em adultos e seus sintomas. Embora um pouco antigo agora, ainda contém *insights* úteis sobre o transtorno e dicas úteis para lidar com seus vários déficits.
- Kohlberg, J., & Nadeau, K. (2016). ADD-friendly ways to organize your life. New York: Routledge. Contém excelentes sugestões para melhorar déficits na função organizacional e outras funções executivas na vida diária frequentemente vistos no TDAH (anteriormente TDA).
- Levrini, A., & Prevatt, F. (2012). Succeeding with adult ADHD: Daily strategies to help you achieve your goals and manage your life. Washington, DC: APA LifeTools. Como tratar os problemas organizacional, motivacional e de gerenciamento do tempo associados ao TDAH em adultos.
- Nadeau, K.G. (2007). Survival guide for college students with ADD or LD (2nd ed.). Washington, DC: Magination Press. Se você é um adulto jovem universitário ou um adulto mais velho que está retornando a ela, encontrará uma valiosa ajuda neste livro.
- Nadeau, K. G. (2015). The ADHD guide to career success (2nd ed.). New York: Routledge. Fornece alguns conselhos sábios sobre acomodações a ser buscadas no ambiente de trabalho e como decidir sobre os melhores ambientes para emprego que podem combinar melhor com seus sintomas do TDAH, além das suas aptidões.
- Nadeau, K.G. & Quinn, P. (2002). Understanding women with AD/HD. Silver Spring, MD: Advantage. Um bom recurso para as mulheres com TDAH.
- Orlov, M. (2010). The ADHD effect on marriage: Understand and rebuild your relationship in six steps. Plantation, FL: Specialty Press. Um dos novos livros que abordam questões relacionadas ao impacto do TDAH adulto no casamento e o que fazer para melhorar seu relacionamento.
- Orlov, M., & Kohlenberg, N. (2014). The couples guide to thriving with ADHD. Plantation, FL: Specialty Press. Um guia informativo para estratégias que os casais podem utilizar quando um ou ambos têm TDAH em adultos.
- Pera, G. (2008). Is it you, me, or adult A.D.D.? San Francisco: 1201 Alarm Press. Destinado aos cônjuges ou parceiros de adultos com TDAH, este livro é agradável e repleto de histórias e exemplos.
- Ramsay, J. R. (2012). Nonmedication treatments for adult ADHD: Evaluating impact on daily functioning and weel-being. Washington, DC: American Psychologi-

cal Association. Embora destinado a profissionais, este livro pode ser informativo para o adulto instruído com TDAH que deseja um resumo dos mais recentes achados de pesquisa sobre os vários tratamentos psicológicos disponíveis para o TDAH em adultos.
- Ramsay, J. R., & Rostain, A. L. (2014): The adult ADHD tool kit. New York: Routledge. Um livro excelente para auxiliar com déficits em gerenciamento do tempo, planejamento, motivacional e outros déficits executivos associados ao TDAH em adultos.
- Ramsey, J. R., & Rostain, A. L. (2014). Cognitive behavioral therapy for adult ADHD: An integrative psychosocial and medical approach. New York: Routledge. Um livro para profissionais que fornece um relato detalhado de como conduzir TCC para TDAH em adultos e que se concentra nos déficits da função executiva e em outros problemas associados ao transtorno.
- Sarkis, S. M. (2006). 10 simple solutions to adult ADD: How to overcome distraction and accomplish your goals. Oakland, CA: New Harbinger. Embora um pouco antigo agora, muitas dessas sugestões ainda valem a pena ser consideradas na solução de alguns dos problemas que existem na vida diária com o TDAH (TDA).
- Sarkis, S.M. & Klein, K. (2009). ADD and your money: A guide to personal finance for adults with attention-deficit disorder. Oakland, CA: New Harbinger. Este é um livro ricamente detalhado de conselhos sobre como administrar as finanças, se você é um adulto com TDAH e é, até hoje, o único livro dedicado apenas a esse tópico no TDAH em adultos.
- Sarkis, S., & Tuckman, A. (2015). Natural relief for adult ADHD: Complementary strategies for increasing focus, attention, and motivation with or without medication. Oakland, CA: New Harbinger. Uma ótima revisão para se familiarizar com os vários tratamentos alternativos para TDAH, muitos dos quais são populares, embora não tenham evidência científica da sua eficácia.
- Solanto, M. V. (2013). Cognitive-behavioral therapy por adult ADHD: Targeting executive dysfunction. New York: Guilford Press. Um manual clínico profissional para conduzir uma forma especializada de TCC para os déficits executivos associados ao TDAH adulto. Fornece diretrizes passo a passo e fichas clínicas para cada uma das sessões neste programa de treinamento baseado em evidências.
- Solden, S. (2012). Women with attention deficit disorder (2nd ed.). Nevada City, CA: Underwood Books. Um pioneiro nos livros dedicados especificamente a mulheres com TDAH.
- Solden, S., & Frank, M. (2019). A radical guide for women with ADHD: Embrace neurodiversity, live boldly, and break through barriers. Oakland, CA: New Harbinger. Um livro inspirador para mulheres com TDAH sobre como buscar mudança construtiva, pensamento positivo e seu pleno potencial apesar de ter TDAH.
- Surman, C., & Bilkey, T. (2014). Fast minds: How to thrive if you have ADHD (or think you might). New York: Berkley Publishing/Penguin Random House. Uma excelente introdução ao TDAH em adultos com soluções claras e efetivas para controlá-lo.
- Tuckman, A. (2009). More attention, less deficit: Success strategies for adults with ADHD. Plantation, FL: Specialty Press. Uma excelente descrição do TDAH e, especialmente, das inúmeras formas como os adultos com o transtorno podem lidar com ele.

- Tuckman, A. (2012). Understand your brain, get more done: The ADHD executive functions workbook. Plantation, Fl: Specialty Press. Um guia informativo de vários métodos para lidar com déficits no funcionamento executivo associado ao TDAH em adultos.
- Tuckman, A. (2019). ADHD after dark: Better sex life, Better relationship. New York: Routledge. O primeiro livro para tratar o tópico do TDAH em adultos e o comportamento sexual em relacionamentos íntimos.
- Young, J. (2007). ADHD grown up: A guide to adolescent and adult ADHD. New York: Norton. Um bom recurso, apesar de desatualizado atualmente, tanto para profissionais quando para adultos com TDAH.
- Wilder, J. (2017). Help for women with ADHD: My simple strategies for conquering chaos. New York: CreateSpace Independent Publishing. Fornece ampla variedade de recomendações fáceis de seguir para lidar com o gerenciamento do tempo e a organização.
- Zylowska, L., & Mitchell, J. T. (2021). Mindfulness for adult ADHD: A clinician's guide. New York: Guilford Press. Um excelente manual clínico não só resumindo as pesquisas sobre o uso deste tratamento com adultos com TDAH mas, melhor ainda, fornecendo instruções passo a passo sobre como implementar sua abordagem para controlar o TDAH em adultos.
- Zylowska, L., & Siegel, D. (2012). The mindfulness prescription for adult ADHD. Durban, South Africa: Trumpeter Publishing. O primeiro livro a apresentar o uso de *mindfulness* em adultos com TDAH. Embora não houvesse muitas evidências apoiando sua eficácia quando o livro foi publicado, pesquisas subsequentes sugeriram alguma promessa para essa abordagem aplicada a alguns problemas relacionados ao TDAH adulto. Para uma versão mais atual, veja o livro de Zylowska e Mitchell, citado anteriormente.

ESCALAS DE AVALIAÇÃO

As escalas a seguir são ferramentas para os clínicos. Cada escala é acompanhada por uma licença para reprodução limitada, o que permite aos compradores reproduzir os formulários e as folhas de pontuação, proporcionando considerável economia nos custos em relação a outras escalas disponíveis. O formato grande e a resistente encadernação com arame facilitam a fotocópia.

- Barkley, R. A. (2011). Barkley Adult ADHD Rating Scale-IV (BAARS-IV), New York: Guilford Press. A Barkley Adult ADHD Scale-IV (BAARS-IV) oferece uma ferramenta essencial para avaliar sintomas atuais de TDAH e as áreas com prejuízo, além de recordações de sintomas na infância.
- Barkley, R. A. (2011). Barkley Deficits in Executive Functioning Scale (BDEFS for Adults). New York: Guilford Press. A Barkley Deficits in Executive Functioning Scale (BDEFS) é um instrumento empiricamente baseado para avaliação das dimensões do funcionamento executivo em adultos na vida diária.
- Barkley, R. A. (2011). Barkley Functional Impairment Scale (BFIS for Adults). New York: Guilford Press. A Barkley Functional Impairment Scale (BFIS) é o primeiro

instrumento referenciado por normas, empiricamente baseado, concebido para avaliar possível prejuízo em 15 importantes domínios do funcionamento psicossocial em adultos. Os clínicos devem avaliar o prejuízo funcional antes de diagnosticar um transtorno mental ou avaliar a alegação de deficiência.

SITES

No Brasil

- ABDA – Associação Brasileira do Déficit de Atenção: www.tdah.org.br. Associação sem fins lucrativos fundada em 1999, com o objetivo de disseminar informações baseadas em pesquisas científicas sobre o TDAH. O *site* traz, ainda, seções específicas sobre locais públicos de tratamento para o TDAH no Brasil, profissionais cadastrados, dicas de livros, *links*, entre outras fontes úteis.

Sites gerais e abrangentes

- ADDitude Magazine: www.additudemag.com. Ajuda valiosa para adultos, abrangendo desde recursos no local de trabalho e direitos legais a dicas para a vida doméstica, conselhos de viagem e recomendações de saúde para adultos com TDAH.
- Attention Deficit Disorder Association (ADDA): www.add.org. Organização internacional sem fins lucrativos dedicada ao TDAH em adultos. Numerosos recursos, *links*, grupos de apoio e produtos.
- Russell A. Barkley, Ph.D.: www.russellbarkley.org.
- Canadian ADHD Resources Alliance (CADDRA): www.caddra.ca. Seus membros são médicos, mas há muitas informações para pessoas que têm TDAH – crianças, adolescentes e adultos.
- Centre for ADD/ADHD Advocacy, Canadá (CADDAC): www.caddac.ca. Uma organização de advocacia sem fins lucrativos dedicada à educação e à defesa de pessoas com TDAH.
- Children and Adults With Attention-Deficit Hyperactivity Disorder (CHADD): www.chadd.org. A maior e mais antiga organização sem fins lucrativos dos Estados Unidos dedicada a ajudar as pessoas com TDAH. Muitos recursos, *links* e grupos de apoio para adultos, adolescentes e também para crianças.
- Learning Disabilities Association of America (LDA): www.ldanatl.org. Auxílio para adultos com deficiências de aprendizagem, desde triagem e avaliação até acomodações para o GED (General Educational Development) e muito mais.
- National Attention Deficit Disorder Information and Support Service (ADDISS): www.addiss.co.uk. Organização sem fins lucrativos no Reino Unido cujo *site* oferece muitos recursos e informações, e um *link* para a Adult ADHD Support Network.
- National Institute of Mental Health (NIMH): www.nimh.nih.gov. Procure aqui atualizações sobre as últimas pesquisas.

Fontes de livros, outros materiais de leitura e produtos

- ADD Warehouse: www.addwarehouse.com. Uma excelente loja *on-line* para livros, folhetos informativos, DVDs e produtos como cronômetros.

Populações específicas

- ADHD and Marriage: adhdmarriage.com. Um *blog* e fórum operado por Ned Hallowell, autor de *Driven to distraction e delivered from distraction*, e Melissa Orlov, especificamente sobre como o TDAH afeta os relacionamentos conjugais.
- ADHD Roller Coaster with Gina Pera: All about Adult ADHD – Especially Relationships: www.adhdrollercoaster.org. Um *blog* operado por Gina Pera, com *links* para achados atuais sobre o transtorno e também informações sobre ser o parceiro de alguém com TDAH.

Terapeutas e aconselhamento

- ADD Coach Academy: www.addca.com.
- ADHD Coaches Organization: www.adhdcoaches.org.
- International Coach Federation: www.coachfederation.org.

COMO ENCONTRAR PROFISSIONAIS E CLÍNICOS EM TDAH EM ADULTOS

Você sempre pode acessar *on-line* e procurar profissionais ou especialistas em TDAH na sua cidade ou em seu estado. Também pode procurar especificamente em www.chadd.org e www.additudemag.org para profissionais em TDAH na sua área. Ou procure no *site* www.chadd.org para ver se eles têm um capítulo próximo da sua cidade. Em caso afirmativo, entre em contato com o autor do capítulo e solicite recomendações de profissionais. Eles estarão familiarizados com os serviços na região em que seus membros terão usado para seu próprio TDAH ou o de suas pessoas queridas. No Brasil, consultar o *site* da ABDA (https://tdah.org.br/).

ÍNDICE

A

Ação autodirecionada, 58
Aceitando seu TDAH
    aceitação e, 94-98
    diagnóstico e, 26-31, 35-37, 94
    examinando seus problemas e, 47-49
    tendo senso de humor e, 184-186
    vendo o diagnóstico como uma explicação em vez de uma desculpa, 94
    visão geral, 35-36, 93-94
Acomodações (educacional ou local de trabalho)
    contato do TDAH com a universidade, 194-195
    entrevista para um emprego e, 207-209
    fazendo anotações, 195
    fazendo provas, 197
    razões para procurar ajuda profissional, 12, 35-36
    visão geral, 192-194, 208-209
Acomodações educacionais
    contato do TDAH com a universidade e, 194-195
    entrevista para um emprego e, 207-209
    fazendo anotações, 195
    fazendo provas, 197
    razões para procurar ajuda profissional, 12, 35-36
    visão geral, 192-194
Acomodações no local de trabalho. *Ver também* Funcionamento no trabalho
    contato do TDAH com a universidade e, 2004
    entrevista para emprego e, 207-209
    fazendo anotações, 195
    fazendo provas, 197
    razões para procurar ajuda profissional, 12, 35-36
    visão geral, 192-194
Aconselhamento vocacional, 202
Açúcar, 95-96
Adderall (anfetamina), 113-116, 121-122, 128-129, 139, 141. *Ver também* Estimulantes; Medicamento
Adição. *Ver também* Uso de drogas e álcool
    além do TDAH, 12-13
    medicamento para o TDAH e, 115-119
    não estimulantes e, 132
Adiando a gratificação. *Ver também* Funcionamento executivo
    autocontrole e, 58-59
    critérios para um diagnóstico de TDAH e, 24-25
    desenvolvimento de habilidades para o funcionamento executivo e, 64-65
    examinando seus problemas e, 45-47
    memória de trabalho não verbal e, 69-70, 72-73
    visão geral, 40-41
Afazeres
    aceitando um diagnóstico de TDAH e, 29-30
    avaliando como os sintomas afetam sua vida, 26-27
    considere o futuro e, 168-172
    exteriorizando informações fundamentais e, 162-167
    relacionamentos e, 224-225
Ajuda e avaliações profissionais. *Ver também* Medicamento; Opções de tratamento

Índice

aceitando as conclusões de uma
  avaliação do profissional, 26-31
considerando medicamento e, 105
critérios para um diagnóstico de TDAH e, 23-26
descartando outras causas de sintomas e, 12
discordando das conclusões da avaliação
  de um profissional, 31-34
exame físico, 137-138
examinando seus problemas e, 4, 7-9, 25-27
gerenciamento do dinheiro e, 219
identificando pontos fortes e
  pontos fracos e, 13-14
medicamentos para o TDAH e, 13-14, 137-144
onde obter, 15-17, 273
paternidade/maternidade com o TDAH e, 226-229
perguntas a fazer antes de marcar
  uma consulta, 17
preparando-se para a avaliação, 18-21
quando procurar, 10
razões para procurar ajuda/avaliação
  profissional, 5, 11-14
respostas que você pode esperar
  receber de uma avaliação, 22-23
transtornos coexistentes e, 12-13
Alarmes, 205-206, 215-216
Alimentação, 4, 9, 95-96, 239. *Ver também*
  Comportamentos e escolhas relacionados à saúde
Amizades, 72-73, 229
Anfetamina. *Ver também* Estimulantes; Medicamento
Antevisão. *Ver também* Consequências,
  adversas; Futuro, antevendo
  autocontrole e, 60
  avaliação do risco e, 231-232
  considerando o passado e o futuro, 155-157
  expressando o passado e o futuro, 158-161
  memória operacional não verbal e, 68-73
  memória operacional verbal e, 76-77
  noção de tempo e, 88-89
  relacionamentos e, 222-223
Apoio de outras pessoas
  adequando tratamentos, estratégias,
    ferramentas e métodos de enfrentamento
    aos seus problemas específicos e, 89-90
  benefícios de obter um diagnóstico e, 35-36
  eficácia do medicamento e, 109-110
  emprego e, 207-212
  encontrando o trabalho certo e, 202
  exteriorizando informações
    fundamentais, 162-164
  fragmentando os objetivos e tarefas em
    unidades menores e, 175-177
  funcionamento educacional e, 193-195, 197-198
  gerenciamento do dinheiro e, 215-218
  paternidade/maternidade com o
    TDAH e, 228-229

Aprendizagem vicária, 68-69, 71-72. *Ver
  também* Memória de trabalho não verbal
Apresentação combinada do TDAH, 29-31
Apresentação do TDAH predominantemente
  desatenta, 29-31
Apresentação do TDAH predominantemente
  hiperativa, 29-31
Apresentações do TDAH, 29-31.
  Ver também Diagnóstico
Atenção
  apresentações do TDAH e, 29-31
  critérios para um diagnóstico de
    TDAH e, 23-26, 257-259
  distrações e, 50-53
  fatores neurológicos e, 108-109
  funcionamento educacional e, 195
  testes psicológicos e, 21
Ato dos Americanos Portadores de Deficiências,
  207-209. *Ver também* Acomodações
  (educacionais ou no local de trabalho)
Atomoxetina (Strattera), 130-134. *Ver também*
  Medicamento; Não estimulantes
Autoavaliação
  encontrando o trabalho certo e, 200-202
  examinando seus problemas e, 3-8
  lista de verificação para, 42-49
Autoconsciência
  adequando tratamentos, estratégias,
    ferramentas e métodos de enfrentamento
    aos seus problemas específicos e, 89-90
  memória de trabalho não verbal e, 69-73
  memória de trabalho verbal e, 76
  relacionamentos e, 222-223
  visão geral, 64-68
Autocontrole/autogerenciamento. *Ver também*
  Cegueira para o tempo; Funcionamento executivo;
  Impulsividade e controle dos impulsos; Inibição
  adequando tratamentos, estratégias,
    ferramentas e métodos de enfrentamento
    aos seus problemas específicos e, 89-92
  emoções e, 79-84
  examinando seus problemas e, 42-48
  parando a ação e, 151-154
  planejamento e solução de problemas e, 84-87
  processos envolvidos no, 57-60
  transtorno de oposição desafiante
    (TOD) e, 243-244
  visão geral, 40-42, 56-57, 187
Autoconversa
  autorregulação da emoção e, 79-82
  considere o futuro e, 169-170
  evitando lesões e, 237-238
  expressando o passado e o futuro, 158-161
  gerenciamento do dinheiro e, 215-216
  memória de trabalho verbal e, 76

Índice

Autocuidados, 4, 225-226, 228-229
Automação, 218
Automotivação, 41-42, 45-47, 80-82. *Ver também* Motivação
Auto-organização, 43-44
Auxílio digital e outras ferramentas para ajudar a exteriorizar as informações, 89-92, 162-167, 180-183
Avaliação, profissional. *Ver* Ajuda e avaliações profissionais

B

Bupropiona (Wellbutrin), 135-136. *Ver também* Medicamento; Não estimulantes

C

Calendário de atribuições, 194-195
Calendários, 194-195, 209-210
Carreira. *Ver* Funcionamento no trabalho
Cartões de crédito. *Ver* Dívidas
Casamento. *Ver também* Funcionamento familiar
    aceitando um diagnóstico de TDAH e, 29-30
    considerando medicamento e, 105-206
    gerenciamento do dinheiro e, 217
    visão geral, 224-225
Causas do TDAH
    fatores genéticos, 20-21, 40, 94-96, 108-109, 225-227
    fatores neurológicos, 40, 52, 62, 90-91, 94-96, 102-103, 108-110, 112-113
    processos desenvolvimentais, 34, 63-65, 95-96
Cegueira à probabilidade, 231-232
Cegueira para o tempo
    ambiente de trabalho e, 205-206
    avaliando como os sintomas afetam sua vida, 26-27, 42-44
    considerando medicamento e, 105
    considere o futuro e, 168-172
    emprego e, 206-208
    fragmentando as tarefas em blocos menores, 91-92
    listas de tarefas e, 165-166
    memória de trabalho não verbal e, 69-71
    noção do tempo e, 88-89
    visão geral, 3-4, 40-41
Celulares e outras ferramentas para ajudar a externalizar as informações, 89-92, 95-96, 162-167, 180-183, 209-210, 236. *Ver também* Dispositivos inteligentes
Cigarros, 240, 252-253
Códigos éticos, 78
Códigos morais, 76, 78

Comorbidade, 12-13, 20-21, 31
Compartilhando, 69-71
Compensação para o TDAH, 7-8, 89-92, 96-98. *Ver também* Estratégias para lidar com seu TDAH; Ferramentas para lidar com seu TDAH
Comportamento criminal e problemas legais, 78, 249-251, 254-255
Comportamento de consumo
    examinando seus problemas e, 9
    gerenciamento do dinheiro e, 213-219
    memória de trabalho verbal e, 74-77
Comportamento inquieto, 25-26, 50-53
Comportamento sexual, 4, 9, 26-27, 237-239
Comportamentos de risco
    considerando medicamento e, 105-206
    evitando lesões e, 139, 141-142
    examinando seus problemas e, 4, 9
    visão geral, 230-232
Comportamentos e escolhas relacionados à saúde
    considerando medicamento e, 105-206
    examinando seus problemas e, 4, 9
    exercício, 4, 196, 198, 210-211, 240, 241
    funcionamento educacional e, 198
    nutrição e alimentação, 4, 9, 95-96, 239
    reduzindo riscos para a saúde e do estilo de vida, 238-241
    visão geral, 230-232
Comportamentos financeiros. *Ver* Gerenciamento do dinheiro
Comportamentos ilegais. *Ver* Comportamento criminal e problemas legais
Compreensão. *Ver também* Escuta; Leitura
    dicas para lidar com a lição de casa e, 196-197
    emprego e, 210-211
    memória de trabalho verbal e, 74-76, 78-80
    visão geral, 40-41
Comunicação
    autoconsciência e, 65-68
    critérios para um diagnóstico de TDAH na, 15
    memória de trabalho verbal e, 74-76, 158-161
    tendo senso de humor e, 184-186
    violações sociais que você pode não perceber que está cometendo, 223
Concentração, 23-25, 196
Concerta (metilfenidato), 113-116, 124-125, 139, 141. *Ver também* Estimulantes; Medicamento
Condução de veículos
    avaliando como os sintomas afetam sua vida, 26-27
    considerando medicamento e, 105-206
    diagnóstico e, 24-25, 29-30
    evitando lesões e, 236-238
    história de, para a avaliação, 19-21
    visão geral, 230-231-236
Consequências adversas. *Ver também* Antevisão; Prejuízos

autocontrole e, 58
avaliando como os sintomas
    afetam sua vida, 25-27
considere o futuro e, 168-172
controle dos impulsos e, 52-54
planejando e resolvendo problemas e, 84-85
reduzindo riscos à saúde e no estilo de vida, 240
vendo o diagnóstico como uma explicação
    em vez de uma desculpa, 94
Contato do TDAH com a universidade, 194-195
Cooperação, 69-71
Criação de uma lista e outras fermentas para ajudar a
    exteriorizar as informações, 89-92, 162-167, 180-183
Critérios para um diagnóstico de TDAH, 23-26,
    257-260. *Ver também* Diagnóstico
Cronômetros, 90-91, 209-210, 227-228
Cuidados dentários, 241
Cylert. *Ver* Estimulantes; Medicamento

D

Departamento de recursos humanos
    (especialista em deficiências), 209-210
Depressão e transtornos relacionados
    além do TDAH, 12-13
    apresentações do TDAH e, 31
    considerando medicamento e, 105-206, 110-111
    visão geral, 248
Desatenção. *Ver também* Distração
    aceitando um diagnóstico de TDAH e, 28-29
    apresentações do TDAH, 29-31
    critérios para um diagnóstico de
        TDAH e, 23-34, 257-259
Dever de casa, 196-197
Dexedrina (anfetamina), 113-116. *Ver*
    também Estimulantes; Medicamento
Dexedrina, 113-116
Dextrostat (anfetamina), 113-116. *Ver*
    também Estimulantes; Medicamento
Dextrostat, 113-116
Diagnóstico. *Ver também* Assumindo seu TDAH;
    Transtornos mentais e emocionais
    aceitando, 26-31
    apresentações do TDAH, 29-31
    benefícios de obter um diagnóstico e, 35-37
    como uma explicação em vez de uma desculpa, 94
    considerando medicamento e, 109-111
    critérios para um diagnóstico de
        TDAH e, 23-26, 257-260
    discordando do, 31-34
    examinando seus problemas e, 7-9, 25-27
    funcionamento educacional e, 190-191
    onde obter, 15-17
    preparando-se para a avaliação, 18-21

relacionamentos e, 224
respostas que você pode esperar
    receber de uma avaliação, 22-23
sentimentos referentes, 93-94
transtornos coexistentes e, 12-13
Diagnóstico de hiperatividade e, 23-26, 28-29, 258-260
    apresentações do TDAH, 29-31
    controle dos impulsos e, 50-53
    examinando seus problemas e, 4-5
Dificuldades de aprendizagem (DAs)
    além do TDAH, 12-13
    apresentações do TDAH e, 31
    testes psicológicos e, 21
    visão geral, 191-192
Dificuldades de aprendizagem específicas, 21. *Ver*
    também Dificuldades de aprendizagem (DAs)
Dispositivo de indicações táteis, 194-195, 209-210
Dispositivos inteligentes. *Ver também* Celulares e outras
    ferramentas para ajudar a exteriorizar as informações
    emprego e, 209-210
    escrita de diário e, 166-167
    funcionamento educacional e, 195-196
    mitos relacionados às causas do TDAH e, 95-96
Distração
    ambiente de trabalho e, 204-206
    evitando lesões e, 236-238
    substituindo distrações por reforçadores, 90-92
    visão geral, 50-53
Dívidas, 9, 143, 214-215, 217-220
Domínios de prejuízos. *Ver* Prejuízos
Dopamina, 108-109, 115-118, 130-131

E

Economias, 9, 76-77, 158-160, 213-214, 216-218
Efeitos colaterais do medicamento, 120-123, 131-136.
    Ver também Medicamento
Emprego. *Ver* Funcionamento no trabalho
Encaminhamento para avaliação profissional/
    tratamento, 15-16. *Ver também* Ajuda
    e avaliações profissionais
Encontros amorosos, 29-30, 224-225
Ensaio randomizado, controlado, duplo-cego, 101-102
Escala de Acompanhamento dos Sintomas
    do TDAH, formulário, 145-147
Escrevendo um diário e outras ferramentas para ajudar
    a exteriorizar as informações, 89-92,
    162-167, 180-183, 194-195, 209-210
Escuta. *Ver também* Compreensão
    memória de trabalho verbal e, 74-76, 78-80
    relacionamentos e, 224-225
    violações sociais que você pode não
        perceber que está cometendo, 223
    visão geral, 40-41

Especialista, 15-17. *Ver também* Ajuda
  e avaliações profissionais
Especialista em deficiências no departamento
  de recursos humanos, 209-210
Esquecimento, 40-41
Estimulantes. *Ver também* Medicamento
  Adderall (anfetamina), 113-116
  Dextrostat (anfetamina), 113-116
  efeitos colaterais, 120-123
  encontrando o medicamento e
    dosagem certos, 138-141
  Focalin (metilfenidato), 112-116, 139, 141
  lista de, 115-116
  Metadate (metilfenidato), 113-116
  Methylin (metilfenidato), 112-116
  opções para, 111-114, 124-129
  prós e contras dos, 115-116
  Ritalina (metilfenidato), 112-122, 127-129,
    139, 141, 253
  segurança dos, 118-121
  Venvanse (anfetamina), 113-116, 126-129, 139, 141
  visão geral, 108-109, 115-119
Estratégia de fragmentação em blocos, 71-72,
  91-92, 173-178
Estratégias de enfrentamento, 5, 35, 89-92. *Ver
  também* Estratégias para lidar com seu TDAH
Estratégias de segurança, 235-241
Estratégias para lidar com seu TDAH. *Ver também*
  Ferramentas para lidar com seu TDAH; Regras
  para o sucesso cotidiano; *estratégias individuais*
    adequando aos seus problemas e
      necessidades específicas, 89-92
    apoiando o medicamento com, 144
    benefícios de obter um diagnóstico e, 35
    eficácia do medicamento e, 109-110
    emprego e, 208-210
    funcionamento educacional e, 192-198
    gerenciamento do dinheiro e, 216-220
    moldando seu ambiente e, 96-98
    relacionamentos e, 224-225
    visão geral, 89
Estudando, 197-198
Estudos longitudinais, 102-103
Evitação, 35-36
Exame físico, 137-138, 239, 240
Exame médico, 137-138, 239, 240
Exercício
  emprego e, 210-211
  examinando seus problemas e, 4
  funcionamento educacional e, 196, 198
  reduzindo os riscos de saúde e
    estilo de vida, 240, 241
Expectativa de vida, 5, 240
Exteriorizando informações, 89-92, 162-167, 180-183.
  Ver também Ferramentas para lidar com seu TDAH

F

Falando demais. *Ver também* Interrompendo os outros
  autoconsciência e, 66-67
  expressando o passado e o futuro, 158-161
  memória de trabalho verbal e, 76
  violações sociais que você pode não
    perceber que está cometendo, 223
Falando em voz muito alta, 66-67, 76
Falar em voz alta, 66-67, 76
Fatores biológicos, 94-95, 102-103. *Ver também*
  Fatores genéticos; Fatores neurológicos
Fatores dietéticos, 4, 9, 95-96, 239
Fatores genéticos
  aceitando seu TDAH e, 94-95
  eficácia da medicamento e, 108-109
  paternidade/maternidade e, 225-227
  preparando-se para a avaliação e, 20-21
  visão geral, 40, 94-96
Fatores neurológicos
  aceitando seu TDAH e, 94-95
  eficácia do medicamento e, 108-110, 112-113
  examinando evidências da pesquisa e, 102-103
  funções executivas e, 62
  hiperatividade e, 52
  normalizando, 90-91
  visão geral, 40, 95-96
Fazendo compras, 76-77, 214-216, 219
Fazendo *download* das demandas da memória
  operacional, 89-92, 162-167, 180-183.
  Ver também Memória operacional
Fazendo provas, 197
Fazer anotações e outras ferramentas para
  ajudar a exteriorizar as informações, 89-92,
  162-167, 180-183, 195-196, 210-211
Ferramentas para lidar com o seu TDAH.
  Ver também Estratégias para lidar como
  seu TDAH; Externalizando informações;
  Regras para o sucesso cotidiano
    adequando aos seus problemas e
      necessidades específicas, 89-92
    apoiando o medicamento com, 144
    benefícios de obter um diagnóstico e, 35
    eficácia do medicamento e, 109-110
    emprego e, 208-210
    funcionamento educacional e, 192-198
    gerenciamento do dinheiro e, 216-220
    solução de problemas extremos
      e tangíveis e, 179-183
    visão geral, 89
Flexibilidade, 76-78, 91-92, 206-207
Focalin (metilfenidato), 112-116, 139, 141.
  Ver também Estimulantes; Medicamento
Focalin, 112-116, 139, 141
Foco, 23-25, 29-31, 50-53

Fontes de informação na avaliação, 18-21
Fragmentando os objetivos e tarefas em unidades menores, 71-72, 91-92, 162-178
Frustração, 40-41, 173-183
Funcionamento, 7-9. *Ver também* Prejuízos
Funcionamento acadêmico. *Ver* Funcionamento escolar
Funcionamento do cérebro. *Ver* Fatores neurológicos
Funcionamento do relacionamento
  aceitando um diagnóstico de TDAH e, 29-30
  amizades, 229
  autoconsciência e, 6568, 222-223
  considerando medicamento e, 105-206
  emprego e, 210-212
  encontrando o trabalho certo e, 202
  examinando seus problemas e, 9, 26-27
  interações sociais e, 223-224
  memória de trabalho não verbal e, 72-73
  memória de trabalho verbal e, 73-75
  paternidade/maternidade e, 224-229
  regulação emocional e, 222-223
  visão geral, 221-225
Funcionamento escolar
  aceitando um diagnóstico de TDAH e, 29-30
  apresentações do TDAH e, 31
  avaliando como os sintomas afetam sua vida, 26-27
  considerando medicamento e, 105-206
  dificuldades de aprendizagem (DAs) e, 12-13, 21, 31, 191-192
  examinando seus problemas e, 9
  problemas com uso de substância e, 254-255
  tratamentos, estratégias, ferramentas e dicas para, 192-198
  uso pesado de drogas e, 254-255
  visão geral, 189-192
Funcionamento executivo. *Ver também* Adiando a gratificação; Autoconsciência; Autocontrole/autogerenciamento; Inibição; Memória de trabalho; Memória de trabalho não verbal; Planejamento; Solução de problemas
  adaptando tratamentos, estratégias, ferramentas e métodos de enfrentamento de seus problemas específicos e, 89-92
  autoconsciência, 64-68
  autorregulação da emoção, 79-84
  avaliação de risco e, 231-232
  examinando a si mesmo, 163-164
  exteriorizando informações fundamentais, 162-167
  fatores neurológicos e, 108-109
  interações sociais e, 223-224
  memória de trabalho verbal, 73-80
  memória operacional não verbal, 67-74
  planejamento e solução de problemas, 84-87
  solução de problemas externos e tangíveis e, 179-183

visão geral, 40-42, 61-65
Funcionamento familiar. *Ver também* Funcionamento do relacionamento
  gerenciamento do dinheiro e, 217
  medicamento e, 105-206
  mitos referentes a causas do TDAH e, 95-96
  paternidade/maternidade e, 26-27, 95-96, 224-229
  visão geral, 224-225
Funcionamento no trabalho. *Ver também* Acomodações no local de trabalho; Prejuízos
  aceitando um diagnóstico de TDAH e, 29-30
  ambiente de trabalho e, 205-206
  avaliando como os sintomas afetam sua vida, 26-27
  considerando medicamento e, 105
  destacando-se e progredindo, 210-211
  encontrando o trabalho certo, 200-209
  examinando seus problemas e, 9
  moldando seu ambiente e, 96-97
  procedimentos no trabalho, 206-208
  supervisores e colegas de trabalho, 207-208
  tipos de trabalho que podem ser mais convenientes para o TDAH, 203-205
  tratamentos, estratégias, ferramentas e dicas para, 208-210
  visão geral, 199-201
Futuro, antevendo. *Ver também* Antevisão; Objetivos
  considere o futuro e, 168-172
  expressando o passado e o futuro, 158-161
  memória de trabalho não verbal e, 67-70, 72-73
  memória operacional verbal e, 76-77
  noção de tempo e, 88-89
  planejamento e solução de problemas e, 84-87

G

Gastos excessivos
  examinando seus problemas e, 9
  gerenciamento financeiro e, 213-219
  memória operacional verbal e, 74-77
Gerenciamento financeiro
  aceitando um diagnóstico de TDAH e, 29-30
  considerando medicamento e, 105-206
  critérios para um diagnóstico de TDAH e, 24-25
  examinando seus problemas e, 4, 9, 27
  obtendo controle do seu dinheiro, 216-220
  visão geral, 213-216
Gravidez, 120-121
Guanfacina XR (Intuniv). *Ver* Medicamento; Não estimulantes

H

Hábitos, 150

Hereditariedade. *Ver* Fatores genéticos
Hiperfocando, 53-55
História da adolescência, 18-19
Humor, senso de, 184-186, 229

I

Imagem mental. *Ver* Imagens
Imagens
    considerando o passado e o futuro e, 155-157
    considere o futuro e, 169-172
    evitando lesões e, 237-238
    expressando o passado e o futuro e, 158-161
    gerenciamento do dinheiro e, 215-216
    solução de problemas externos
      e tangíveis e, 179-183
Impulsividade e controle dos impulsos. *Ver também*
  Autocontrole; Autogerenciamento; Inibição
    aceitando um diagnóstico de TDAH, 28-29
    apresentações do TDAH e, 29-31
    autorregulação da emoção e, 82-83
    condução de veículos e, 234-236
    considerando as consequências das ações, 52-54
    critérios para um diagnóstico de TDAH e,
      24-25, 270-260
    distrações e, 50-53
    evitando lesões e, 236-238
    examinando seus problemas e, 4, 9, 26-27, 45-46,
      152-154
    fatores neurológicos e, 108-109
    funções executivas e, 62-63
    gerenciamento do dinheiro e, 213-215, 218-220
    hiperfocalização (perseveração
      do problema), 53-55
    memória de trabalho verbal e, 76-80
    parando a ação e, 151-154
    paternidade/maternidade com o TDAH e, 226-227
    reduzindo os riscos para a saúde
      e do estilo de vida, 240
    visão geral, 40-41, 50-51, 54-55
Incentivos, externos. *Ver* Recompensas
Infância, 18-19, 63-64
Inibição. *Ver também* Funcionamento executivo;
  Impulsividade e controle dos impulsos
    autocontrole e, 60
    distrações e, 50-53
    examinando seus problemas e, 45-46
    fatores neurológicos e, 108-109
    testes psicológicos e, 21
    visão geral, 40-42, 54-55, 62-65
Inquietação, 25-26, 50-53
Instruções. *Ver* Exteriorização das informações
Inteligência, 7, 21
Interações sociais, 29-30, 223-224
Interrompendo os outros

    autoconsciência e, 66-67
    critérios para um diagnóstico de TDAH e, 24-25
    expressando o passado e o futuro, 158-169
    violações sociais que você pode não
      perceber que está cometendo, 223
Intervalos, fazendo, 175-176
Intuniv (guanfacina XR), 133-136
    Provigil (modafinil), 135-136
    Strattera (atomoxetina), 130-134
    visão geral, 108-109, 130, 135-136
    Welbutrin (bupropiona), 135-136
Intuniv (guanfacina XR), 133-136. *Ver também*
  Medicamento; Não estimulantes
Irritabilidade, 122
Is It You, Me, or Adult A.D.D. (Pera), 224-225

L

Leitura. *Ver também* Compreensão
    dicas para lidar com a lição de casa e, 196-197
    emprego e, 210-211
    memória de trabalho verbal e, 74-76, 78-80
Lembretes e outras ferramentas para ajudar a
  exteriorizar as informações, 89-92, 162-167, 180-183
Lesão cerebral, 34, 40
Lesões acidentais, 231-232, 236-238
Listas, 164-166
Listas de tarefas e outras ferramentas para ajudar a
  exteriorizar as informações, 89-92, 162-167, 180-183

M

*Manual diagnóstico e estatístico de transtornos
  mentais* (DSM-5), 8-9, 23-24, 257-260
Medicamento. *Ver também* Estimulantes; Não
  estimulantes; Opções de tratamento
    aceitando seu TDAH e, 94-95
    apoiando com outros tratamentos,
      ferramentas e estratégias, 144
    benefícios de obter um diagnóstico e, 35
    como uma razão para procurar
      ajuda profissional, 13-14
    condução de veículos e, 235-236
    eficácia da, 13-14, 108-112, 131
    emprego e, 208-209
    encontrando o medicamento e
      dosagem certos, 138-141
    evitando lesões e, 237-238
    exame físico e entrevista antes
      de prescrever, 137-138
    formulário para a Escala de Acompanhamento
      dos Sintomas do TDAH, 145-147
    funcionamento educacional e, 193-194
    lista de, 112-116

medicamentos alfa-2 na hipertensão, 108-109
monitorando, 141-144
opções para, 111-114
problemas com uso de substâncias e, 253
razões para considerar, 105-206
reduzindo os riscos à saúde e estilo de vida, 241
visão geral, 107, 112-113, 137, 149
Medicamentos alfa-2 na hipertensão, 108-109, 111-114.
Ver também Medicamento; Não estimulantes
Médico. *Ver também* Ajuda e avaliações profissionais
encontrando o medicamento e
dosagem certos, 138-141
exame físico e entrevista antes de
prescrever medicamentos, 137-138
obtendo uma avaliação diagnóstica e, 15-16
perguntas a fazer antes de marcar
uma consulta, 17
Meditação *mindfulness*, 224-225
Memória. *Ver também* Memória de trabalho;
Memória de trabalho não verbal; Memória
de trabalho verbal; Visão retrospectiva
autocontrole e, 60
examinando a si próprio, 43-44, 163-164
exteriorizando informações
fundamentais, 162-167
relacionamentos e, 224-225
testes psicológicos e, 21
Memória de trabalho. *Ver também* Memória; Memória
de trabalho não verbal; Memória de trabalho verbal
autocontrole e, 60
dicas para lidar com o dever de casa e, 296-197
examinando em você mesmo, 43-44, 163-164
exteriorização de informações
fundamentais e, 162-167
solução de problemas externos
e tangíveis e, 179-183
Memória de trabalho não verbal. *Ver*
também Funcionamento executivo;
Memória; Memória de trabalho
autocontrole e, 60, 79-80
considerando o passado e o futuro e, 155-157
examinando em si mesmo, 156-157
gerenciamento do dinheiro e, 213-215
opções para, 111-114
solução de problemas externos
e tangíveis e, 179-183
visão geral, 67-74
Memória de trabalho verbal. *Ver*
também Funcionamento executivo;
Memória; Memória de trabalho
examinando em si próprio, 158-161
expressando o passado e o futuro, 158-161
gerenciamento do dinheiro e, 215-216
solução de problemas externos
e tangíveis e, 179-183
visão geral, 73-80

Mentores, 193-195
Metadato (metilfenidato), 113-116. *Ver*
também Estimulantes; Medicamento
Metadato, 113-116
Methylin (metilfenidato), 112-116. *Ver também*
Estimulantes; Medicamento
Methylin, 112-116
Metilfenidato. *Ver também* Estimulantes; Medicamento
Método SQ4R, 196-197, 210-211
Mitos relacionados ao TDAH, 95-96, 112-113
Modafinil (Provigil), 135-136. *Ver também*
Medicamento; Não estimulantes
Mortalidade, 5, 119-120
Motivação
autorregulação da emoção e, 80-82
considere o futuro e, 168-172
emprego e, 206-207
examinando seus problemas com, 45-47, 169-171
fragmentando as tarefas em blocos
menores, 91-92, 173-178
visão geral, 41-42
Motivação e incentivos externos, 173-178.
Ver também Motivação; Recompensas

N

Não estimulantes. *Ver também* Medicamento
encontrando o medicamento e
dosagem certos, 138-141
Negação do diagnóstico de TDAH, 93
Norepinefrina
eficácia do medicamento e, 108-109
estimulantes e, 115-118
não estimulantes e, 130-131, 135-136
Normas, 25-27, 47-49, 259-265
Nutrição, 4, 9, 95-96, 239

O

Objetivos. *Ver também* Dividindo os objetivos
e tarefas em unidades menores; Futuro,
antevendo
considere o futuro e, 168-172
examinando seus problemas e, 42-44
fragmentando os objetivos e tarefas em
unidades menores e, 91-92, 173-178
gerenciamento do dinheiro e, 213-216
memória de trabalho não verbal e, 71-73
planejamento e solução de problemas e, 84-87
visão geral, 40-42
Olho da mente. *Ver* Antevisão; Visão retrospectiva;
Memória de trabalho não verbal
Opções de tratamento. *Ver também* Ajuda e
avaliações profissionais; Medicamento

adequando aos seus problemas e
  necessidades específicos, 89-92
 apoiando o medicamento com, 144
 benefícios de obter um diagnóstico e, 35-37
 como uma razão para procurar
  ajuda profissional, 13-14
 considerando medicamento e, 105
 depressão e, 248
 problemas com o uso de substâncias e, 254-255
 razões para procurar uma avaliação, 5
 transtorno da conduta/transtorno da
  personalidade antissocial e, 245-246
 transtorno de oposição desafiante (TOD) e,
  243-245
 transtornos de ansiedade e, 247-248
 visão geral, 89
Orçamentos, 216-218
Organização
 ambiente de trabalho e, 205-206
 considerando medicamento e, 105
 examinando seus problemas e, 43-44
 funcionamento educacional e, 194-195
 planejamento e solução de problemas e, 86-87
 visão geral, 40-41
Organização temporal cruzada das
 contingências comportamentais, 60
Orientação
 emprego e, 202, 208-210
 funcionamento educacional e, 193-195
 visão geral, 35

P

Paciência, 72-73. *Ver também* Adiando a gratificação
Pagamento das contas
  medicamento para TDAH e, 105, 142-143
  visão geral, 20-21, 213-218
Paternidade/maternidade, 26-27, 95-96, 224-229
Pensando, 86-87, 151-154
Perimenopausa, 34
Perseveração no problema, 53-55
Persistência, 23-25
Pesquisas relacionadas ao TDAH, 97-103, 110-111
Planejadores e outras ferramentas para ajudar a
 exteriorizar as informações, 89-92, 162-167,
 174-176, 180-183, 194-195, 209-210
Planejamento
 examinando seus problemas e, 42-44
 expressando o passado e o futuro, 158-161
 gerenciamento financeiro e, 216
 memória de trabalho verbal e, 74-77
 noção do tempo e, 88-89
 visão geral, 40-42, 84-87
Planejamento da transição, 89-90
Pontos fortes, 13-14, 96-98

Pontos fracos, 13-14, 96-98
Prazos, 173-178
Prejuízos. *Ver também* Problemas
 experienciados com o TDAH
  autoconsciência e, 66-68
  autorregulação da emoção e, 82-84
  comportamento criminal e problemas
   legais, 78, 249-251, 254-255
  comportamentos e escolhas relacionados à
   saúde, 4, 9, 105-206, 198, 230-232, 238-241
  condução de veículos, 19-21, 24-27, 29-30,
   105-206, 230-238
  examinando como os sintomas afetam
   sua vida, 8-9, 25-27, 42-49
  funcionamento do relacionamento, 9, 26-27,
   29-30, 65-68, 72-75, 105-206,
   202, 210-212, 221-229
  funcionamento familiar, 95-96, 105-206,
   217, 224-229
  funcionamento na escola, 9, 12-13, 21, 26-27,
   29-31, 105-206, 189-198, 254-255
  funcionamento no trabalho, 9, 26-27, 29-30,
   96-97, 105, 199-210, 210-211
  funções executivas e, 63-64
  gerenciamento do dinheiro, 4, 9, 24-27,
   29-30, 105-206, 213-220
  medicamento para o TDAH e, 110-111, 141-144
  memória de trabalho não verbal e, 70-74
  planejamento e solução de problemas e, 84-87
  responsabilidades diárias, 26-27, 29-30,
   162-172, 224-225
  riscos do estilo de vida, 143-241, 230-232
  uso de substância, 9, 12-13, 34, 117-119,
   123, 132, 234-236, 239-241, 249-255
  visão geral, 8-9, 187-188
Problemas com álcool. *Ver* Uso de álcool de drogas
Problemas de saúde
  descartando outras causas dos sintomas e, 12
  exame físico e entrevista antes de
   prescrever medicamentos e, 137-138
  medicamentos para o TDAH e, 119-120, 132-133
  reduzindo riscos para a saúde e
   do estilo de vida, 239
Problemas emocionais, 168-172, 214-216, 242-244. *Ver
 também* Prejuízos; Transtornos mentais e emocionais
Problemas experienciados com o TDAH. *Ver
 também* Prejuízos; Sintomas do TDAH;
 problemas individuais e sintomas
  adaptando tratamentos, estratégias, ferramentas
   e métodos de enfrentamento aos, 89-92
  ajuda profissional e, 10, 11-14
  apresentações do TDAH, 29-31
  descrição, 3-5
  examinando como os sintomas
   afetam sua vida, 8-9, 42-49
  há quanto tempo você luta com, 5-8

identificando via avaliação profissional, 13-14
monitorando o tratamento
  medicamentoso e, 141-144
transtornos coexistentes e, 12-13
visão geral, 40-42, 48-49
Problemas legais e comportamento
  criminal, 78, 249-251, 254-255
Problemas médicos
  descartando outras causas dos sintomas e, 12, 34
  exame físico e entrevista antes de
    prescrever medicamentos e, 137-138
  medicamentos para o TDAH e, 119-120, 132-133
  reduzindo os riscos à saúde e estilo de vida, 239
Processos desenvolvimentais, 34, 63-65, 95-96
Procrastinação, 54-55
Programação, 195
Provigil (modafinil), 135-136. *Ver também*
  Medicamento; Não estimulantes

R

Reagindo
  autoconsciência e, 64-66
  autorregulação da emoção e, 81-82
  estimulantes e, 122
  expressando o passado e o futuro, 158-161
  parando a ação e, 151-154
  relacionamentos e, 222-225
Realização da tarefa, 71-72, 162-178
Recompensas
  adaptando tratamentos, estratégias,
    ferramentas e métodos de enfrentamento
    aos seus problemas específicos e, 90-91
  autocontrole e, 58-59, 80-82
  considere o futuro e, 168-172
  dividindo os objetivos e tarefas em
    unidades menores e, 176-178
  emprego e, 206-207
  substituindo distrações por reforçadores, 90-92
Recursos
  aceitando seu TDAH e, 97-103
  encontrando profissionais e clínicas para TDAH, 273
  escalas de avaliação, 271-272
  fontes de dados científicos, 267
  lista de, 268-271
  obtendo uma avaliação diagnóstica e, 15-16, 35-37
  relacionamentos e, 224-225
  sites, 271-273
Recursos na comunidade, 217
Recursos visuais, 156-157
Reforçadores, 90-92. *Ver também* Recompensas
Registros para trazer para a avaliação, 18-19
Regra do senso de humor, 184-186
Regra para solução de problemas
  externos e tangíveis, 179-183

Regra: Considerando o passado e o futuro, 155-157
Regra: Considere o futuro, 168-172
Regra: Expressando o passado e o futuro, 158-161
Regra: Parando a ação, 151-154
Regras. *Ver também* Regras para o sucesso cotidiano
  adequando tratamentos, estratégias,
    ferramentas e métodos de enfrentamento
    aos seus problemas específicos e, 89-90
  emprego e, 206-207
  lembretes externalizando, 91-92
  memória operacional verbal e, 74-78
Regras para o sucesso cotidiano. *Ver também*
  Ferramentas para lidar com o seu TDAH
  considerando o passado e o futuro, 155-157
  considere o futuro, 168-172
  expressando o passado e o futuro, 158-161
  exteriorizando informações
    fundamentais, 162-167
  fragmentando os objetivos e tarefas
    em unidades menores, 173-178
  funcionamento educacional e, 193-194
  lista de, 185-186
  parando a ação, 151-154
  solução de problemas externos
    e tangíveis, 179-183
  tendo senso de humor, 184-186
  visão geral, 149-150
Regulação emocional. *Ver também* Autocontrole/
  autogerenciamento; Funcionamento executivo
  estimulantes e, 121-122
  examinando seus problemas e, 9, 26-27, 46-48
  paternidade/maternidade e, 225-226
  relacionamentos e, 222-223
  visão geral, 40-41, 79-84
Resolução de conflitos, 229
Responsabilidade, 94, 204-205-205-206
Responsabilidades
  aceitando um diagnóstico de TDAH e, 29-30
  avaliando como os sintomas afetam a
    sua vida, 26-27
  considere o futuro e, 168-172
  exteriorizando informações
    fundamentais e, 162-167
  relacionamentos e, 224-225
Responsabilidades diárias
  aceitando um diagnóstico de TDAH e, 29-30
  avaliando como os sintomas
    afetam sua vida, 26-27
  considere o futuro e, 168-172
  exteriorizando informações
    fundamentais e, 162-167
  relacionamentos e, 224-225
Riscos no estilo de vida, 230-232, 238-241.
  Ver também Comportamentos de risco;
  Comportamentos e escolhas relacionados
  à saúde; Uso de substância

Ritalina (metilfenidato), 112-122, 127-129, 139, 141, 253
Rotinas, 105, 162

S

Segundas opiniões, 31-32. *Ver também* Ajuda e avaliações profissionais
Serotonina, 135-136
Sinais, 162-167, 194-195, 209-210. *Ver também* Externalização das informações
Síndrome de Tourette, 12-13, 123
Sintomas do TDAH. *Ver também* Problemas experienciados com TDAH
    apresentações do TDAH, 29-31
    avaliação e ajuda profissional e, 10-14, 22-23
    critérios para um diagnóstico de TDAH e, 23-26, 257-260
    eficácia do medicamento e, 13-14
    estimulantes e, 115-118
    examinando, 3-5
    examinando seus problemas e, 8-9, 25-27
    explorando todas as causas possíveis dos, 12
    formulário da Escala de Acompanhamento dos Sintomas do TDAH, 145-147
    há quanto tempo você luta com, 5-8
    respostas que você pode esperar receber de uma avaliação, 22-23
    transtornos coexistentes e, 12-13
    visão geral, 7-9, 259-265
Solução de problemas
    examinando seus problemas e, 43-44, 180
    gerenciamento do dinheiro e, 216
    memória operacional verbal e, 74-76
    paternidade/maternidade com o TDAH e, 226-227
    solução de problemas externos e tangíveis, 179-183
    visão geral, 41-42, 84-87
Sono, 4, 9
Strattera (atomoxetina), 130-134. *Ver também* Medicamento; Não estimulantes

T

Tabagismo, 240, 252-253
Tarefas complicadas, 71-72, 162-183
Tarefas multipassos, 71-72. *Ver também* Realização de tarefas
TDAH na infância
    critérios para um diagnóstico de TDAH e, 23-24
    examinando seus problemas e, 5-8
    funcionamento educacional e, 189-192
    quando procurar uma avaliação profissional e, 10

Tecnologia e outras ferramentas para ajudar a exteriorizar as informações, 89-90, 95-96, 162-167, 180-183, 236
Tempo cognitivo lento (TCL), 29-30-31
Terapias psicológicas, 35, 105. *Ver também* Opções de tratamento
Testando para o TDAH. *Ver* Ajuda e avaliações profissionais
Testes psicológicos, 20-21-21
Tiques e transtornos de tiques, 12-13, 123
Tomada de decisão, 84-85, 155-156
Transtorno bipolar, 12-13, 248
Transtorno da conduta (TC), 12-13, 31, 244-246
Transtorno da personalidade antissocial (TPAS), 12-13, 242-246
Transtorno da personalidade *borderline*, 242-243
Transtorno de oposição desafiante (TOD), 12-13, 31, 243-245
Transtorno do espectro autista, 12-13
Transtornos da personalidade, 12-13, 242-246, 259-260
Transtornos de ansiedade
    além do TDAH, 12-13
    apresentações do TDAH e, 31
    considerando medicamento e, 105-206, 110-111
    estimulantes e, 121-122
    visão geral, 247-248
Transtornos mentais e emocionais
    apresentações do TDAH e, 31
    considerando medicamento e, 105-206, 110-111
    considere o futuro e, 168-171-172
    depressão e transtornos relacionados, 12-13, 31, 105-206, 110-111, 248
    descartando outras causas dos sintomas e, 12
    gerenciamento do dinheiro e, 215-216
    preparando-se para a avaliação e, 20-21
    transtorno da conduta (TC), 12-13, 31, 244-246
    transtorno da personalidade antissocial (TPAS), 12-13, 242-246
    transtorno de oposição desafiante (TOD), 12-13, 31, 243-245
    transtornos da personalidade, 12-13, 214-215, 244-246, 259-260
    transtornos de ansiedade, 12-13, 31, 105-206, 110-111, 121-122, 247-248
    visão geral, 242-244
Tratamentos baseados em evidências, 100-103
Treinador profissional, 202
Tristeza, 122
Tutoria, 197, 211-212

U

Uso da internet, 9, 205-206
Uso de álcool e drogas. *Ver também* Adição; Prejuízos
    além do TDAH, 12-13

condução de veículos e, 234-236
descartando outras causas dos sintomas e, 34
evitando ou parando, 254-255
examinando seus problemas e, 9
medicamentos para o TDAH e, 117-119, 123, 132
reduzindo os riscos para a saúde e
  do estilo de vida, 238-241
transtornos por uso de substâncias, 250-251
visão geral, 249-255
Uso de cafeína, 252
Uso de cocaína, 253-255
Uso de maconha, 252
Uso de metanfetamina, 253-255
Uso de nicotina, 240, 252-253
Uso de substância. *Ver também* Adição
além do TDAH, 12-13
condução de veículos e, 233-236
descartando outras causas dos sintomas e, 34
evitando ou parando, 254-255
examinando seus problemas e, 9
medicamentos para o TDAH e, 117-119, 123, 132
reduzindo os riscos para a saúde ou
  do estilo de vida, 239-241
transtornos por uso de substâncias, 250-251
visão geral, 249-255
Uso pesado de drogas, 253-255

V

Venvanse (anfetamina), 113-116, 126-129, 139, 141.
  Ver também Estimulantes; Medicamento
Videogames, 9, 95-96
Visão retrospectiva
  autocontrole e, 60
  considerando o passado e o futuro, 155-157
  considere o futuro e, 168-172
  expressando o passado e o futuro, 158-161
  memória de trabalho não verbal e, 68-72
  relacionamentos e, 222-223
Visualizando
  considerando o passado e o futuro e, 155-157
  considere o futuro e, 169-172
  expressando o passado e o futuro e, 158-161
  solução de problemas externos e tangíveis, 179-183
Voz da mente. *Ver* Antevisão; Autoconversa;
  Comunicação; Memória operacional
  verbal; Visão retrospectiva

W

Wellbutrin (bupropiona), 135-136. *Ver também*
  Medicamento; Não estimulantes